영국 육아의 비밀

KEEP CALM AND PARENT ON
by Emma Jenner

Copyright ⓒ Emma Jenner, 2014
Korean Translation Copyright ⓒ MUNHAKDONGNE Publishing Corp., 2018

This Korean edition is published by arrangement with The Ross Yoon Agency
through Milkwood Agency.
All rights reserved.

이 책의 한국어판 저작권은 밀크우드 에이전시를 통해
The Ross Yoon Agency와 독점 계약한 문학동네 출판그룹의 임프린트 아우름에 있습니다.
저작권법에 의해 한국 내에서 보호를 받는 저작물이므로 무단 전재 및 무단 복제를 금합니다.

이 도서의 국립중앙도서관 출판예정도서목록(CIP)은 서지정보유통지원시스템 홈페이지(http://seoji.nl.go.kr)와
국가자료공동목록시스템(http://www.nl.go.kr/kolisnet)에서 이용하실 수 있습니다.(CIP제어번호: CIP2018016377)

우리 시대의 메리 포핀스
에마의 육아법

영국 육아의 비밀

에마 제너 지음
구계원 옮김

아우름

우리 엄마에게

Contents

추천글 내 인생 가장 두렵고도 행복한 순간 _009
책머리에 영국 보모들이 지닌 마법의 가루 _012

1장 엄마의 탈진은 육아의 재앙이다 | 홀로 지쳐가는 엄마를 위하여 _027
2장 아이의 주파수에 접속하라 | 분노하는 엄마 vs. 딴청 부리는 아이 _055
3장 꿈나라를 향해 진격하라 | 잠의 비밀 _093
4장 우리 아이는 왜 잘 안 먹을까 | 언젠가는 먹으리 _131
5장 영국 꼬마 신사 숙녀는 이렇게 탄생한다 | 예절 교육은 인간성 교육이다 _165
6장 아이의 삶에도 때와 장소는 중요하다 | 아이답게 살아가는 하루 만들어주기 _205
7장 엄마의 마지노선은 어디인가 | 경계선은 필요하다 _239
8장 아이의 자존감에 물 주기 | 부모와 아이의 자존감은 연결되어 있다 _277
9장 폭도 잠재우기 | 부모와 아이가 교감하는 시간 _315
결론 침착한 부모가 현명한 아이를 키운다 | 직감을 믿어라 _345

최종점검 엄마가 행복해지는 168가지 마법의 체크리스트 _355
참고 문헌 _369

추천글

내 인생 가장 두렵고도
행복한 순간

부모가 된다.

그야말로 한 사람의 일생에서 가장 두려운 순간이다.

갑자기 '나'가 '우리'로 바뀌고, 연약하면서도 아름다운 생명체의 목숨을 유지하는 책임을 짊어지게 된다. 아마도 내 인생을 통틀어 가장 어찌할 바를 몰랐던 순간일 것이다. 나는 충격으로 몸이 굳은 동시에 내가 도대체 뭘 하고 있는지 모른다는 초조함과 불안감에 휩싸였다. 아이를 낳기도 전에 처참한 실패를 맛보았던 것이다. (맙소사, 우리가 도대체 무슨 일을 저지른 것일까!)

마치 열정적으로 선거운동을 하는 정치인들이 쏟아내는 메시지처럼, 우리 부부에게는 하나부터 열까지 어떻게 하는 것이 '올바른' 방식인지에 대해 너무나 많은 조언이 들어왔다. 엄마부터 시작해서 직장 동료, 마트

점원, 배달원에 이르기까지 만나는 사람마다 어떻게 하면 좋은 부모가 될 수 있는지, 어떻게 하면 건강하고 호기심이 왕성하고 공손하며 독립적인 아이로 키울 수 있는지에 대해 의견을 내놓았다. 다들 좋은 의도로 해주는 말이었지만 조언을 들으면 들을수록 나는 점점 더 두렵고 무력해질 뿐이었다.

내가 에마 제너를 처음 만난 것은 2004년으로, 아들 로먼을 낳은 지 3개월에 접어들던 무렵이었다. 로먼을 맡았던 보모가 소개해준 에마는 주말에 우리를 도와주기 시작했다.

젊고 자신감 있고 예의바르고 상냥한 영국 여성, 에마는 그야말로 메리 포핀스®였다! 물론 이것이 어느 정도 농담 섞인 말이라 해도, 에마가 우리 가족에게 얼마나 중요한 존재가 되었는지는 이루 다 말할 수가 없다. 시간제 보모로 시작된 인연은 전담 보모로 바뀌었고, 우리 가족이 집을 떠나 전 세계 호텔을 전전하고 학교를 수소문하고 새로운 친구들을 만나 어울리며 너무나 많은 변화를 경험하는 동안 에마는 언제나 우리 곁에 있었다. 내가 에마를 와이프라고 부르는 바람에 온 가족이 웃음을 터뜨리기도 했다.

에마는 언제나 기댈 수 있는 든든한 존재였다.

로먼이 갓난아기 때부터 여섯 살 소년으로 성장하기까지 매 단계마다 (심지어 지금까지도) 에마는 나의 길잡이가 되어주었다. 수면 훈련을 할 때는 내 손을 잡아주었고(내 눈물도 닦아주었고), '가족 침대'와 경계선에 대해 나와 열정적인 토론을 벌였으며, 거실에서 아이를 위한 댄스파티를 열어주었고, 나에게 체계와 일정의 중요성을 가르쳐주었다. 에마는 윗사람을 존중하는 법이나 올바른 행동을 가르칠 때 단호한 태도를 유지할 수 있는 힘을 주었으며, 가끔씩 엄마로서의 자신감을 위협하는 불안하고 의기소침한 순간이 찾아올 때마다 대부분의 사람들보다 넓은 이해심을 발휘해주었다. 에마는 아이들을 무척 사랑한다. 정식으로 육아법에 대한 교육 및 훈련도 받은데다 똑똑하고 현명하고 자애로우며 재치 있고 장난기가 많다. 아이 돌보기와 관련하여 에마가 경험해보지 못한 일은 거의 없다. 에마는 육아에 대한 지원과 지침을 찾고 있는 모든 사람에게 선물 같은 존재다.

이제 많은 분들이 이 특별하고 재능 있는 여성의 조언을 접할 수 있게 된다니 정말 기쁘다. 이 책을 침대맡에 두길 바란다. 이 책은 엄마들의 가장 좋은 친구가 되어줄 것이다.

배우 데브라 메싱

• 우산을 타고 날아온 보모 메리 포핀스가 남매를 양육하면서 벌어지는 소동을 그린 동화의 주인공. _이하 각주는 모두 옮긴이 주.

책머리에

영국 보모들이 지닌
마법의 가루

"이미 망가진 사람을 바로잡는 것보다는
강한 아이를 키우는 편이 더 쉽다."
_프레더릭 더글러스

나는 전 세계의 보모, 부모들과 함께 일해왔다. 그리고 각 가정의 육아가 심각한 위기에 봉착해 있다는 사실을 깨달았다.

예를 들어보자. 방에 의자가 하나 있고 거기에 아이가 앉아 있는데, 어른이 그 방으로 들어간다. 아이는 일어서서 어른에게 자리를 양보할까? 혹은 반대로 어른이 의자에 앉아 있는데 아이가 들어온다면 어른은 일어날까? 나의 어린 시절 1980년대 영국에서는 어른이 서 있는데 아이가 앉아 있다는 것은 상상조차 할 수 없는 일이었다. 하지만 지금은? 정반대다. 부모는 아이들을 편하게 해주거나 아이들이 칭얼거리는 소리를 듣지 않으려는 데 너무나 집착한 나머지 스스로를 희생하고 만다.

최근에 어떤 엄마가 아빠에게 아들과 함께 제과점에 가서 빵을 잘 사 왔느냐고 묻는 것을 우연히 들었다. "애가 가기 싫어했어." 아빠의 답변이었다. 애가 가기 싫어했다고? 나는 눈이 튀어나올 정도로 놀랐다. 도대체 누가 부모고 누가 아이인가? 만약 이 아빠가 본인의 말을 들을 수만 있었다면, 깜짝 놀라 이제는 아이에 대한 통제권을 되찾아야겠다는 깨달음을 얻었을지도 모른다.

현대의 육아는 심각한 문제에 직면해 있으며, 이에 따른 해결책을 생각하기 전에 우선 우리가 어쩌다 이런 상황에 처했는지를 이해해야 한다. 점차 커지는 육아 위기의 주원인으로는 네 가지를 꼽을 수 있다.

1. 아이들에 대한 기대치가 낮다

아이들에 대한 기대치가 올림픽 장대높이뛰기 경기에 등장하는 높은 가로대와 비슷하다고 상상해보자. 우리는 아이들이 그 가로대를 넘을 수 있기를 기대한다. 지금의 부모 세대가 어렸을 때는 가로대가 가슴 높이에 있었고, 어느 정도의 노력과 연습이 필요하긴 했지만 우리는 결국 넘어서는 데 성공했다. 하지만 이 가로대가 조금씩 아래로 내려가기 시작했다. 해가 지날수록 아이들에 대한 기대치는 점점 낮아지고 있다. 아이들이 무릎에 닿을까 말까 한 가로대에 살짝 손가락만 올려놓아도 우리는 기뻐서 펄쩍 뛰어오른다. 그러고는 자랑스럽게 말한다. "오늘 저녁에 대련이 나랑 같이 설거지를 했어! 얼마나 착한 아이인지 몰라!" 이러한 기대치 하락은 일부 국가에서 보다 심각하게 나타나지만(미국에 심심한 애도를…… 하지만 사실 영국도 그다지 나을 것은 없다), 이러한 지적을 피할 만한 국가나 문화권은 아직 보지 못했다.

나는 어린아이가 아빠의 머리카락을 잡아당기는 모습을 본 적이 있다. 아빠는 웃으며 아들의 손을 떼어냈지만, 아이는 즉시 다시 아빠의 머리카락을 한 주먹 움켜쥐었다. 같은 상황이 몇 차례 반복되었다. 그런데도 아빠는 엄격한 목소리로 꾸짖거나 버릇없게 행동했다는 이유로 아이를 제지하지 않았다. 아이가 너무 어려서 어쩔 수 없다고 생각한 것이다. 또 한 가지 예를 들자면, 나는 아이를 데리고 식당에 도저히 못 가겠다는 부모들의 이야기를 자주 듣는다. "왜 못 가죠?" 나는 묻는다. "난리를 치니까요. 주변 사람들 보기 부끄러울 텐데 그런 상황이 싫거든요." 그 말에 나는 이렇게 응수한다. "말도 안 돼요. 예의바르게 행동하기를 기대하고 올바른 행동방식을 가르쳐준다면 아이는 얌전하게 행동할 겁니다."

결국 당신은 언젠가 아이에게 버릇을 가르쳐야 한다. 물론 그러기 위해서는 시간과 노력, 인내심이 필요하지만 충분히 그만한 가치가 있는 일이다. 내가 18개월짜리, 세 살짜리, 다섯 살짜리 아이 셋을 우아한 레스토랑에 데리고 가더라도 아이들은 틀림없이 예의바르게 행동할 것이다. 어떻게 아느냐고? 얌전하게 굴지 않으면 내가 가만있지 않을 테니까!

==부모들은 항상 너무 가까이에서 아이들을 접하기 때문에 아이들이 가지고 있는 역량을 제대로 보지 못하는 경우가 많다.== 한 감동적인 자동차 광고에서는 아버지가 여행을 떠나는 딸에게 운전하는 방법을 하나하나 가르쳐주는 장면이 나온다. 카메라에는 채 여섯 살도 안 되어 자동차 페달에 발조차 닿지 않을 것 같은 딸의 모습이 담겨 있다. 그러나 다른 각

도에서 보면 딸은 사실 10대 여자아이다. 이 광고가 전달하고자 하는 바는 분명하다. 부모는 특별한 렌즈를 끼고 아이들을 보는 경향이 있으며, 이 렌즈를 통해 보면 아이들은 항상 실제보다 훨씬 더 작고 무력해 보이기 마련이다. 또한 부모는 아이들이 항상 부모에게 의지하는 데 너무 익숙해진 나머지, 의지하는 일이 점차 줄어들면 적응하는 데 어려움을 겪기도 한다. 물론 아이들이 성공할 수 있도록 지원하되 터무니없이 높은 기대치를 설정하는 것은 피해야 한다. 내 아이를 이해하고 아이에게 맞는 기대치를 세우는 것이 관건이다.

이 모든 점을 감안하더라도 나는 기대치를 높여야 한다고 생각한다. 당신이 이 책에서 딱 한 가지 교훈을 얻어갈 수 있다면 바로 이것이다. ==아이에 대한 기대치를 높이면 아이는 그 기대치를 충족시킬 것이다. 기대치를 낮추면 아이는 그 정도 수준에 그칠 것이다.==

2. 마을 공동체가 사라졌다

부모들은 누구네 집 아이가 더 뛰어난지 겨루는 데 여념이 없어서 예전처럼 서로를 돕지 않는다. 내 아이의 버릇없는 행동을 다른 사람에게 알리고 싶어하지 않기 때문에 아이를 키우면서 겪는 어려움도 공유하지 않으며, 이로 인해 유용한 조언과 공감을 얻어낼 기회를 놓치고 만다. 다른 부모나 선생님들과 손을 잡고 한 팀처럼 협력하기는커녕 서로 경쟁을 벌인다.

아이 하나를 키우기 위해서는 온 마을이 힘을 모아야 한다는 말이 있는데, 오늘날 우리는 그 마을을 잃어버리고 말았다. 우리집에서는 엄마가 대부분의 육아를 맡았지만, 할머니, 선생님, 동네 가게 주인, 부모님의 친구들까지 모두 어느 정도 역할을 담당했다. 반면 미국에서는 모든 사람이 부모의 육아에 대해 훈수를 둔다. 나는 대다수 부모들이 공공장소에서 아이를 따끔하게 훈육하지 못하는 이유가 누군가 자신을 평가할지도 모른다는 두려움 때문이라고 생각한다.

내 친구 애비Abby는 아들이 다니는 어린이집에서 일어난 일에 대해 이야기해주었다. 어린이집 선생님들은 애비의 아들이 요구르트를 여기저기 온통 묻혀놓는 바람에 제대로 먹이지 못해 애를 먹고 있었다. 애비는 이렇게 응수했다. "알겠습니다, 제가 어떻게 해야 할까요? 버릇을 고쳐놓도록 하죠." 어린이집 선생님들은 애비가 아이의 잘못을 그토록 선뜻 수긍한다는 점에 놀랐다.

애비는 훗날 대다수의 부모들이 아이에 관한 어떠한 비판도 받아들이지 않는다는 사실을 알게 되었다. 반면 내가 아주 어렸을 때 가게에서 몇 센트짜리 사탕을 몰래 집어오자 우리 엄마는 나를 다시 가게로 데려가서 주인에게 사과하라고 시켰다. 만약 오늘날의 미국이나 영국에서 그런 일이 일어났다면 부모는 아이를 꾸짖을지 모르지만, 아마도 너무나 수치스러운 나머지 아이가 잘못을 저질렀다는 사실을 시인하지 않을 가능성이 높다. 우리 엄마도 당연히 창피했겠지만 나에게 교훈을 주는 것은 부끄러움을 무릅쓸 만한 가치가 있다고 생각했다. 주변의 지원과 지역사회의 도움이 없는 상황에서, 오늘날의 부모들은 마을 공동체 전체가 담당해야 마땅한 육아라는 일을 자신들만의 힘으로 감당해내기 위해 노력하게 되었다.

3. 지나치게 자주 지름길을 이용한다

현재 우리가 직면한 세번째 문제는 많은 부모들이 아이들에게 지나치게 시달린 나머지 틈날 때마다 손쉬운 방법을 택한다는 점이다. 정신없이 빠르게 돌아가는 세상에서 지름길이 존재한다는 것 자체는 다행스러운 일이지만, 어디까지나 신중하게 사용해야 한다.

내가 가장 반대하는 것은 과도한 게임과 TV 시청이다. 이 책을 읽는 독자라면 요즘 아이들이 전자기기에 지나치게 빠져 있다는 사실을 수긍할 것이다. 많은 전문가들은 기술의 부작용을 논할 때 아이들의 주의력 결핍 문제를 지적하며 나 역시 이 견해에 동의한다. 미디어에 중독되면 이 외에도 수많은 측면에서 문제가 발생한다. 여러 가지 부정적인 영향 중에서도 특히 아이들의 수면과 일과, 그리고 올바른 행동방식을 배우는 속도에 심각한 문제가 생긴다. 예를 들어 딸아이를 데리고 베이비 샤워 baby shower●에 참석했다고 하자. 아이가 버릇없게 행동하기 시작하면 낯선 환경에서 어떻게 행동해야 하는지 가르치는 번거로움을 무릅쓰기보다는 그냥 가져온 아이패드를 쥐여주고 만다. 예의바른 행동을 가르치기보다는 잘못된 행동을 무시하고 아이에게 져주는 편이 훨씬 쉽다. 그러나 우리는 쉬운 길을 거부하고 보다 장기적인 관점에서 생각해야 한다!

또하나의 지름길은 음식과 관계되어 있다. 당신도 한 장소에서 볼일을 보고 다음 장소로 이동할 때 차 안에서 음식을 먹는 경우가 있을 것이다. 그렇게 간단하게 먹을 수 있는 음식이 있다는 것 자체는 물론 굉장

● 임신을 축하하기 위해 친구들이 아기용품을 선물하는 축하파티.

히 좋은 일이지만, 이 지름길을 택할 경우 저녁 식탁에서 아이들과 소중한 시간을 보내거나 올바른 식사 습관 및 식탁 예절의 본보기를 보여줄 기회를 잃게 된다.

아이가 몇 시간이나 텔레비전을 보도록 내버려두는 것처럼 누가 봐도 명확한 지름길도 있지만, 한 살짜리 아이가 가볍게 엉덩방아를 찧었을 때 혼자 일어나도록 지켜봐주지 않고 (바쁘다거나 아이가 울음을 터뜨리는 것이 싫어서) 바로 일으켜주는 것처럼 단순한 처치도 지름길에 해당한다. 일시적인 해결책을 선택하면 단기적으로는 시간이 절약되고 상황이 악화되는 것을 막을 수 있지만 장기적으로 보면 훨씬 더 힘들어진다. 이 상황에 에너지 방정식을 적용해보자. 당신은 유치원생 아이가 언젠가 자기 방을 스스로 청소할 수 있게 되기를 바란다. 방을 치우도록 아이를 구슬리려면 이십 분의 시간과 10단위의 에너지가 필요하지만, 당신이 직접 방을 치우면 시간과 에너지는 그 절반밖에 들지 않는다. 당연한 일이다. 그러나 그렇게 되면 다음날 똑같은 에너지를 소비해야 하며, 그다음날도 마찬가지다. 방을 청소해주는 대신 시간과 에너지를 조금 더 투자하여 아이가 스스로 방을 치울 수 있도록 도와준다면, 언젠가는 당신이 완전히 손을 뗄 수 있게 된다. 그뿐 아니라 이런 과정을 통해 아이는 더욱 책임감 있는 사람으로 성장한다! 만약 당신이 가정을 기업체처럼 운영한다면 어느 쪽이 더 이득인지 너무나 명확하기 때문에 절대 아이를 위해 방을 청소해주지 않을 것이다. 집안일에 수학까지 동원하기는 했지만, 특히 에너지가 바닥난 상태에서 그 10단위의 에너지를 끌어모아야 할 경우 이 방정식을 생각해보면 많은 도움이 된다.

4. 육아의 균형감각을 잃어버렸다

 네번째이자 마지막 문제점은 오늘날 부모들이 올바른 육아에 대한 상식을 갖추지 못했다는 점이다. 우리는 육아에 대해 지나치게 많은 생각을 하는 경향이 있으며, 수많은 전문가들과 '새로운' 육아법, 약물이 등장하는 상황에서 육아에 대한 기본적인 상식이 무엇인지조차 파악하기 힘들어졌다. 부모들은 빠른 해결책을 원한다. 잠을 잘 못 자는 아이든, 집중력이 부족한 아이든, 아이의 문제를 해결하기 위한 처방전을 바라는 것이다. 하지만 빠른 해결책이란 없다. 세상을 송두리째 바꿔놓을 경이로운 새 육아법은 존재하지 않는다. 다만 예전부터 전해내려오는 유용한 상식은 있다. 어디까지나 핵심은 균형이며 내 육아철학에도 균형이 큰 부분을 차지한다. 나는 엄격한 영국식 양육법을 옹호하지 않으며 지나치게 관대한 미국식 육아 스타일도 장려하지 않는다. 해결책은 중용에 있다. 당근만 먹는 다이어트든, 아이를 무조건 안아주는 육아 스타일이든 극단적인 것은 결코 좋지 않다. 만사에 적당한 것이 최고라고 배웠는데 육아라고 왜 다르겠는가? 그러나 많은 부모들이 '최근 유행하는 최고의' 육아 이론을 선택한 다음 아이들에게 극단적으로 적용하는 실수를 저지른다.

 이해하기 쉬운 사례를 하나 들겠다. 모유 수유를 둘러싸고 일어난 격렬한 논쟁을 생각해보자. 모유 수유는 멋진 일이고 나 역시 진심으로 아이에게 모유만한 것은 없다고 생각한다. 하지만 모든 경우에 그런 것은 아니다. 모유 수유가 고문만큼이나 고통스러운 엄마들도 분명히 존재하고, 그냥 모유가 맞지 않는 아기들도 있으며, 잠을 좀더 오래 자거나 밖에 나가서 친구들을 만날 수 있도록 가끔씩은 아이에게 분유로 영양을 보충할 선택권을 원하는, 아니 필요로 하는 엄마들도 있다. 우리 사회에서는 모유 수유의 장점을 홍보하고자 하는 열의가 지나친 나머지 중용을 완전히 배제해버렸다. 수많은 모유 옹호론자들은 엄마들이 분유의 편리함을 깨달을까 두려워한 나머지 절대 분유 급식을 시도하지 말라고 강력하게 경고하고 있다. 하지만 실제로는 어떤가? 분유는 한두 개비씩 피우다보면 중독되어 끊기 어려워지는 담배가 아니다. 불필요한 우려를 조장하지 말자. 각 가정에 편향되지 않은 정보를 제공하고 부모들이 스스로 원하는 바를 결정할 수 있도록 하자. 극단적인 주장보다는 지극히 평범한 상식을 활용하자.

아이에게 사용하는 언어에 대해서도 이와 비슷하게 과장된 주장을 펴는 사람들이 있다. 최근의 육아 동향을 보면 아동의 창의력이나 자유를 억제하지 않기 위해 어떤 상황에서든 '안 돼'라는 단어나 부정적인 뉘앙스의 언어 사용을 피하는 경향이 있다. 세상에! 물론 아이들은 부모의 말을 따라 하기 마련이며 긍정적인 의미의 언어에 더 잘 반응하므로 나도 어느 정도는 이 철학에 동의한다. 그러나 때로는 부모의 의도를 분명하게 말로 표현해야 할 때가 있으며, 그 표현은 어디까지나 두 살짜리 아이가 이해할 수 있는 것이어야 한다. 여기에 딱 들어맞는 표현이 바로 '안 돼'다. 아이에게 감정을 설명할 때 온갖 어려운 심리학 용어를 동원하면 당신이나 자녀에게 하등 도움이 되지 않는다.

이 네 가지가 나의 기본적인 육아철학을 분명하게 보여주는 항목들이다. 이 네 가지는 책 전반에 걸쳐 여러 차례 등장한다. 하지만 이것은 어디까지나 큰 밑그림에 불과하며, 진짜 묘미는 세부 사항에 있다. 이 책에서는 세부 사항을 효과적으로 설명하기 위해 체크리스트를 활용한다.

마법은 체크리스트에서 시작된다

이 책의 각 장은 육아와 관련한 핵심 주제를 하나씩 다룬다. 나는 영국, 독일, 미국에 살면서 아이들을 돌보았다. 맡았던 아이들의 연령도 출생 직후부터 10대까지 다양했고, 가정환경 역시 베벌리힐스의 가장 유복한 가정부터 넉넉하지 못한 지역의 가정에 이르기까지 가지각색이었다. 이러한 경험, 특히 여러 국가에 거주하면서 얻은 관점을 바탕으로 각 주제를 뒷받침하는 철학을 설명한다. 그다음에 해당 주제와 관련있는 체크리스트의 질문에 대답해나갈 것이다.

대부분의 부모는 기본적으로 자신이 무엇을 해야 하는지 알고 있다. 아이들에게 몸에 좋은 음식을 먹이고, 충분히 수면을 취할 수 있도록 해주고, 사랑을 표현해주고, 적절한 경계선을 설정해주어야 한다. 그럼에도 불구하고 너무나 많은 부모들이 여전히 악전고투하고 있다. 아이들은 무례하고 버릇없게 행동하거나, 시도 때도 없이 피곤해하거나, 통제 불능이거나, 부모들이 가지고 있는 에너지 이상을 요구한다. 부모가 아무리 최선을 다하려 해도 어찌할 바를 모르는 상황이 되고 만다. 아이들과 지나치게 가깝기 때문에 오히려 문제점이 제대로 보이지 않는 것이다.

나는 오랜 세월에 걸쳐 실제로 수백 군데의 가정을 방문하며 부모와 아이들을 관찰했고, 몇 가지만 살짝 고쳐놓음으로써 그 가족들의 삶을 크게 바꾸었다. 부모들은 고작 3일이라는 짧은 기간 내에 아이의 행동과 가족들 사이의 관계를 개선할 수 있다는 점에 놀라움을 금치 못했다. 나쁜 행동은 습관이며 충분히 고칠 수 있다. 다루기 어렵거나 심지어 희망이 없다고까지 생각했던 아이도 태도가 바뀌어 부모가 상상조차 하지 못했던 방식으로 존경심이나 예절, 자제력을 보이기도 한다. (그리고 입버릇처럼 말하지만, 그만큼 짧은 시간 내에 원래대로 악화될 수도 있다. 이에 대해서는 뒤에서 보다 자세히 설명하겠다.) 내가 이 모든 내용을 공유하는 것은 자랑하기 위해서가 아니라 이 책에 담긴 정보가 효과적이며 이를 통해 수많은 가족이 현재보다 훨씬 행복해질 수 있다는 점을 알고 있기 때문이다.

내가 방문했던 가정의 부모들은 나에게 아이들 주변에 무슨 마법의 가루라도 뿌리느냐고 묻곤 했다. 마치 내가 영국인이기 때문에 단축번호 하나로 팅커벨을 소환해낼 수 있는 것처럼 말이다. 그런 부모들을 실망시키고 싶지는 않지만, 마법의 가루는 없다. (그리고 나는 바람이 많이 부는 날 우산을 들고 날아가지도 않을 것이다.) 그 대신 나에게는 체크리스트가 있다. 체크리스트를 활용하여 여러 가지 질문을 던짐으로써 객관적인 시각을 확보하는 것이다.

나는 어떤 집에 가든 가족들을 관찰하는 동안 이 체크리스트를 확인한다. 아이들이 얼마나 예의바른 행동을 하는가? 식사 습관은 어떤가? 가족 구성원들이 어디서 어떻게 자는가? 어떤 형태의 일과가 자리잡고 있는가? 부모들이 아이를 어떻게 벌을 주는가? 가정에 항시 어른이 있으며 아이에게 시간을 할애하는가? 무척 기본적인 일들처럼 보일지 모르지만, 나처럼 하나하나 세분해서 살펴보면 기본적인 사항을 놓치는 경우가 얼마나 많은지 더욱 쉽게 알 수 있다. 예를 들어 부모들은 아이가 나쁜 행동을 할 때 벌을 주는 것이 중요하다는 사실을 알고 있지만, 에너지나

의지가 부족하여 일관되게 벌을 적용하지 못하는 경우가 부지기수다. 무조건적인 사랑이 꼭 필요하다는 점을 알고 있기 때문에 아이를 훈육하면서 눈물을 닦아주는데, 이러한 행동은 오히려 아이를 혼란스럽게 할 뿐이다. 아이에게 균형 잡힌 영양식을 차려주고 나서 정작 엄마 아빠는 감자칩으로 배를 잔뜩 채운다든가, 아이가 치킨과 완두콩을 먹지 않는다고 시리얼을 챙겨주는 부모도 있다. 교사로 근무하고 있는 한 부모는 교실에서 25명의 학생들을 문제없이 통솔하는 자신이 고작 네 명의 딸아이 때문에 녹초가 되는 상황에 당혹스러워했다. 오랫동안 보모로 일해왔으며 나보다 훨씬 엄격한 보모였던 내 가까운 친구의 경우 정작 자기 아이가 생기자 그동안 고수해왔던 모든 원칙이 무너져내리는 경험을 했다.

나 역시 아이와 지나치게 가까워서 실상을 제대로 보지 못하는 현상을 경험했다. 내가 돌보던 어린 남자아이가 부쩍 자주 버릇없는 행동을 하기 시작했지만 도무지 이유를 알 수 없었다. 그러나 얼마 동안 자리를 비웠다가 돌아오자 비로소 문제점이 눈에 보이기 시작했다. 소년의 엄마가 마감 때문에 눈코 뜰 새 없이 바쁜 나머지 평소처럼 아이와 많은 시간을 보내줄 수 없었던 것이다. 물론 나와는 많은 시간을 함께 보냈지만 아이는 나의 관심보다 엄마의 관심을 바랐다. 일단 문제점을 파악하자 해결하는 것은 비교적 쉬웠다. 하지만 모든 사람이 몇 주 동안 육아의 책임을 덜어버리고 떠났다가 돌아와서 새로운 시각으로 상황을 바라볼 수 있는 것은 아니기 때문에, 나의 체크리스트는 문제점을 파악하는 데 큰 힘이 되어 줄 것이다.

육아는 스튜를 끓이는 것보다는 케이크를 굽는 것에 가깝다. 케이크를 구울 때 계란 넣는 것을 잊어버린다면 최고급 버터를 사용한다 해도 아무런 소용이 없다. 마찬가지로 떼쓰는 아이를 다루는 방법에 대한 400쪽짜리 책을 읽고 진짜 전문가가 되었다고 생각하더라도, 실제 내 아이의 문제점이 수면 부족이라면 핵심을 완전히 비껴가는 셈이다. 또는 영양에 대한 논문을 읽고 균형 잡힌 식사를 준비하기 위해 끊임없는 노력을 기울이더라도, 분명한 경계선을 긋고 이를 고수하지 못하여 아이가 얌전히 앉아서 밥을 먹지 않는다면 아무런 소용이 없다. 육아를 할 때는 모든 요소를 고려하여 큰 그림을 보아야 하며, 그 과정에서 체크리스트가 많은 도움이 될 것이다.

나의 체크리스트는 부모가 옳은 일을 어떤 잘못된 방식으로 하고 있는지 깨닫도록 적절한 거리를 확보하고, 잘못된 점을 수정하여 다시 올바른 궤도로 돌아올 수 있도록 도와주는 역할을 할 것이다.

체크리스트 활용법

이 체크리스트를 사용할 때는 내가 당신의 어깨너머에서 지켜보고 있다고 생각하라. 아이가 유난히 말을 듣지 않는 날이 있다면 큰 항목들을 훑어보자. 수면? 문제없음. 식사? 문제없음. 일관된 기준? 문제없음. 아이와 교감하는 시간? 문제없음. 이런 식이다. 이 '목록'을 살펴보기만 해도 그중 한 가지에 확인 표시가 빠져 있다는 사실을 깨달을 가능성이 매우 높다. 체크리스트를 확인할 때는 최대한 솔직하게 대답해야 한다. 원한다면 본인만 볼 수 있게 간직해도 상관없다.

매일, 심지어 하루에 몇 번씩 이 목록을 훑어보아도 좋다. 잠이나 식사 같은 문제들은 아마도 이미 늘 염두에 두고 있겠지만, 아이와 교감하는 시간이나 자존감 등과 같은 측면들도 그만큼 당연하게 고려해주었으면 하는 바람이다.

간단하게 훑어보았을 때 굵직한 항목이 모두 확인되었다면, 이제는 좀 더 자세히 살펴보아야 한다. 각 장의 도입부에 있는 체크리스트를 활용하여 어느 부분에 초점을 맞춰야 하는지 판단하자. 예를 들어 '수면' 항목에서 석연치 않은 점이 있다고 가정해보자. 아이가 잠을 잘 자지 못한다는 사실은 알고 있지만 도무지 이유를 알 수가 없다. 이 경우 수면을 다루는 장의 맨 앞부분에 실린 체크리스트를 전부 살펴보면서 어떤 부분에 신경이 쓰이는지 확인한다.

마지막으로 이 책의 뒷부분에는 빈 체크리스트가 실려 있다. 이 체크리스트를 뜯어서 복사해두어도 좋다. 실제로 종이와 연필을 들고 확인해 나가면 상당한 성취감을 느낄 수 있을뿐더러 어느 항목이 문제인지 시각적으로 확인하는 데도 도움이 되므로 매우 유용할 것이다.

또한 나는 모든 장에 걸쳐 세상의 엄마들에게 전하고 싶은 육아팁들을 박스 형태로 강조해두었다. 그중에는 내가 오랫동안 보모로 일하면서 터득해온 귀중하고 실질적인 요령도 있고, 다른 부모들이 공유해준 지혜도 있다. 이러한 요령들은 당신이 부모라는 공동체의 일원이라는 사실을 일깨워주기 위한 것이며, 다른 부모들이 효과를 거둔 방법에 귀기울이는 것은 유익하고도 가치 있는 일이다. 다른 부모들과의 경쟁을 부추기기 위한 것이 아니라 당신에게 힘이 되어줄 조언들이다.

이 체크리스트는 간단하고 쉽게 활용할 수 있을 뿐만 아니라 많은 부모들이 수용해주기를 희망하는 보다 심오한 육아철학을 담고 있다. 부모가 다시 주도권을 잡고 아이들을 즐겁게 키울 수 있도록 육아의 방향을 전환하자는 것이다. 내가 모든 가정마다 3일씩 머물 수는 없다. 하지만 이 체크리스트를 활용하면 굳이 내가 직접 갈 필요가 없다. 부족한 부분이 어디인지, 그것을 메울 수 있는 방법은 무엇인지, 그리고 어떻게 하면 부족한 부분이 다시 생기지 않을지 직접 확인할 수 있을 테니까 말이다.

육아는 우리가 생각하는 것보다 더 어려운 동시에 더 쉽기도 하다. 이 책에 실린 체크리스트는 일상적인 어려움과 보편적인 문제점을 객관적, 체계적인 측면에서 바라볼 수 있도록 해줌으로써 육아와 관련된 죄책감과 불안을 덜어줄 것이다. 육아는 과학보다 예술에 가까운 것이 사실이지만, 과학적인 요소도 분명히 존재한다. 그리고 과학은 구체적이고 명확하기 때문에 위안이 된다. 가끔씩 사랑하는 아이들이 작은 괴물처럼 말썽을 부리는 바람에 두손 두발 다 든 채 도무지 어찌해야 할지 알 수 없는 날, 당신에게 필요한 것은 그저 과학일지도 모른다. 한 발짝 물러서서 과학자의 가운을 입고 적당한 체크리스트를 꺼낸 다음 조사를 시작해보자.

1장

엄마의 탈진은
육아의 재앙이다

홀로 지쳐가는 엄마를 위하여

•

"아이들을 위해 전부 희생하는 것은 이타적인 게 아니라 우스꽝스러운 일이야."
_영화 〈럭키 원 The Lucky One〉 중에서 엘리의 말

 *Checklist*

☐ 잠을 충분히 자고 있습니까?

☐ 스스로를 보살필 시간을 내고 있습니까?

☐ 배우자와의 관계를 원활하게 유지하기 위한 시간을 내고 있습니까?

☐ 배우자에게 먼저 인사를 합니까?

☐ (엄마에게 해당) 배우자와 섹스를 하고 있습니까?

☐ (아빠에게 해당) 아내를 배려하고 있습니까?

☐ 집안에 부모가 다 있을 때, 서로를 대하는 방식을 통해 아이에게 바람직한 관계의 모범을 보여주고 있습니까?

☐ 가정의 분위기가 화목합니까? 웃음과 즐거운 일이 많습니까?

☐ 부모 역할을 즐기고 있습니까?

☐ 아이의 행동을 제대로 다스릴 수 있다고 확신합니까?

☐ 당신은 침착합니까?

☐ 모든 것이 아이 위주로 돌아가지 않도록 주의합니까?

☐ 상황이 순조롭게 흘러가지 않을 때 스스로를 용서합니까?

☐ 기꺼이 도움을 요청할 생각이 있습니까?

내가 엄마와 아빠를 보살피는 내용을 이 책의 첫번째 장으로 선택한 데는 그만한 이유가 있다. 가족의 행복은 가장 불행한 가족 구성원의 행복에 달려 있다는 말이 있다. 그리고 대부분의 경우 그 불행한 가족 구성원은 바로 부모 중 한 명이다. 부모는 좀처럼 본인을 우선순위에 놓지 않는 경향이 있는데, 가족 전체를 위해서는 이것이 바뀌어야 한다.

  오늘날의 부모는 아이를 위해 자신에게 필요한 것들을 제쳐둔다. 내가 아는 엄마들은 아이가 생기면 친구들과 밤에 외출하는 약속을 더이상 잡지 않으며, 또 어떤 엄마들은 아이에게 모든 것을 주고 싶은 마음에 새 옷을 사거나 제대로 된 미용실에서 관리받기를 꺼린다. 부부 사이의 관계를 원만하게 유지하려는 노력을 기울이지 않으며 일단 아이가 생기면 부부가 더이상 같은 침대를 쓰지 않는 가정도 많다. 이렇게 부모 역할에 헌신하는 것은 물론 존경스러운 일이지만, 부모 역할을 제대로 하기 위해서는 아이가 아닌 스스로를 돌보는 것이 가장 우선순위가 되어야 한다. 따라서 이번 장의 주인공은 엄마와 아빠, 바로 당신이다.

  이 내용을 첫 장에서 다루는 것은 매우 전략적인 이유 때문이다. 만약 부모가 기진맥진한 상태이고 본인들에게 필요한 것을 제대로 챙기지 않는다면, 이 책에 소개하는 체크리스트를 따르기가 불가능까지는 아니더라도 상당히 어려울 것이다. 부모 역할을 하기 위해서는 에너지가 필요하다. 그것도 아주 많이. 이 책을 다 읽을 때쯤에는 힘을 훨씬 적게 들이고도 부모 역할을 할 수 있을 것이라고 확신하지만, 내가 소개하는 지침에 따라 아이들을 키우기 위해서는 초반부에 더 많은 에너지가 필요하다. 따라서 스스로를 위한 시간을 마련함으로써 충분한 에너지를 비축해두자.

지금 이 책을 읽고 있는 많은 부모들은 틀림없이 이렇게 생각할 것이다. "좋습니다. 그럼 제 일과를 살펴보고 도대체 그럴 시간이 어디 있는지 한번 찾아보시겠어요?" 심지어 상당수 부모들은 스스로를 돌보는 것 자체를 부담이라고 느끼며, 안 그래도 바쁜데 해야 할 일 하나를 더 얹어놓는다고 생각할지도 모르겠다.

이런 의문에 대해 두 가지로 대답하겠다.

1. 내가 제시하는 것은 보다 효율적으로 움직이기 위한 방법이다. 당신이 충분히 휴식을 취하면 능률이 올라갈 것이고, 시간도 덜 낭비하게 되며, 삶도 훨씬 편해진다. 지극히 간단한 논리다!

2. 스스로를 위해 시간을 할애하는 것은 어떤 의미에서 우선순위의 문제이지만, 동시에 현재 이미 하고 있는 일들의 수행방식과 관련된 문제이기도 하다. 어디에 주안점을 두느냐가 관건이다. 예를 들어 가족이 모여서 저녁식사를 할 때, 엄마인 당신은 다른 가족들이 다 앉고 나서야 맨 마지막에 식탁에 앉고, 우유잔을 다시 채워주거나 아이에게 파스타를 한 접시 더 가져다주기 위해 몇 번이나 식탁 의자에서 일어날지도 모른다. ==엄마 아빠에게는 따뜻한 식사가 별로 중요하지 않다는 생

==각을 왜 가족들에게 심어주는가? 사실 누구보다도 따뜻한 식사가 필요한 사람은 당신이 아닌가. 영국 가정에서는 모든 사람이 접시를 비울 때까지 아무도 음식을 추가로 가져다 먹지 않는다. 가족들이 기다리면 된다.== 당신에게 약간의 휴식과 평화롭고 조용한 시간이 필요한 경우에도 마찬가지다. 만약 아이들이 어느 정도 말을 알아들을 수 있는 나이가 되었다면 단호하게 이렇게 말하자. "엄마는 지금 엄마를 위한 시간이 필요해. 위층에 올라가서 놀고 있으면 엄마가 조금 있다가 함께 놀아줄게."

실제 체크리스트를 소개하기 전에, 우리가 어쩌다 매 순간 아이들이 원하는 것을 바로바로 들어주는 상황에 처하게 되었는지 살펴보는 것도 상당히 의미 있을 것이다. ==나는 이런 상황을 야기한 몇 가지 원흉이 있다고 생각한다.==

==첫번째는 우리가 죄의식의 문화 속에서 살고 있다는 점이다.== 맞벌이부부로 구성된 가족이 늘어나면서, 부모들은 퇴근 후 집에 가서 아이의 일거수일투족을 살펴야 한다고 생각하게 되었다. '아이와 함께 보낼 시간이 너무 부족하니까 아이가 행복하도록 최선을 다해야 해. 그러려면 뭘 어떻게 해야 하지?' 나는 아이와 교감하는 시간을 갖는 것을 열렬히 지지하며, 사실 이 책의 한 장 전체를 거기에 할애하기도 했다. 그러나 아이와 교감하는 시간을 보낸다는 것이 아이가 무언가를 바랄 때마다 즉시 들어준다는 뜻은 아니다. 좀더 편하게 아이를 키워보자. 아이에게 기다리도록 지시하고, 그 과정에서 인내심을 가르치자.

부모들의 불안감이 더욱 커지는 것은 자꾸만 죄책감을 불어넣는 수많은 육아 전문가들 때문이기도 하다. 저녁뉴스 예고편에서 뉴스 시청을 유도하기 위해 공포심을 조장하는 것처럼("여러분의 가정이 일산화탄소 중독 위험에 노출되어 있다는 사실, 알고 계십니까? 9시 뉴스에서 뵙겠습니다.") 전문가들은 자신의 조언에 귀를 기울이게 하기 위해 부모들의 불안감을 자극한다. 이들은 아이가 건강하고 행복하고 안정적으로 자라기 위해 무엇이 필요한지에 대해 끊임없이 주장을 늘어놓지만, 사실 아이에게 가장 필요한 것 중 하나는 부모의 행복이다.

이러한 상황이 도래한 두번째 이유는 우리가 아이를 끊임없이 재미있게 해주어야 한다고 믿는 경향이 있기 때문이다. 이는 어떤 의미에서 우리 스스로가 끊임없이 즐거워야 한다고 생각하기 때문이기도 하다. 이러한 성향은 아이가 태어나자마자 앉혀주는 바운서에서부터 찾아볼 수 있다. 바운서는 진동하고 음악이 나오며 온갖 종류의 반짝이는 물체가 달려 있어 아기를 즐겁게 해준다. 그러나 만약 당신을 의자에 앉혀두고 움직이지 못하게 한 상태에서 억지로 의자를 전동칫솔처럼 진동시키고 깡통 두드리는 것 같은 음악을 들려주며 얼굴 정면에서 불을 번쩍거린다면 어떻겠는가? 고문이 따로 없을 것이다! 그런데도 우리는 아기들이 이러한 자극을 원하도록 키운다. 좀더 성장하면 아주 가까운 거리를 갈 때도 차에 간식과 음료수, 아이들이 좋아하는 음악을 준비한다. 이런 것들에 흥미를 갖지 않으면 아이들과 게임을 한다. 아이들이 창밖을 내다보면서 스스로 즐거움을 찾으면 안 될까? 매 순간 재미있는 일이 생기지 않더라도 괜찮다는 점을 아이들에게 가르쳐야 한다. 그게 아이를 위해서도, 부모를 위해서도 좋다. 이렇게 되면 부모는 키즈채널이 아닌 자신이 좋아하는 방송에 주파수를 맞출 수 있게 된다. 또 아이들이 레고를 가지고 노는 동안 앉아서 커피 한잔을 즐길 수도 있다.

부모들이 이렇게까지 스스로를 아이들에게 종속시키는 상황에 처한 마지막 요인은 바로 부모들 자신이다. 나는 아이들과 상호의존 관계에 빠지는 부모들을 수없이 보아왔다. "우리 애가 저랑 떨어지려고 하질 않아서 주말에 집을 비울 수가 없어요"라는 말을 들을 때마다 나는 이렇게 생각한다. '아니요, 부모님이 아이와 떨어지기 싫어서 집을 못 비우는 거겠죠.' 부모 없이 지내는 법을 배우는 편이 아이에게도 좋다. 또한 부모들도 때로는 아이와 떨어지는 법을 배우는 것이 바람직하다. 어린이집에 아이를 맡겨두고 떠나는 부모들을 살펴보면 절반 정도는 쉽사리 발걸음을 떼지 못한다. 물론 부모가 가버릴 때 아이가 다소 칭얼대는 것이야 드문 일이 아니지만, 어떤 어린이집 교사에게 물어보더라도 그후에는 아이가 금세 보채기를 멈춘다고 대답할 것이다. 따라서 가장 좋은 방법은 아이에게 "오늘 재미있게 놀고 있으면 이따가 데리러 올게!"라는 말로 짧은 작별인사를 하는 것이다. 하지만 많은 엄마 아빠들이 미적거리며 모두를 힘들게 한다. 아이에게도 도움이 되지 않는데 도대체 왜 그러는 것일까?

이러한 성향을 인식하고 함께 타개해보자. 행복해지기 위해 해야 할 일을 찾아 최선을 다해보는 것이다.

나 같은 제3자의 눈으로 보면 부모가 행복한지 아닌지를 비교적 쉽게 파악할 수 있다. 스스로의 내면에서 불행의 흔적들을 찾아내는 일은 그보다 어려울지 모른다. 따라서 자신이 불행한지 파악하기 위해 다음 질문에 솔직하게 대답해보자.

☑ 잠을 충분히 자고 있습니까?

누구나 잠을 자야 한다. 한 사람도 빼놓지 않고. 최소한 하루에 일고여덟 시간은 잠을 자야 한다. 만약 이 정도의 최소 수면 시간을 확보하지 못하고 있다면 당장 수면을 최우선 과제로 삼아라. 신생아가 있다면 이 정도로 자는 것이 불가능하지만 낮 시간 동안 최대한 휴식을 취하고 밤에는 최소한 네 시간 정도 연속으로 잠을 잘 수 있도록 하자. (엄마인 당신에게 이것이 터무니없는 얘기처럼 들린다면 아빠를 깨워라! 이제 아빠가 아이를 돌볼 차례다.)

☑ 스스로를 보살필 시간을 내고 있습니까?

스스로를 챙겨야 한다. 당신에게는 영양가 있는 식사와 운동, 자신을 위한 시간이 필요하다. 단순히 따뜻한 목욕물에서 긴장을 푸는 것이라 해도 상관없다. 또한 친구와 당신을 도와줄 사람들도 필요하다. 육아를 할 때 이 질문에 대한 답이 '아니요'라면 다른 어떤 것도 소용이 없으므로 무조건 나만의 시간을 마련하자.

☑ 배우자와의 관계를 원활하게 유지하기 위한 시간을 내고 있습니까?

일단 아이가 태어나면 결혼 생활에 대한 만족도가 떨어지는 경우가 많다는 것은 잘 알려진 사실이다. 부모는 상대방을 위해 시간을 내기보다는 아이를 우선순위에 둔다. 아이들과 오랜 시간 떨어져 있는 엄마 아빠의 경우 아이 없이 둘만 외출하기를 꺼리기도 한다. 혹은 너무 피곤해서 아무리 영화 관람이나 외식처럼 즐거운 일이라 하더라도 일정을 또하나 추가한다는 것에 부담을 느낄 수도 있다. 아이를 돌봐줄 사람을 좀처럼 찾지 못하거나 보모를 고용할 여유가 없을 수도 있다. 하지만 당신에게 배우자가 있다면 배우자와의 관계를 원활하게 유지하는 것이 다른 모든 일의 기반이다. 배우자와 소통을 많이 할수록 가정은 순탄하게 굴러간다. (이 부분에 대해서는 2장에서 자세히 설명하겠다.) 배우자와 함께 즐거운 시간을 보낼수록 모든 가족 구성원의 기분이 좋아진다. 도저히 시간이 나지 않을 것 같더라도 배우자와의 관계를 돈독히 유지하도록 노력하자. 아이들을 재우고 나면 차라도 한잔 마시면서 이야기를 나누거나 점심시간에 짬을 내서 함께 시간을 보내자. 두 사람이 같이 보내는 시간을 우선순위로 삼은 다음 어떤 효과가 있는지 살펴보자.

☑ 배우자에게 먼저 인사를 합니까?

배우자가 있다는 가정하에, 당신이 배우자와의 관계에 어느 정도 우선순위를 두고 있는지 파악할 수 있는 좋은 방법 중 하나는 인사하는 모습을 살펴보는 것이다. 아이에게 뽀뽀하고 나서야 배우자에게 입맞춤을 하고 인사한다면 순서를 바꾸자. 배우자에게 먼저 인사한다고 해서 아이가 상처받는 일은 없으며, 아이는 단지 엄마가 아빠도 매우 소중하게 생각하고 있으며 엄마와 아빠의 관계도 중요하다는 사실을 인식할 뿐이다. 아이의 존재 자체가 두 사람의 결합에서 시작되었을 가능성이 높으므로 가족 전체가 그 관계의 중요성을 존중해야 함은 물론이다.

 영국 보모의 비밀

육아 품앗이 모임이 필요하다!

많은 부모들이 근처에 사는 가족, 친지들과 육아를 분담한다. 한 주는 당신이 외출하는 동안 그쪽 집에서 아이들을 돌보아주고, 다음주에는 당신이 그 집 아이들을 봐주는 식이다. 심지어 세 가족이 돌아가면서 아이들을 돌보고, 한 커플이 외출하면 다른 두 가족이 세 집의 아이들을 모두 한자리에 모아놓고 다 같이 즐거운 저녁 시간을 보내는 사례도 본 적이 있다. 만약 현재 이런 육아 품앗이 모임에 참여하지 않고 있다면 직접 만들어보자!

☑ **(엄마에게 해당) 배우자와 섹스를 하고 있습니까?**

예전에 새내기 엄마들로 구성된 그룹 세미나를 진행한 적이 있다. 참석한 엄마들은 모두 11명이었으며 아이의 연령은 6개월에서 18개월 사이였다. 11명의 참석자 중에서 배우자와 정기적으로 섹스를 하는 엄마는 딱 한 명에 불과했다. 세상에나! 섹스를 하지 않는다는 것은 배우자와의 관계에 제대로 신경쓰지 않고 있다는 사실을 보여주는 증거다.

물론 거부감은 충분히 이해한다. 얼마나 피곤하겠는가. 모유 수유를 하고 있다면 평소보다 아랫부분이 훨씬 건조할 가능성이 크므로 섹스가 고통스럽기까지 할지 모른다. 끊임없이 다른 가족들을 위해 봉사하고 있다는 생각이 들 수도 있다. 당신은 지금 당장 섹스를 하고 싶지도, 할 필요도 없는데 남편만 섹스를 원한다면 참으로 안타까운 일이다.

하지만 나는 그래도 당신이 섹스를 해야 한다고 생각한다. 왜일까? 우선 항상, 아니 최소한 일주일에 한 번씩이라도 무조건 부부 관계를 가지라고 제안하는 것은 아님을 이해해주기 바란다. 또한 산후조리 기간에는 섹스를 하지 말아야 하는 기간도 분명 존재한다. 하지만 내 세미나에 참석한 여성들은 몇 달 동안이나 부부 관계를 갖지 않고 있었다. 무려 몇 달이나. 그리고 나는 이것이 드문 일이 아니라는 사실도 잘 알고 있다. 일단 아기가 태어나면 자신과 배우자에게 필요한 것은 제쳐두게 되고, 자연스럽게 부부 관계도 소원해지는 경우가 많다. 나는 부부 상담사나 섹스 치료사가 아니지만, 섹스가 배우자에게 사랑과 정을 보여주는 방법 중 하나라는 점은 전문가가 아니라도 알 수 있다. 부부에게는 친밀함이 필요하며, 스킨십을 통해 '당신은 나에게 중요한 사람이야. 나는 우리 사이의 관계를 중요하게 생각해'라는 메시지를 전달해야 한다. 아이가 생기면 엄마와 아빠 모두 많은 측면에서 어려움을 겪기 마련이므로, 무엇보다 결혼 생활이 든든하게 유지되도록 노력해야 한다. 그것이 가장 기본이기 때문이다.

영국 부부의 비밀

출산 후 부부 관계는 이렇게!

나는 딸이 태어난 후 섹스는 안중에도 없었고 일정 기간 동안은 남편과 섹스할 때마다 상당히 고통스러웠다. 하지만 이 두 가지가 도움이 되었다. 1. 윤활제, 그것도 아주 많이! 2. '섹스 데이트'에 들어가기 전에 지나치게 녹초가 되지 않도록 하는 것. 나는 남편이 다른 방식으로 나를 배려할수록(내가 아이에게 신경쓰지 않고 맛있는 저녁식사를 준비할 수 있도록 분유 먹이기를 도와주는 일 등), 남편과의 부부 관계를 위해 더 많은 에너지를 비축할 수 있다는 사실을 발견했다. 내 말을 믿어도 좋다. 우리 남편이 어찌나 신이 나서 내 일손을 덜어주던지!

만약 당신이 부부 관계를 갖지 않는다면 아기의 욕구가 당신과 배우자의 욕구를 압도하고 있다는 강력한 증거일지 모른다. 많은 엄마들이 아기 옆에서 잠을 자지만(이에 대해서는 3장에서 자세히 설명하겠다) 만약 당신과 배우자가 섹스하지 않는 이유가 그것 때문이라면 분명 큰 문제다. 아기와 침대를 함께 쓴다면, 아니 설상가상으로 엄마가 아기와 함께 자고 아빠는 며칠 밤이나 계속해서 손님방에서 잔다면 부부 사이의 친밀한 관계를 우선시하기 어렵다. 안타깝게도 많은 가정에서 이러한 상황이 오랫동안 지속된다.

영국에 사는 내 친구 해나는 아이와 함께 잠을 자고 안아주고 아이가 원할 때마다 수유하기를 권장하는 애착 육아attachment parenting라는 철학에 심취해 있었다. 하지만 이러한 육아법을 극단적으로 적용하면 부모의 욕구를 무시해버리는 결과를 낳는다. 예를 들어 해나는 딸이 태어난 이후 1년 내내 아기와 함께 자고 밤새도록 젖을 먹였으며 아이가 두 돌이 될 때까지 그런 생활을 계속했다. 해나의 남편인 피터는 간혹 한 번씩 같은 침대에서 잠을 청하기도 했지만, 대부분은 손님방에서 따로 잤다. 미국에 사는 해나의 친한 친구가 파리 여행을 가는 김에 주말 동안 파리에서 해나와 피터를 만나고 싶다고 했을 때, 해나는 아직 모유 수유중이기 때문에 딸을 집에 남겨두고 외박하기는 어려울 것 같다고 말했다. 해나를 염려한 친구는 파리든 어디든 간에 해나와 피터가 함께 외출하고 아이 없이 즐거운 시간을 보내며 섹스하는 것이 얼마나 중요한지 따끔하게 일렀다.

해나가 여행에 대해 상의하자 피터는 뛸듯이 기뻐했다. 피터가 좋아하는 모습을 본 해나는 여행을 떠나기로 결심했다. 그후 몇 주 동안 피터는 신바람이 나서 파리에 가서 어떻게 아내와 잠자리를 가질 것인지에 대해 말했고, 그 여행을 '파리 섹스 여행'이라고 불렀다.

☑ (아빠에게 해당) 아내를 배려하고 있습니까?

아이가 태어난 지 얼마 되지 않은 시점부터 당신의 성욕은 지극히 왕성하게 작용할 가능성이 크다. 하지만 아내에게 잠자리를 제의하면 그녀는 어이없다는 눈길로 바라보거나 기가 막힌다는 반응을 보일 것이고, 어쩌면 믿을 수 없다는 표정을 짓거나 심지어는 화를 낼 수도 있다. 포기하지 말고 다른 접근방식을 시도해보자. 아내는 피곤한데다 하루종일 다른 가족들의 뒤치다꺼리를 하느라 심신이 모두 지쳤다고 생각하기 때문에 당신의 욕구에 별로 응할 마음이 없을지도 모른다. 이러한 반응에 대처하는 최선의 방법은 미리 선수를 치는 것이다. 아내가 제대로 잠을 자고, 본인을 위한 시간을 갖고, 꼭 직접 요리하지 않더라도 영양가 높은 식사를 할 수 있도록 하여 아내에게 필요한 것이 충족되도록 하자. 많이 배려하고 보살필수록 아내는 여유가 많아져서 다시 성욕이 생겨날 가능성이 높고, 부부 관계를 위한 에너지도 보다 많이 솟아날 것이다.

영국 보모의 비밀

부부만의 시간이 없을 때 가장 먼저 점검해야 할 것

부모가 좀처럼 둘만의 시간을 내지 못할 때는 아이의 취침 습관에 문제가 있는 경우가 많다. 아이들은 부모보다 더 많이 자기 때문에 저녁에는 당연히 엄마와 아빠 둘만의 시간이 나야 한다. 이것은 아이들이 잠자리에 드는 시간을 정해놓고 규칙적인 일과를 지킬 때 얻을 수 있는 여러 가지 장점 중 하나다. 처음에 부모들은 저녁 내내 둘만의 시간을 가질 수 있다는 사실을 깨달으면 당황하기도 한다. 하지만 두려워하지 말자. 관심만 기울이면 그 시간을 의미 있게 보낼 수 있는 방법을 충분히 찾을 수 있다.

☑ **집안에 부모가 다 있을 때, 서로를 대하는 방식을 통해 바람직한 관계의 모범을 보여주고 있습니까?**

나는 마틴 가의 가족을 따라서 처음으로 미국에 왔다. 이제 그 집 아이들은 거의 다 자랐지만 마틴 가의 가족은 여전히 내 삶에서 소중한 존재다.

부모인 웬디와 그레이엄은 놀라울 정도로 훌륭한 관계를 유지하고 있다. 두 사람은 서로를 깊이 존중하며 상대방에게 힘이 되어준다. 그리고 이 부부의 아이들은 부모를 대할 때뿐만 아니라 각자의 연인이나 배우자를 대할 때도 부모의 행동을 그대로 따라한다. 나는 이와 반대되는 사례, 즉 아빠가 엄마를 무시하거나 엄마가 아빠를 무시하는 가정을 자주 본다. 그런 가정에서 자란 아이들은 부모나 자신이 소중하게 생각하는 사람을 무시해도 괜찮다고 생각하게 된다. 엄마와 아빠가 서로 상냥하게 대하지 않으면 가정의 전반적인 분위기가 적대적으로 변하기 마련이다. 어른과 아이를 막론하고 그러한 환경에서 행복을 느낄 수 있는 사람은 드물다.

영국 부부의 비밀

부부 타임이 필요해

남편과 나는 무슨 일이 있어도 일주일에 한 번씩 저녁 데이트를 하는데, 피곤할 때도 건너뛰지 않는다. 또한 오후 5시부터 6시까지를 해피아워로 정해놓고 아들의 '자유놀이' 시간으로 삼는다. 아들이 집안 여기저기를 돌아다니면서 혼자 노는 동안 우리는 그날 있었던 일들을 이야기한다. 와인 한 잔이 있다면 자연스럽게 침실로 향하기가 더욱 쉬워진다!

✅ **가정의 분위기가 화목합니까? 웃음과 즐거운 일이 많습니까?**

별다른 어려움 없이 즐겁고 신나는 시간을 보내는 부모들도 있다. 그러나 사실 대다수 부모들은 잔업이나 지저분한 집안 청소, 약속된 저녁 일정을 소화하기에 급급한 나머지 매 순간을 소중히 여기지 못하며, 하루는 길지 몰라도 한 해는 순식간에 지나간다는 사실을 잊는 경우가 많다. 해야 할 일이나 집안일을 접어두고서 음악을 틀고 신나게 몸을 흔들어보는 습관을 들이자. 아이들이 바보 같은 행동을 하거나 익살스러운 표정을 지으면서 웃고, 완전히 자유롭게 놀 수 있도록 내버려두어야 한다. 그리고 당신 역시 그렇게 해야 한다. 행복한 부모의 모습을 보고 자신 역시 마음껏 행복감을 경험할 때 아이들은 안정감을 느낀다.

☑ 부모 역할을 즐기고 있습니까?

당신이 항상 행복할 수는 없다. 그건 괜찮다. 가끔은 도무지 어찌할 바를 모를 때도 있을 것이다. 그래도 상관없다. 당신도 인간이니까! 다만 그런 기분을 얼마나 자주 느끼는가? '가끔'보다 빈도가 높은가? 무력감을 느낄 때가 그렇지 않을 때보다 더 많은가? 나는 우울증에 빠져 있는 엄마들을 많이 보았다. 그들은 정작 자신이 하고 싶은 일들은 너무나 깊숙이 묻어버린 나머지 마지막으로 웃어본 것이 언제였는지도 깨닫지 못하는 상태에 빠져버렸기 때문에 우울해했다. 또는 산후우울증이 아직 사라지지 않았기 때문일 수도 있다. 아니면 신체에 제대로 해결되지 않은 고질적인 문제가 남아 있기 때문인지도 모른다. 나는 우울증에 빠진 엄마 아빠를 이렇게 구별해낸다. 일단 우울증에 시달리는 부모들은 아이들의 몸에 손을 대지 않는다. 웃지도 않는다. 자세가 구부정하다. 식습관도 비정상적이어서 너무 많이 먹거나 지나치게 적게 먹는다. 움직임에서 활기나

에너지가 느껴지지 않는다. 말투도 툭툭 끊어지고 퉁명스러우며 전반적으로 세상에 화가 난 것처럼 보인다.

자신이 우울증에 빠졌을지도 모른다고 생각한다면 나 자신과 가족을 위해 반드시 이 문제를 해결해야 한다. 우울증이 심각하다면 의사와의 상담이 필요할 수도 있다. 단순히 마음이 약간 울적한 정도라면 혼자 산책을 나가서 약간의 휴식 시간을 가지기만 해도 울적한 기분이 사라지기도 한다. 그리고 나면 상황이 깜짝 놀랄 만큼 다르게 보이기 시작할 것이다. 아이의 관점에서 생각해보자. 엄마가 절대 웃거나 미소 짓지 않고 간지럼도 태우지 않는다면 아이의 심정이 어떨까? 아이가 질문할 때마다 부모가 쏘아붙인다면 아이의 기분은 어떨까? 그것이 아이의 행동에는 어떤 영향을 미칠까? 이렇게 아이의 관점에서 이 문제를 생각해보면, 당신의 안녕이 화목한 가정에 얼마나 중요한 요소인지 확실히 깨닫게 될 것이다.

☑ 아이의 행동을 제대로 다스릴 수 있다고 확신합니까?

어떠한 상황에서도 아이의 행동을 다스릴 수 있다고 확신한다면, 아이가 어떤 행동을 할지 두려워하지 않게 되고 일상을 보내는 데 훨씬 스트레스를 덜 받을 것이다. ==부모가 자신 있게 아이를 다루는지, 아니면 아이를 두려워하고 있는지를 판단할 수 있는 확실한 방법이 있다. 나는 그것을 아기용 컵 테스트 Sippy Cup Test 라고 부른다.== 다음과 같은 익숙한 광경을 상상해보자. 아침식사 시간에 어린 미란다가 우유를 더 달라고 조른다. 당신이 파란색 아기용 컵에 우유를 따르자 미란다의 눈이 휘둥그레진다. "싫어어어어!" 미란다가 소리를 지른다. "분홍색 컵이 좋아!" 당신이라면 어떻게 하겠는가?

1) 커피 한 모금을 삼키기도 전에 잔뜩 긴장해서 미란다가 울고불고 난리를 치지 않도록 얼른 분홍색 아기용 컵을 꺼낸다.
2) 아이에게 침착하게 말한다. "오늘 아침에는 벌써 파란색 컵에 우유를 따랐잖니. 하지만 점심때 네가 미리 얘기해주면 그때는 분홍색 컵으로 우유를 마시도록 해줄게."

당신이 2번을 선택했다면, 축하한다! 테스트를 통과한 것이다. 물론 처음에는 아이가 한바탕 떼를 쓸 수도 있지만, 이 부분에 대해서는 경계선과 행동의 결과를 다루는 7장에서 더 자세히 설명할 것이다. 자신감 있는 부모는 아이가 울고 보채는 것을 두려워하지 않는다. 자신 있는 부모는 일거리를 늘리는 것이 얼마나 어리석은 일인지 알고 있다. 아기용 컵 하나만 씻으면 되는데 두 개를 씻고 싶어하는 사람이 어디 있겠는가? 아이가 주도권을 쥐거나 당신의 행동을 방해하도록 내버려두지 마라. 당신이 부모이고 상대방은 아이이기 때문에 아이가 어떤 행동을 하든 다스릴 수 있다는 사실을 잊지 말자. 이것만 명심한다면 당신은 엄청난 통제력을 발휘할 수 있게 된다. 엄마가 스스로 무기력하다고 느끼며 아이에게 휘둘리거나 아이가 보챌까봐 쩔쩔매는 것보다 심각한 문제는 없다.

☑ 당신은 침착합니까?

침착함은 마법 같은 효과를 발휘한다. 내가 아는 한 엄마는 온 가족이 병치레를 하게 되자 참을 수 없는 한계점에 도달했다. 스스로를 보살피거나 쉴 수 있는 시간이 전혀 없었던 것이다. 유치원생 아이가 너무 심하게 말썽을 피우면 엄마는 욕실로 들어가서 스스로를 추슬렀다. 그리고 몇 분 뒤에 욕실 문을 열고는 활짝 웃으면서 침착한 목소리로 이야기했다(비록 실제로는 그럴 기분이 아니라 해도). 그러자 마치 마법지팡이를 휘두른 것처럼 아이는 조용해졌다. 사실 이것은 마법과는 아무런 상관이 없으며, 단지 엄마가 전보다 덜 날카로운 목소리를 내고 잔뜩 찡그린 이마 대신 웃음을 보여주었기 때문이었다. 부모가 침착한 태도를 보이면 아이는 당신이 통제권을 쥐고 있으며 모든 것이 문제없다는 생각을 하게 된다. 무언가 불안한 기미가 감지되면 아이는 덩달아 불안감을 느끼기 마련이다. 이러한 모든 이유 때문에 육아에서 잠시 해방되고 싶을 때는 스스로에게 약간의 휴식 시간을 주어야 하는 것이다!

영국 보모의 비밀

아이보다 더 불안해하는 엄마에게
아이의 행동이 엄마에게 영향을 미치고 있다는 신호를 파악하는 방법을 배워보자. 당신은 난처한가? 긴장하고 있는가? 목소리가 날카로운가? 일단 아이가 안전한지 확인한 후, 다른 방에 들어가거나 아니면 문밖으로 살짝 나가보자. 아이가 떼를 쓴다고 해도 알 게 뭐란 말인가? 아이의 행동 때문에 아이뿐만 아니라 엄마까지 동요하는 일은 없게 하자. 열 번 정도 깊게 숨을 들이마시자. 스트레칭도 하자. 도움이 된다면 친구에게 전화를 걸어서 하소연하는 것도 좋다. 비록 잠깐이라도 스트레스 받는 상황에서 벗어나면 해방감을 느끼게 되고, 당신과 아이의 저녁 분위기는 훨씬 밝아질 것이다.

☑ 모든 것이 아이 위주로 돌아가지 않도록 주의합니까?

최근에 한 친구가 갓난아기와 이제 걸음마를 시작한 아이를 함께 돌보는 문제에 대해 나에게 조언을 구했다. "두 아이가 동시에 울고 있다면 어떻게 해야 할까?" 대답은 분명하다. 둘 중 하나는 기다려야 한다. 그러나 내가 더욱 흥미를 느낀 점은 그 친구가 그런 질문을 던졌다는 사실 자체였다. 최근에 그 친구는 둘째를 낳은 엄마들을 위한 모임에 가입했고, 그 모임에 참여하는 거의 모든 엄마들이 똑같은 궁금증을 안고 있었다. 이 질문은 우리의 육아 관련 사고방식이 얼마나 많이 변했는지 보여준다. 아이들이 불편해하는 모습을 도저히 그냥 내버려두지 못하는 것이다. 하지만 아이들을 항상 만족시키는 것은 불가능하다. 그나마 아이가 하나라면 어떻게 감당해볼 수 있을지 모르지만(비록 나는 여전히 지나치게 많은 노력은 불필요하다고 주장하겠지만!), 아이가 둘이라면 사실상 불가능에 가깝다. 가장 중요한 사실은 아이가 무언가를 원할 때마다 즉시 손에 쥐여주는 것은 아이에게도 그다지 좋지 않다는 점이다.

새내기 엄마들로부터 애 때문에 심지어 샤워도 제대로 못한다는 이야기를 들으면 나는 머리끝까지 화가 난다. 엄마에게도 마땅히 샤워는 필요하다! 샤워할 권리가 있다! 아이를 돌봐줄 사람이 없다면 욕실 안에 바운서를 놓고 거기에 앉혀라. 샤워하면서도 아이에게 노래를 불러주거나 이야기를 해줄 수는 있다. 아이가 잠깐씩 울더라도 별문제는 없을 것이다. 사실 아이는 어느 정도 울어야 한다. 3장에서 보다 자세히 살펴보겠지만, 아이의 울음소리를 듣는 것 자체가 아이의 울음소리를 배우는 데 꼭 필요한 과정이다.

이렇게 아이를 편안하게 해주기 위해 전전긍긍하는 부모의 성향은 신생아 때부터 시작해 아이가 상당히 자랄 때까지 지속된다. 네 살짜리 아이와 함께 동물원에 갔는데 아이가 음료수를 마시고 싶어한다면 부모는 아이가 목이 마르지 않도록 즉시 열 일 제치고 주스를 가져다줄 것이다. 열 살짜리 아이가 저녁을 먹지 않겠다고 떼를 쓰면 부모는 아이가 배고프지 않도록 저녁 9시에 간식을 허용한다. ==우리는 가끔씩 아이가 불편함을 느끼도록 내버려두는 방법을 배워야 한다.== 평생 동안 무언가를 기다리거나 불편함을 겪어본 적이 없는 25세의 입사 지원자를 생각해보자. 이런 젊은이가 사회에서 진정으로 성공하기 위한 역량을 갖추고 있을까? 이 청년이 세상은 자신을 중심으로 돌아가지 않는다는 사실을 완전히 이해하고 있을까? 이렇게까지 설명해도 아이보다는 나 자신에게 좀더 신경 써야겠다는 생각이 들지 않는다면, 아이가 "엄마, 뛰어봐"라고 말할 때마다 "그래, 얼마나 높이?"라고 물어보지는 않는지, 그 과정에서 스스로에게 불필요한 부담을 지우고 있는 것은 아닌지 생각해보자.

☑ 상황이 순조롭게 흘러가지 않을 때 스스로를 용서합니까?

나 자신을 돌본다는 것의 의미 중 하나는 스스로를 친절하게 대한다는 뜻이다. 육아는 힘들다. 부모들은 항상 아이를 좀더 잘 키우는 방법이 있을 거라고 느끼기 마련이다. 빨래를 한번 더 돌릴 수 있었을 텐데, 주택 건축 프로젝트를 하나 더 맡을 수 있었을 텐데, 하고 후회하는 것과 마찬가지다. 나 역시 돌보는 아이들 앞에서 좌절감에 눈물을 흘려본 적이 있다. 또한 지금까지 많은 아이들에게 예의바른 행동을 가르쳐왔지만, 우리집 반려견의 버릇을 들이는 데는 형편없이 실패하고 말았다! 몸무게 2.72kg의 자그마한 털실 뭉치 같은 우리 개는 내 주위를 제멋대로 뛰어다닌다! 이 모든 것은 자신과 직접 연관된 문제일수록 훨씬 더 해결하기 어렵다는 방증일 뿐이다.

만약 당신이 무언가에 실패할 때마다 마음속에 깊이 새기고 밤새도록 뜬눈으로 지새우며 다른 방식으로 처리할 수는 없었을까 곱씹는 부모라면, 당신 자신과 아이를 위해 휴식을 취하라. 아이들이 부모도 인간이라는 사실을 알게 되는 것도 나쁘지 않다. 사실 아이들이 그 점을 깨닫는 것은 중요한 일이다.

자, 이제 다음과 같은 상황을 생각해보자. 당신은 끔찍한 하루를 보냈고 아이들은 손을 댈 수 없을 정도로 말을 듣지 않는다. 남편에게서 방금 늦게까지 야근해야 한다는 전화를 받았기 때문에 앞으로도 최소한 몇 시간은 혼자 아이들을 돌봐야 하는 상황인데, 손가락 하나 까딱할 힘조차 없다. 당신은 어떻게 하겠는가?

1) 평소대로 일상을 보내며 저녁식사를 직접 준비하고 아이들을 목욕시킨다.
2) 자신의 처지를 약간 이해해주는 것이 어떨까? 오늘 저녁은 마카로니 앤드 치즈●로도 충분할 테고, 아이들 목욕은 내일 시키면 된다.

올바른 대답은 2번이다. 스스로에게 친절하다는 것은 필요할 경우 자신의 높은 기준을 다소 포기한다는 뜻이다. 당신에게는 휴식이 필요하다. 스스로에게 휴식을 주자.

 영국 부부의 비밀

아주 작은 휴식 한 잔
한계점에 도달하면 나는 탄산수 한 잔을 따른 후 라임이나 레몬을 띄워서 잠시 휴가 온 기분을 느낀다. 그렇게라도 숨을 돌려야 한다.

☑ **기꺼이 도움을 요청할 생각이 있습니까?**

오늘날의 부모들은 자신의 육아법에 대한 다른 사람들의 견해에 지나치게 신경을 쓴다. 밖에 나가면 아이가 말썽 부리지 않도록 사탕을 건네준다. 아이가 떼를 쓰도록 내버려두면 계산대에 있는 직원이 골칫덩어리 아

● 삶은 마카로니에 치즈 소스를 곁들인 그라탱 요리의 일종으로, 간단히 먹을 수 있는 인스턴트 제품도 있다.

이에 형편없는 부모라고 생각할까봐 걱정되기 때문이다. 또한 좀처럼 다른 부모들에게 "정말 너무 힘들어요"라는 말을 하지 못하고 꾹 참는다. 자신이 육아를 제대로 감당하지 못하는 부모이며 자기 아이가 특출한 아이가 아니라는 인상을 주고 싶지 않기 때문이다. 예전에는 부모들이 서로를 도와주었고, 엄마 아빠가 도저히 육아를 감당할 수 없다고 여겨질 때는 지역사회도 도움의 손길을 내밀었다. 이제는 모든 부모들이 고립된 상태에서 아이들을 키우며, 다른 부모들을 대할 때 가장 밝은 표정을 지으려고 노력한다. 이러한 관행은 사라져야 한다.

도움을 요청하는 방법을 배우자. 어떤 점이 힘든지를 친구에게 솔직하게 털어놓고, 친구 역시 당신에게 솔직하게 이야기하도록 독려하자. 육아의 어려움에 대해 가장 스스럼없이 이야기하는 사람들을 찾아서 돈독한 관계를 맺자. 떼쓰는 아이 때문에 곤란해하는 엄마를 보면 미소를 건네며 안심시키고 당신도 똑같은 일을 겪었기 때문에 다 이해한다고 말을 붙이자. 아이에게 사탕을 물려주기보다는 울도록 내버려두는 엄마가 사실 더 좋은 부모다. 부모가 좀더 자기 자신을 돌보고 건전한 육아를 하기 위해서는 지역사회의 지원이 절실하며, 보다 솔직하고 남을 제멋대로 판단하지 않는 지역사회를 구축하기 위해 우리 모두가 노력해야 한다.

Emma's TIP

아기 흔들기*에 관하여

우리는 끔찍한 사건이 벌어져 신문 헤드라인에 이와 관련된 기사가 실려서 옹기종기 모여들 때를 제외하고는 아기 흔들기라고 알려진 행동에 대해 거의 이야기하지 않는다. 이 주제는 사실상 금기다. 그러나 나는 이것을 바꾸고자 한다. 부모들은 아기를 기르면서 느끼는 좌절감에 대해 털어놓아야 한다. 특히 새내기 엄마들의 경우 엄마가 된 것에 대해 조금이라도 양가감정을 드러내면 사회적인 비난을 받게 되는데, 사실 솔직한 감정을 털어놓을 수 있어야 한다. 엄마가 내뱉는 말 한마디 한마디를 심판하지 않는 든든한 지원 네트워크가 존재한다면 엄마들의 기분은 훨씬 나아질 것이다.

우리는 육아의 어려움에 대해 보다 솔직해져야 한다. 육아가 얼마나 힘든 일인지 미리 알려주는 사람은 없다. 그 이유 중 하나는 육아의 어려움에 대해 설명하는 것 자체가 까다롭고, 아이가 태어난 직후의 몇 주에 대해서는 잊어버리는 사람이 많기 때문이다. 또한 국가적으로 아기의 출생을 그저 경사스러운 일로 축하하며, 그다지 경사스럽지 않은 부분에 대해 이야기할 여지는 남겨두지 않는 분위기가 조성되어 있기 때문이다. 오히려 누가 가장 행복한지, 누가 가장 만족하고 있는지 서로 경쟁하는 모양새다. 부모들이 서로 전화를 걸어서 "애를 키우는 건 정말 힘들어. 솔직히 말하면 지금 아주 죽겠어"라고 토로할 수 있는 분위기를 조성해야 한다. 엄마들이 "물론 앞으로 좋은 엄마가 되기 위해 노력하겠지만, 아직까

- 아기가 울거나 보챌 때 심하게 흔들거나 던졌다 받는 동작을 나타내는 아기 흔들기baby shaking는 흔들린 아이 증후군shaken baby syndrome의 원인으로 지목되어 논란이 되고 있다.

지 아기를 돌보는 일이 별로 신나지 않아"라고 말할 수 있도록 해야 한다. 서로에게 보다 솔직해질 필요가 있다.

또한 부모들은 아이가 울도록 내버려둘 수 있는 권한이 있다고 생각해야 한다. 물론 그렇다고 해서 갓난아기의 울음소리를 무시하라는 뜻은 아니다. 주기적으로 아이를 달래는 것은 아이의 안정감과 애착 발달에 매우 중요하다. 그러나 아이와 단둘이 있을 때, 기분상 아이가 벌써 몇 시간째 울고 있는 것처럼 느껴지는데다 무슨 수를 써보아도 통하지 않고 도저히 어찌할 바를 모를 때는 아이를 내려놓자. 잠시 방을 나가라. 심호흡을 하고 누군가에게 전화를 하자. 가끔씩 아이 때문에 탈진할 지경이 되는 것은 인간으로서 당연한 일이라는 사실을 잊지 말자. 아이가 혼자서 울도록 내버려두는 것을 너무 두려워한 나머지 스스로를 미칠 지경으로 몰아가지 않도록 하자.

이것은 사회경제적인 문제나 우리 문화권에 기인한 문제가 아니다. 오랫동안 보모로 일했던 내 친구는 물론 자신이 절대 아이를 흔들지는 않겠지만, 악을 쓰면서 우는 아기를 달래야 하는 상황을 겪어본 이후에 왜 부모가 아이를 마구 흔드는 일이 벌어지는지 이해할 수 있게 되었다고 털어놓았다. 세 명의 자녀를 둔 또 다른 부모는 아이들이 다 성장한 지금까지도 아기들이 울 때 느꼈던 패배감을 생생하게 기억한다고 말한다. 그 엄마는 자신이 얼마나 통제하지 못할 상황으로 치닫고 있는지 깨닫고 잔뜩 겁을 먹었다. 도대체 어찌 그리도 끔찍한 생각을 할 수 있었으며, 그토록 깊이 사랑하는 아이들이 오직 입을 다물어주기만을 바랄 수가 있었을까? 이러한 생각이 든다고 해서 형편없는 부모인 것은 아니다. 피곤하고 좌절감을 느낄 때는 사소한 일만으로도 벼랑 끝에서 떨어질 수 있다. 다시 말해서 아이를 과격하게 흔드는 것은 인격이 가장 훌륭한 사람들에게도 쉽게 일어날 수 있는 일이며, 우리가 그 원인이 되는 문제에 대해 계속 침묵을 지킨다면 사회

전체가 이 문제에 지극히 취약해질 수밖에 없다.

또한 유난히 다루기 힘든 아기들이 있기 마련이지만, 그렇다고 해서 반드시 '골치 아픈' 아기들이라고 할 순 없다는 사실을 부모들에게 주지시켜야 한다. 그런 말에는 너무나 많은 가치판단이 포함되어 있다. 수많은 엄마들이 소리만 질러대는 자신의 아기를 떠올리며 얌전하게 옹알이를 하거나 엄마 품에 안기는 다른 아기들을 부러운 듯이 바라본다. 그러나 사실 어떤 아기들은 배앓이나 가스, 그 외의 여러 가지 문제 때문에 까탈을 부린다. 또한 일부 걸음마하는 아이들, 초등학생과 중학생들, 그 이후의 아이들도 마찬가지다. 모든 아이는 어려운 시기를 겪는다. 하지만 결국 성장하면서 극복한다. 장기적인 관점으로 바라보는 것을 잊지 말자.

2장

아이의 주파수에 접속하라

분노하는 엄마 vs. 딴청 부리는 아이

•

"의사소통과 관련된 가장 큰 문제는 의사소통이 잘되었다고 착각하는 것이다."
_조지 버나드 쇼

 *Checklist*

☐ 아이가 별로 떼를 쓰지 않는 편입니까?

☐ 아이가 학교에서처럼 집에서도 어른의 말을 잘 듣습니까?

☐ 아이가 엄마의 요청에 귀기울이고 주의를 집중합니까?

☐ 일곱 가지 중요한 말을 사용합니까?(사랑해, 미안해, 응, 멈춰, 부탁해, 고마워, 넌 할 수 있어)

☐ 엄마가 바라거나 바라지 않는 행동이 무엇인지에 대해, 그리고 그 이유에 대해 구체적으로 알려줍니까? 그 행동을 했을 경우의 결과를 설명해 줍니까?

☐ 엄마가 바라는 행동을 미리 아이에게 전달합니까?

☐ 명령해야 할 때 적절한 명령을 합니까?

☐ 지시해야 할 내용을 사정하거나 부탁하지 않습니까?

☐ 아이에게 책임감을 주는 단어를 선택합니까?

☐ 아이에게 진심을 담아서 이야기합니까?

☐ 지나치게 강한 어조는 피하는 편입니까?

☐ 무언가를 강조할 때는 아이와 가까운 곳에서 시선을 마주치며 이야기합니까?

☐ 당신이 하는 말과 보디랭귀지는 일관된 메시지를 전달합니까?

☐ 한 가지 일에서 다른 일로 전환할 때 그에 대해 아이와 이야기를 나눕니까?

☐ 갓난아기나 막 걸음마를 하기 시작한 영아처럼 아이가 아주 어린 경우, 아이가 잘 이해할 수 있도록 살피며 이야기합니까? 어떤 일이 왜 일어났는지에 대해 자세히 들려줍니까?

☐ 아이에게 선택권을 줍니까?

☐ 아이의 나이에 맞는 개념과 용어를 사용하고 있습니까?

☐ 지겹도록 반복해서 잔소리하는 것을 피합니까?

☐ 아이가 엄마에게 이야기할 충분한 시간을 줍니까? 아이의 말에 귀기울이고 응답합니까?

☐ 아이의 보디랭귀지를 제대로 읽어내고 있습니까?

☐ 의사소통을 하기 전에 아이가 침착해질 때까지 기다립니까?

☐ 아이가 칭얼대거나 우는 대신 제대로 된 단어를 사용해서 말하도록 격려합니까?

☐ 아이의 주변에 있는 어른들이 일관된 태도를 보입니까?

예전에 걸핏하면 내 신경을 건드리는 남자 동료와 함께 일한 적이 있다. 나는 그 사람과 부딪친 후 잔뜩 골을 내며 집으로 돌아와서는 마음을 진정시키고 이렇게 고민하는 경우가 많았다. '에마, 도대체 문제가 뭘까? 그 남자가 실제로 한 말 중에 어떤 부분이 그토록 네 마음을 불편하게 했을까?' 그 남자가 한 말이나 나에게 요구한 것들을 되돌아보면 실제로는 그다지 거슬리는 내용이 없다는 사실을 깨달을 수 있었다. 나를 미치도록 짜증나게 하는 것은 바로 그 남자가 의사소통하는 방식이었다. 지나치게 거만한 태도로 이야기하거나 고압적인 말투를 사용했기 때문에 말을 듣는 순간 그 사람을 위해서는 손가락 하나 까딱하기 싫어졌던 것이다.

아마 대부분의 독자들도 이와 비슷한 경험을 해본 적이 있을 것이다. 헤아릴 수 없이 많은 리더십 및 인간관계 관련 도서와 워크숍에서 의사소통을 중점적으로 다루며, 의사소통이 얼마나 중요한지, 잘못된 의사소통이 발생하기 얼마나 쉬운지를 강조한다. 만약 의사소통이 간단한 문제였다면 그 수많은 책과 세미나는 존재하지 않았을 것이다! 사람들은 흔히 비즈니스 상대나 결혼한 배우자와의 의사소통방식에는 엄청난 노력을 쏟지만, 아이들과의 의사소통에도 그만큼의 관심이 필요하다는 사실을 이해하는 사람은 그다지 많지 않다.

이 장의 내용과 관련하여 첫번째로 다행스러운 일은 가정 내에서 의사소통이 순조롭게 이루어질 경우 그 결과를 쉽게 알아볼 수 있으며, 그런 가정에서는 가족들이 수시로 만족감을 느낀다는 점이다. 두번째는 당신의 의사소통방식을 완전히 뜯어고치거나, 하다못해 이것저것 바꿀 필요조차 없다는 점이다. 당신은 이미 어떤 방식으로든 아이들과 의사소통을 하고 있을 가능성이 높으며, 의사소통이 효과적으로 이루어지지 않을 경우 때로는 아주 작은 변화만으로도 원하는 결과를 얻을 수 있다. 예를 들어 내가 만난 한 아빠는 항상 올바른 말만 했지만, 목소리에 통제력과 권위가 전혀 없었기 때문에 아들이 좀처럼 아빠의 말을 듣지 않았다. 나는 그 아빠에게 위엄 있고 자신감 넘치는 말투를 연습하도록 조언했다. 한편 어떤 엄마는 말하는 내용이나 어투 모두 적당했지만, 언제나 등을 돌리고 말했기 때문에 딸이 엄마가 지시하는 내용의 중요성을 이해하지 못했다. 이 경우에는 그저 엄마가 등을 돌려 딸을 마주보기만 하면 해결되는 문제였다. 한편 아이들이 양쪽 부모에게서 서로 다른 메시지를 받고 혼란스러워하는 경우가 너무나 많으며, 부모들이 서로 대화를 나누지 않으면 한쪽 부모가 하는 최선의 의사소통도 무용지물이 되어버리기 일쑤다. 또한 훈육하는 도중에 아이를 안아주고 눈물을 닦아준다면 아이는 같은 부모에게서조차 혼란스러운 메시지를 받게 된다. 사소한 변화만으로도 이러한 의사소통 문제를 전부 해결할 수 있다.

효과적인 육아서에는 의사소통에 대해 설명하는 장이 반드시 있다. 아이와 제대로 의사소통할 수 없다면 뒤에 이어지는 수면, 식사, 예절에 대한 내용을 어떻게 실천에 옮길 것인가? 의사소통은 앞으로 나올 모든 내용의 바탕이 된다. 의사소통은 성공적인 육아의 필수 요소다. 부모가 아이들과 소통하는 방식, 아이들이 부모와 소통하는 방식은 가족 구성원들이 서로를 얼마나 존중하는지 잘 보여준다. 처음에는 단어 선택, 말투, 보디랭귀지 등의 오래된 습관을 바꾸는 데 어느 정도 노력이 필요할지 모르지만, 좋은 의사소통 기술은 결국 제2의 천성으로 자리잡게 될 것이다. 그리고 이것은 마치 요정의 마법가루를 뿌린 것처럼 당신의 가정에 기적과도 같은 변화를 가져올 것이다.

☑ 아이가 별로 떼를 쓰지 않는 편입니까?

아이가 떼를 쓰는 것은 의사소통이 잘 이루어지지 않고 있음을 드러내는 강력한 징표다. 물론 떼쓰지 않는 아이는 없으며, 아이가 떼를 쓴다고 해서 부모의 의사소통 능력이 형편없다는 의미는 아니다. 하지만 아이가 자주 떼를 쓴다면 그것은 중요한 신호일지도 모른다. 아이가 왜 그렇게 떼를 쓸까? 관심을 바라는 걸까? 불만을 가지고 있는 걸까? 아이가 본인의 의사를 제대로 표현하지 못하고 있나? 만약 그렇다면 이유는? 다음 내용을 읽어보면서 그 이유를 파악할 수 있는지 살펴보자.

☑ 아이가 학교에서처럼 집에서도 어른의 말을 잘 듣습니까?

집에서 아이가 너무나 말을 듣지 않아 골머리를 앓고 있다며 나에게 도움을 요청하는 부모가 있다면, 나는 보통 그 아이가 학교에서 어떻게 행동하는지 살펴보도록 권한다. 학교에서는 아이가 말을 잘 듣는가? 만약 학교에서도 말을 듣지 않는다면 반드시 해결해야 하는 더 큰 문제가 있다는 뜻이다. 학교에서 말을 잘 듣는다면, 그 아이는 분명 얌전하게 행동할 수 있는데도 집에서 부모와 함께 있을 때 일부러 말을 듣지 않는 것이다. 그렇다면 가정에 뭔가 문제가 있다는 사실이 분명해진다. 따라서 가정에 초점을 맞추고 어떤 문제가 있으며 그 원인이 무엇인지 집중적으로 파악할 수 있기 때문에 이것은 매우 중요한 정보다.

☑ 아이가 엄마의 요청에 귀기울이고 주의를 집중합니까?

나는 아이가 부모의 말에 반응하는지 관찰한다. 때로는 단순히 아이가 부모의 말소리 자체를 듣지 못해서 반응하지 않을 때도 있다. 어린 빌리의 방에 음악이 흐르고 있어서 아래층에서 소리치는 엄마의 말소리를 듣지 못하는 경우다. 이는 쉽게 고칠 수 있는 문제다. 그러나 아이의 부주의는 훨씬 더 걱정스러운 문제이며, '한 번만 더 코트를 입으라고 잔소리해야 한다면 아마 난 폭발해버릴 거야!'라고 생각해본 적 있는 부모라면 누구든 이런 심정을 이해할 수 있을 것이다. 아이의 부주의를 해결하기 위한 첫번째 열쇠는 합리적인 기대치를 설정하는 것이다. 부모의 말에 항상 100% 귀기울이는 아이는 없다. 엄마가 아이에게 앉으라고 이야기하거나 고맙다는 인사를 하라고 지시할 때 열 번 중 여덟 번 정도 아이가 말을 듣는다면 훌륭한 편이다. 아마도 100%에는 절대 도달하지 못할 테지만 그래도 괜찮다.

귓속말 게임
아이에게 말을 잘 듣는 습관을 길러주고 싶다면 '귓속말' 게임을 해보는 것도 좋다. 온 가족이 한 줄로 선 다음 맨 끝에 있는 사람이 옆 사람의 귀에 단어 하나를 속삭이고, 그 단어를 반대편 끝에 있는 사람에게까지 전달한 후 마지막 사람이 단어를 크게 외쳐서 첫번째 사람이 말한 단어가 정확히 전달되었는지 살펴보는 것이다. 아이들은 이 게임을 아주 좋아한다.

또한 네 살짜리 아이에게 어린이집에 가게 제발 옷을 입으라고 이야기한다면, 계속해서 지시 내용을 주지시켜야 한다는 점을 기억하자. 단순히 옷을 입으라고 한 번 이야기하는 것만으로는 충분하지 않을 수도 있다. 6장에서 좀더 자세히 살펴보겠지만, 일과표를 만드는 것도 도움이 된다. 더불어 아이의 능력으로 할 수 있는 일을 지시하는 것이 좋다. 처음에는 아이가 혼자서 하는 것을 수천 번이나 지켜보았고 쉽게 할 수 있다는 사실을 알고 있는 잠옷 벗기부터 시작한다. 그다음에는 이렇게 말해보자. "지금 무척이나 놀고 싶겠지만 옷을 입고 어린이집에 갈 준비를 하기 전에는 아무것도 못해. 절대 아무것도." 아이가 정신을 다른 데 팔고 있는 모습을 보면 "집중해!"라고 말하며 아이를 독려하자.

그러나 비록 지시 사항이 아이의 발달 연령에 적합하고, 채근하면 아이가 제대로 반응한다고 하더라도, 아이가 좀처럼 부모의 말을 듣지 않는 데는 다른 이유가 있을 가능성도 있다. 이 체크리스트의 나머지 질문들을 통해 그 이유를 정확히 파악해보도록 하자.

영국 보모의 비밀

엄마의 유머가 아이를 바꾼다

나는 항상 엄격한 말투를 고수하기보다는 아이가 말을 듣지 않는 것에 대해 가끔씩 농담을 하기도 한다. "이런, 책이 통 말을 듣지 않네. 귀가 어디로 간 걸까?" 그러면 아이는 귀를 붙잡고 대답한다. "제 귀, 여기 있어요, 보세요!" 나는 이렇게 응수한다. "와, 다행이다! 네가 귀를 잃어버리거나 학교에 두고 온 줄 알고 걱정했지. 이제 귀를 찾았으니 이리로 와서 식탁에 앉아볼까?" 때로는 약간 말을 바꾸어 아이의 귀에 브로콜리가 자라고 있나보다 하고 걱정하는 시늉을 한다. "그게 아니라면 왜 내 말이 들리지 않을까?" 아이들은 이런 농담을 무척 좋아하며, 이를 통해 귀기울여 듣는 행동에 집중하게 된다.

☑ 일곱 가지 중요한 말을 사용합니까?

이 일곱 가지 중요한 말에는 많은 의미가 담겨 있다. 나는 부모들이 다음과 같은 말을 사용하는지 주의깊게 살핀다.

1. "사랑해"

미국인들은 '사랑해'라는 말을 참 자연스럽게 한다. 미국인들은 아무리 가족이라도 무조건적인 사랑을 당연하게 여기면 안 되며, 사랑은 서로 표현해야 하는 것임을 이해하고 있는 것 같다. 아이들이 안정감을 느끼고 건강하게 자라기 위해서는 부모가 사랑을 보여주어야 한다. 사랑을 베풀고 사랑한다 말하며 아이에게 직접 사랑을 전달하자.

2. "미안해"

당신은 아마도 아이에게 버럭 화를 내는 날이 있을 것이다. 절대 화를 내지 않는다고 주장하는 부모는 솔직하다고 보기 힘들다. 화를 내는 일은 발생하기 마련이며 그 자체는 크게 잘못된 일이 아니다. 하지만 부모가 감정적으로 아이에게 화를 냈다면 반드시 사과해야만 한다. "아까처럼 반응해서 정말 미안해"라고 솔직하게 말해도 좋다. "오늘 엄마가 많이 피곤해서 그래. 네 잘못이 아니야. 엄마가 화내서 상처받았지?" ==“미안해”는 공감과 책임감의 모범을 보여주는 매우 강력한 표현이다. 이 말을 통해 아이는 부모가 완벽하지 않으며, 완벽하지 않아도 괜찮다는 점을 깨닫게 된다.== 인간은 결함이 있는 존재이며 그것은 지극히 정상적인 일이다. 어떤 아이들에게는 특히 이 말을 자주 들려주어야 한다. 그리고 아이들 역시 항상 완벽할 필요는 없다고 말해주어야 한다.

3. "응"

누군가가 끊임없이 당신에게 "아니요"라고 이야기한다면, 당신은 상대방을 무시하게 될 것이다. 우리는 분명 '아니요'보다는 '예'라는 말을 듣고 그에 반응하도록 만들어진 존재다. 당신이 아이에게 걸핏하면 "안 돼" 또는 "이런저런 일은 하지 마"라는 말을 반복한다면 아이는 더이상 당신의 말을 듣지 않을 것이다. 똑같은 행동을 바라더라도 아이에게 최대한 긍정적인 표현을 사용하자. 예를 들어 아이가 무언가를 가지고 놀아도 되냐고 물어보는데 저녁 먹을 시간이 거의 다 되었다면 이렇게 말해보자. "그럼, 물론 되고말고. 저녁 먹은 다음에." 여기서 한 가지, 오해가 없기를 바란다. "안 돼"는 매우 중요하고 강력한 표현이며, 아이들이 일생을 살아가면서 자주 듣게 될 뿐만 아니라 그 의미를 이해해야 하는 단어다. 하지만 만약 안 된다는 말을 사용해야 한다면 이유를 제시하자. "오븐은 뜨거워서 손을 델 수도 있기 때문에 만지면 안 돼."

4. "멈춰"(아이를 보호하기 위해)

내가 만났던 한 가족은 번화한 도로 바로 근처의 예쁜 골목길에 살았다. 그 집 어린 딸 중 하나가 도로로 뛰쳐나가는 버릇이 있었는데 부모가 "멈춰"라고 소리쳐도 좀처럼 듣지 않았다. "멈춰"는 아이를 안전하게 보호하는 데 매우 중요한 역할을 하는 단어이기 때문에 이는 무척이나 심각한 문제였다. "멈춰"는 지나치게 자주 사용해서는 안 되며, 사용할 때 항상 즉각적인 효과가 나타나도록 해야 한다.

영국 보모의 비밀

"즐겁게 춤을 추다가 그대로 멈춰라!"
"멈춰"라는 말과 하던 일을 멈추는 행동과의 상관관계를 재미있게 가르치는 방법은 음악을 틀고 아이와 함께 춤을 추는 것이다. 음악이 멈추면 둘 다 춤을 멈춰야 한다. 보다 실질적인 응용 방법으로, 횡단보도에 갈 때마다 걸음을 멈추고 "멈춰" 또는 "빨간불이야"라고 말해도 효과적이다.

5. "부탁해"

예절에 대해 설명하는 5장에서 더 자세히 다루겠지만, "부탁해"라는 말은 아이를 존중한다는 사실을 보여주는 동시에 아이가 타인에게 어떤 방식으로 말해야 하는지에 대한 모범을 보여줄 수 있다. 물론 그 타인에는 부모도 포함된다!

6. "고마워"

아이에게 "고마워"라고 말하면 아이는 인정과 관심을 받고 있다고 느낀다. 이 말은 감사의 중요성을 강조하며, 당신이 아이에게 바라는 행동을 독려하는 효과를 낸다. 아이가 접시를 깨끗이 비우는 등의 바람직한 행동을 했을 때 "고마워"라는 말을 해주지 않으면, 아이들은 나쁜 행동을 할 때만 부모가 주목한다고 믿기 시작할 것이다.

7. "넌 할 수 있어"

당신의 미취학 자녀가 처음으로 수영을 배운다고 가정해보자. 다른 아이들과 함께 줄을 서 있는 아이는 걱정스럽게 엄마를 쳐다본다. 당신은 어떤 방식으로 이 상황에 대응하겠는가.

1) 응석을 받아주며 아이가 느끼는 불안감을 이해해준다.
2) 말과 보디랭귀지를 통해 아이에게 자신감을 준다.
3) 무서워할 필요 없으며 그냥 물에 뛰어들기만 하면 되니까 걱정하지 말라고 이른다.

물론 올바른 선택은 2번이다. "넌 할 수 있어"라는 말은 아이에게 자신감을 불어넣고 독립심을 강화시키며 용기를 북돋는다. 또한 1안과 2안을 모두 고려한 최선의 절충안이기도 하다. 아이의 불안감을 인정하는 동시에 아이를 격려하기 때문이다. 이 조합은 매우 강력한 힘을 발휘한다.

☑ **엄마가 바라거나 바라지 않는 행동이 무엇인지에 대해, 그리고 그 이유에 대해 구체적으로 알려줍니까? 그 행동을 했을 경우의 결과를 설명해줍니까?**

내가 세 살 정도 되었던 어느 눈 내리는 날, 엄마가 외출할 예정이니 준비하라고 일렀을 때 나는 옷을 벗고 집안을 뛰어다니고 있었다. 엄마의 말을 들은 나는 방으로 가서 준비를 했다. 아니, 최소한 준비했다고 생각했다. 나는 밖으로 나갈 채비를 갖추고 현관 앞에 섰다. 모자, 목도리, 장갑을 착용했지만 그 외에는 아무것도 걸치지 않은 상태였다. 우리 가족들이 즐겨 언급하는 이 일화에는 중요한 교훈이 담겨 있다. 아이에게 지시할 때는 반드시 구체적으로 이야기해야 한다는 점이다. 당신이 생각하는 것보다 훨씬 더 자세하게. 어른에게 말하는 식으로 축약해서 전달하면 통하지 않는다. 단순히 "준비해" 또는 "그거 만지지 마"라는 말만으로 아이가 당신이 의미하는 바를 알 것이라고 추정해서는 안 된다. 그렇기 때문에 나는 부모들에게 다음과 같은 의사소통 습관을 들이길 권한다.

1. 대상을 정확히 지목한다

아이에게 X를 하면 안 된다고 이르고, X가 무엇인지를 구체적으로 알려주어야 한다. "그거 만지지 마"라고 하는 대신 "난로 만지지 마"라고 말하자. 아이에게 어떤 행동을 시키고자 하는 경우에는 이렇게 말하는 것이 좋다. "바지와 셔츠를 입고 양말과 신발을 신으렴."

2. 이유를 구체적으로 말해준다

"난로는 뜨거워서 델지도 몰라" 또는 "학교에 가야 하니까 옷 입자"라고 설명한다.

3. 결과를 분명하게 제시한다

아이들은 이 행동을 하지 않았을 때 어떤 결과가 발생하는지 정확히 알고 있을 경우 말을 잘 들을 가능성이 높다. 예를 들어 점토를 꺼내주면서 이렇게 말해보자. "점토는 책상 위에서만 가지고 놀아야 해. 점토가 책상 밖으로 나가면 네가 전부 청소해야 하고 오늘은 다시 가지고 놀 수 없어."

　나는 수많은 부모들이 단순히 "그거 하지 마!"라고 윽박지르는 모습을 지켜보았다. 내가 만난 어느 아빠는 저녁 식탁에서 항상 아이들에게 소리를 질렀지만, 아이들은 구체적인 식사 예절을 전혀 몰랐다. 한 아이가 음식을 던지면 아빠는 "그만둬!"라고 말했다. 다른 아이가 숟가락과 포크로 소리를 내면 "그만 안 할래!"라는 고함이 날아왔다. 그 아빠는 소리만 지를 뿐 아이들이 어떤 규칙을 따라야 하는지, 목적어가 명확지 않은 그 행동을 하면 왜 안 되는지는 설명해주지 않았다. 그 아빠는 이렇게 말해야 했다. "빌리, 음식을 던지면 안 돼. 예의 없는 행동인데다 주변이 지저분해지잖니. 한 번만 더 음식을 던지면 접시를 치워버릴 거야."

놀이터에서 자주 일어나는 일을 예로 들어보자. 아이가 모래판에서 다른 아이에게 모래를 뿌린다. 이때는 단순히 "안 돼!"라고 하기보다 "친구에게 모래를 뿌리면 안 돼. 모래가 친구의 눈에 들어가면 너무 아프지 않겠니. 양동이에 모래를 채우고 노는 건 상관없지만 한 번만 더 친구에게 모래를 뿌리면 거기서 나와야 해"라고 말해주어야 한다. 아이가 좀더 커서 말을 할 수 있는 경우, 아이가 잘 이해했는지를 확인하기 위해 당신이 부탁한 내용을 반복해서 말하도록 시켜본다. 그후 아이가 말썽을 부리지 않으면, 아이가 모래판에서 얌전하게 놀았기 때문에 당신의 기분이 얼마나 좋은지 말해준다. 이러면 아이가 부모의 말을 잘 듣고 올바른 행동을 하도록 격려하는 효과가 있다. 아이들은 부모를 기쁘게 해주고 싶어한다는 점을 항상 기억하자.

영국 보모의 비밀

아이와 부모에게 모두 유용한 알림판

부모가 기대하는 행동을 이해시키는 과정에 아이를 참여하게 하는 것도 좋다. 아이와 함께 의논하고 알림판을 만들어서 냉장고나 눈에 잘 띄는 곳에 붙여둔다. 아이가 알림판을 예쁘게 장식하고 심지어 붙여둘 장소도 직접 선택하도록 한다. 이 알림판을 아이뿐만 아니라 부모의 바람직한 행동까지도 상기시키는 용도로 사용하라!

☑ 엄마가 바라는 행동을 미리 아이에게 전달합니까?

특정한 일을 하기 전에 당신이 아이에게서 기대하는 행동과 그 이유를 전달하는 습관을 들이자. 기대치도 설정하지 않은 채 아이가 원하는 대로 행동하지 않았을 때 과도한 반응을 보이면 아이는 무척 혼란스러워한다. 아이가 처음부터 올바른 선택을 할 수 있는 능력을 가지고 태어나는 것은 아니기 때문이다. 생일파티, 저녁 모임 또는 마트에 가기 전에 당신이 원하는 바를 긍정적인 용어로 분명히 밝힌다. 이것은 아이에게서 바람직한 행동을 유도하는 데 놀랄 만한 효과를 발휘한다. 예를 들어 이렇게 말하는 것이다. "이제 식당에 갈 텐데 식탁에 가만히 앉아 있었으면 좋겠어. 엄마가 부탁할게. 다리는 식탁 아래에 가지런히 두고 예의를 지키면서 얌전히 저녁을 먹었으면 해."

영국 보모의 비밀

부탁은 자세하게, 꾸중은 즉시!
무언가를 하기 전에 아이를 준비시킬 때는 부정적인 용어나 행동을 사용하지 않도록 주의하자. 이를테면 "식당에서 뛰어다니면서 소리를 지르면 안 돼"라는 식으로 말하지 않는 편이 좋다. 이렇게 하면 좋지 않은 행동에 대한 생각을 아이의 머릿속에 심어줄 수 있기 때문이다. 하지만 아이가 유난히 식당에서 자주 뛰어다니고 소리를 지르는 경향이 있다면, 사전에 옳지 않은 행동과 그런 행동을 했을 때의 결과를 구체적으로 지적해야 한다. "무슨 일이 있어도 뛰어다니거나 소리를 질러서는 안 돼. 만약 그러면 다 같이 식당에서 나갈 거야." 아이에게 이렇게 행동의 결과를 설명해준 다음에는 반드시 그 말을 지키되, 그와 동시에 혹시 아이가 식당에서 나가고 싶은 생각에 일부러 말썽을 부린 것은 아닌지 확인하자.

이 경우 오히려 아이가 자신이 원하는 바를 이룬 셈이 될 테니까!

한편 부모가 바라는 행동을 아이에게 주입시키는 타이밍이 중요한 것처럼, 원하지 않는 행동을 중단시키는 시점도 매우 중요하다. 좋지 않은 행동을 보면 반드시 즉시 조치를 취해야 한다. 아이가 가게에서 칭얼댄다면 나와서 차에 탈 때까지 기다렸다가 그런 행동이 옳지 않다고 해서는 안 된다. 가게 안의 바로 그 자리에서 아이를 꾸짖고, 만약 주변에 다른 사람들이 있다면 아이가 난처해하지 않도록 한쪽으로 데려가서 조용히 꾸중하자.

☑ 명령해야 할 때 적절한 명령을 합니까?

거의 대부분의 부모들은 "옷 입어" "머리 빗어" "장난감 치워" "그거 그만해" 등과 같은 명령을 하기 마련이다. 명령은 보통 좌절감이나 분노에서 비롯되는 강력한 표현이다. 가장 최근의 평일 아침을 생각해보자. 아이의 옷을 입히고, 개밥을 주고, 점심식사를 준비하고, 집안을 정리하는 과정에서 당신은 사랑이 넘치는 부모라기보다는 야전 사령관이 된 것 같은 기분을 느끼진 않았는가. 충분히 이해할 만한 일이다. 빠듯한 시간 안에 수많은 일을 골고루 끝마쳐야 할 때, 당신은 모든 사람의 주의력을 집중시키는 것을 가장 큰 목표로 삼게 된다. 문제는 아이가 명령을 들으면 방어적인 태도를 보이게 된다는 점이다. 아이들이 말을 잘 듣지 않고 엇나가는 일도 늘어나기 때문에 모든 일이 더뎌지고 가정의 갈등이 심화된다. 따라서 다음번에 온 가족이 외출 준비를 할 때는 어조와 표현에 신경 쓰자. 아이에게 "부탁해"라는 말을 덧붙이는 데는 고작 일 초밖에 더 걸리지 않으며 어조를 바꾸는 데는 그 정도의 시간조차 필요 없다. 말투를 바꿈으로써 얼마나 큰 변화가 일어나는지 살펴보자. 틀림없이 더 빨리 외출할 수 있을 뿐만 아니라 언쟁할 거리도 크게 줄어들 것이다. 인내심이 한계에 달했거나 지금 즉시 외출해야 할 경우 등 진짜 필요할 때를 대비하여 명령은 아껴두자. 명령형을 남용하지 않으면 가장 절실할 때 그 명령이 더욱 강력한 권위를 발휘할 것이다.

☑ 지시해야 할 내용을 사정하거나 부탁하지 않습니까?

나는 미국 범죄수사 드라마를 즐겨 본다. 덕분에 "상대가 이미 대답을 알고 있는 질문만 던져라"가 반대 신문의 기본 원칙 중 하나라는 사실을 알고 있다. 아이에게 "이 닦아야 하는데, 괜찮지?"라고 묻지 마라. 이렇게 하면 아이에게는 "아니, 안 괜찮아"라고 대꾸할 여지가 생기기 때문이다. 그보다는 "어서 가서 이를 닦으렴"이라고 말해야 한다. 횡단보도를 건널 때 "길을 건너는 동안 내 손을 잡고 있을 수 있겠니?"라고 하는 부모는 없지 않은가. 이것은 어디까지나 질문할 내용이 아니라 지시해야 할 내용이다.

하지만 "케이크 굽는 걸 도와주겠니?"와 같이 아이에게 진짜 물어볼 것이 있는 경우에는 질문을 던져도 좋다. 다만 아이가 "싫어"라고 말할 수도 있다는 점을 염두에 두고 거절당해도 크게 개의치 않는 사안이어야 한다. 지시를 내려야 할 때 부탁하는 버릇이 있는 부모들이 너무나 많기 때문에, 이러한 작은 변화만으로도 큰 효과를 얻을 수 있다.

☑ 아이에게 책임감을 주는 단어를 선택합니까?

어조와 마찬가지로 표현 방식을 바꾼다고 해서 딱히 잔소리가 길어지는 것은 아니지만, 그로 인한 차이는 엄청나다. "이거 치울 건데 너도 좀 도와라"라고 말하는 대신 "이거 치울 때 엄마가 도와줄까?"라고 말해보자. 후자라면 청소의 책임은 부모가 아니라 아이에게 있다는 의미가 된다. 훈육할 때도 이러한 요령을 사용할 수 있다. "방 청소 좀 해라"라고 말하기보다는 "방이 엉망이네, 어떻게 할 생각이니?"라고 말해보자. 항상 아이가 스스로 판단하도록 만드는 것이 바람직하다. 아이를 계획의 일부로 인정하고 책임을 부여하면 아이도 어느 정도 권한을 갖게 된다. 그러면 아이가 협조할 가능성이 높아진다.

☑ 아이에게 진심을 담아서 이야기합니까?

나는 아이에게 무언가를 지시할 때마다 그 아이가 나를 따라줄 것이라 믿는다. 이러한 확신이 내 목소리에 분명히 드러난다. 그렇다고 해서 아이가 "물론이죠, 저도 기쁘게 따를게요!"라고 반응하리라 기대한다는 뜻은 아니다. 그보다는 내가 아이의 몸이나 팔다리를 움직이도록 도와주는 한이 있어도 결국 아이가 스스로 그 일을 완수할 것임을 알고 있다는 의미다. 나의 자신감은 지시하는 말을 통해 전달된다. 어떤 엄마 아빠들은 "얘야, 놀이터 가기 전에 화장실에 다녀오렴"이라는 말을 할 때 마치 아이가 토 달지 않고 그 일을 해내는지 숨죽이고 감시하는 듯한 말투로 이야기한다. 말끝을 올리는 바람에 아이의 의향을 묻는 것이 아닌데도 질문처럼 들리는 경우도 있다. 혹은 부모의 목소리가 지나치게 부드러울 수도 있다. 아이가 거부하면 달래주어야겠다는 생각을 부모가 가지고 있는 경우, 아이도 이를 알아챈다. 아이들은 어조를 기가 막히게 읽어낸다. 하지만 엄마 아빠가 무슨 일이 있어도 외출하기 전에 아이를 화장실에 앉히겠다는 확신을 가지고 있다면, 그 의도 역시 전달된다. 바람직하지 않은 행동을 중단시킬 때도 마찬가지다. "어머나, 물을 튀기면 어떡하니, 애야"보다는 "안 돼! 주변이 지저분해지니까 절대 물 튀기지 마"라고 말하자.

정리하면, 주도권은 반드시 부모가 쥐고 있어야 한다. 당신은 아이의 보호자이고 아이들은 부모의 말을 들을 것이며, 만약 말을 듣지 않으면 합당한 조치를 취해야 한다. 아이가 말을 듣지 않아도 충분한 대처법을 준비해두면 아이가 떼를 쓸까봐 두려워하지 않아도 된다. 이 모든 것을 포함해서 많은 의미가 당신의 목소리와 어조를 통해 전달된다.

☑ 지나치게 강한 어조는 피하는 편입니까?

아이들은 부모의 어조에서 약한 마음을 감지해내는 것처럼, 부모가 고압적으로 소리를 지르면 무시하는 법을 배운다. 나와 인연을 맺었던 한 가족은 서로 정상적으로 대화하는 법이 없었고 고함만 질렀다. 중요한 일이든 그렇지 않든 관계없이 무조건 소리를 질렀다. 엄마는 가족들의 고함소리 때문에 만성 두통이 생겨 타이레놀을 달고 살았다. 가족 전체가 목소리의 크기를 줄일 필요가 있었다. 이 가족은 상대방의 말에 귀기울이는 방법을 잊어버렸기 때문에 누군가는 자신에게 관심을 보일지도 모른다는 희망으로 점점 더 목소리를 높여가고 있었다. 그 집에 들어가서 한 시간쯤 보내자 나는 당장 탈출하여 낮잠이라도 자고 싶었다.

또다른 가족의 경우 아빠가 아이들에게 고함을 치는 버릇이 있었다. 무척 훌륭한 아빠였고 아이들을 지극히 사랑했지만, 교관 같은 훈육방식을 사용하면 아이들이 자신을 존경할 것이라고 생각했다. 이는 잘못된 생각이었다. 소리를 지르면 아이들은 방어적인 태도를 보일 뿐이었고, 때로는 완전히 움츠러들기까지 했다. 아이들이 아빠의 말을 좀처럼 듣지 않자 아빠는 더욱 심하게 소리를 질렀다. 앞서 소개한 고함치는 가족처럼 이 집에서도 이것이 하나의 습관, 일반적인 행동 양식으로 굳어졌다.

앞서 살펴본 것처럼 부모가 우유부단하고 유약한 태도를 취하는 것은 결코 바람직하지 않지만, 지나치게 강압적인 태도 역시 효과를 거두지 못한다. 침착한 태도를 취하고 자신감을 보이며 주도권을 쥐어야 한다. 목청을 높이는 것은 당신이 통제력을 잃었다는 신호이며, 아이들은 이를 금세 감지해낸다. 엄마가 욕실에 가서 마음을 진정시키고 나오자 아이도 훨씬 침착해졌다는 사례를 기억하는가? 부모의 스트레스를 감지하면 아이는 얌전하게 행동하는 것이 아니라 말을 더 듣지 않는다. 부모가 침착한 상태라는 사실을 알아채면 이와 반대로 얌전히 행동하기 마련이다.

☑ 무언가를 강조할 때는 아이와 가까운 곳에서 시선을 마주치며 이야기합니까?

물리적으로 가까이 있다는 사실은 그야말로 놀랄 만큼 큰 차이를 만들어낸다. 엄마가 발판에 올라가거나 아이와 다른 방에 있을 때 아이에게 무언가를 설명하는 일은 피하자. 아이의 눈높이에 맞춰 몸을 숙이자. 아이에게도 엄마의 눈을 똑바로 바라보도록 지시한다. 아이가 세 살 미만이라면 아직 눈을 똑바로 들여다볼 수 없을지 모르지만, 네 살 정도가 되면 서로 응시하는 상태를 유지할 수 있게 된다. 그렇다고 해서 "아침에 시리얼 먹을래, 아니면 토스트 먹을래?"라는 말을 할 때마다 방을 가로질러 아이 앞에 몸을 숙여야 한다는 의미는 아니다. 하지만 중요한 이야기를 할 때나 "안 돼"라고 말할 때, 또는 유난히 말을 듣지 않는 아침에 아이를 채근하기 위해서는 반드시 아이와 눈높이를 맞춰야 하며, 이는 대략 90cm 높이에 해당한다.

✅ 당신이 하는 말과 보디랭귀지는 일관된 메시지를 전달합니까?

훈육하거나 주의를 줄 때는 애정을 담아 아이를 쓰다듬되, 껴안지는 않도록 하자. 말과 보디랭귀지를 통해 분명한 메시지를 전달할 수 있도록 신경써야 한다. 아이의 행동을 절대 용납할 수 없다는 이야기를 하면서 껴안고 뽀뽀해준다면 아무런 효과가 없을 것이다. 아이의 눈물을 닦아주고 싶은 마음을 참는 것이 무척 힘들다는 사실은 나도 잘 알고 있다. 하지만 한 번에 한 가지씩 집중해야 하며, 눈물은 조금 시간이 흐른 후에 얼마든지 닦아줄 수 있다. 우선 훈육할 때는 훈육에 집중해야 하고, 그 훈육에는 일관성이 있어야 한다. 훈육할 때 애정이 넘치는 행동을 동시에 보여주어 부모가 하는 말의 중요성에 혼란을 야기해서는 안 된다. 혼란스러운 메시지를 받은 아이는 말썽을 부리고 동생을 때리더라도 일단 울음만 터뜨리면 부모가 안아줄 것이라고 생각할지도 모른다.

✅ 한 가지 일에서 다른 일로 전환할 때 그에 대해 아이와 이야기를 나눕니까?

어린아이들의 경우 한 가지 일에서 다음 일로 넘어갈 때 어려움을 겪는 경우가 많은데, 곰곰이 생각해보면 당연한 일이다. 명령을 내리는 사람은 어른이고, 아이들은 사실상 아무런 힘이 없다. 당신이 아침을 먹으면서 신문을 읽고 있는데 갑자기 누군가 들어와 의자에서 당신을 벌떡 일으키면서 "이제 출근할 시간이야! 잘 가!"라고 말한다 상상해보자. 머리끝까지 화가 날 것이다. 한 가지 행동에서 다른 행동으로 넘어갈 때는 적응할 시간이 필요하며 아이들도 예외는 아니다.

갓 말을 하기 시작한 아이라면 약간의 통제권을 주고 어떤 단어를 사용해야 하는지 알려주어, 아이가 한 가지 행동에서 다른 행동으로 원활하게 전환할 수 있도록 도와주자. "떠나기 전에 일 분만 더 놀고 싶어? 바닥에 누워서 떼쓰는 대신에 엄마한테 어떻게 부탁하면 좋을까?" 좀더 큰 아이라면 보다 단호한 태도를 취해야 한다. 잠자리에 들 시간이 거의 다 되었는데 아이가 장난감 기차에서 눈을 떼지 못한다면 이렇게 말해보자. "오 분만 더 논 다음 목욕하는 거야." 그다음에는 딱 일 분 남았을 때 다시 한번 아이에게 그 점을 환기시킨다. 마찬가지로 아이가 특정한 일과에 익숙해져 있는데 그 일과를 바꿔야 할 경우, 변동 사항에 대해 자세히 전달한다. "오늘 아침에는 평소처럼 놀이터에 가지 않을 거야. 오늘 의사 선생님한테 가야 하거든. 여기서 잠깐 놀다가 병원에 갈 건데 대기실에서 가지고 놀 곰돌이 친구를 데려가도 좋아. 병원에 갔다가 집에 와서 점심을 먹을 거야." 변화의 내용을 전달하고 아이가 마음의 준비를 할 시간을 주면 아이의 떼쓰기를 상당 부분 방지할 수 있다.

 영국 보모의 비밀

육아 알람시계
나는 한 가지 일에서 다음 일로 전환하려고 할 때 이 분간 타이머를 설정해놓고 이렇게 말한다. "노는 시간이 이 분 남았으니까 열심히 놀아! 알람이 울리면 갈 시간이 된 거야!"

☑ 갓난아기나 막 걸음마를 시작한 영아처럼 아이가 아주 어린 경우, 아이가 잘 이해할 수 있도록 살피며 이야기합니까? 어떤 일이 왜 일어났는지에 대해 자세히 들려줍니까?

부모들이 자주 저지르는 실수 중 하나는 아이들의 이해력을 과소평가하는 것이다. 나는 욕조에 서 있던 만 한 살짜리 아이가 서 있으면 위험하니까 앉으라는 아빠의 말에 그 자리에 앉는 모습도 본 적이 있다. 따라서 당신이 무엇을 하고 있는지를 아기에게 분명히 설명해주자. 만약 당신이 아이의 입장이라면 얼마나 무기력하다고 느낄지 생각해보라. 아주 어린 아기라 하더라도 부모는 이렇게 말해야 한다. "기저귀가 더러워졌으니까 이제 기저귀를 갈아줄 거야." "음식을 사기 위해 마트에 갈 거야." "지금 안아서 들어올릴 거야." 끊임없이 아이에게 설명하고 아이가 이해할 수 있는 기회를 주어라. 아이는 부모가 하는 말과 행동 사이의 상관관계를 파악할 능력이 있다.

☑ 아이에게 선택권을 줍니까?

아이가 스스로 상황을 통제할 수 있다고 느끼기 때문에 자신의 일과를 알고 싶어하는 것처럼, 아이들은 선택권을 원한다. 사실 아이들에게 선택권을 주는 것은 현재 일어나고 있는 일을 전달하는 동시에 어느 정도의 결정권을 공유할 수 있는 훌륭한 방법이다. 예를 들어 이렇게 말해보는 것은 어떨까. "저녁에 브로콜리 먹을래, 아니면 껍질콩 먹을래?" "잠옷을 입기 전에 이를 닦고 싶니, 아니면 입고 나서 닦고 싶니?" 대부분의 아이들에게 두 가지가 넘는 선택안을 제시하면 당황하기 마련이므로 선택지는 두 가지로 한정하도록 하자.

☑ 아이의 나이에 맞는 개념과 용어를 사용하고 있습니까?

〈포틀랜디아Portlandia〉라는 TV쇼에서는 열성적인 부모들이 네 살짜리 아이를 앞혀놓고 명문 유치원에 들어가는 것이 왜 아이에게 중요하다고 생각하는지 설명하는 장면이 나온다. 부모는 아이에게 아이비리그 학위, 연봉이 높은 직업, 고급 승용차 등을 포함해 명문 유치원에 입학했을 경우의 인생 행로에 대한 상세한 차트를 보여준다. 그다음에는 그 유치원에 들어가지 못했을 때 아이의 인생 궤도가 어떻게 흘러갈지를 시각적으로 보여준다. 이 촌극에는 여러 가지 재미있는 요소가 있지만, 그중에서도 가장 웃음을 자아내는 부분은 차트가 너무나 복잡해서 누가 봐도 아이의 수준에 맞지 않는다는 점이다. 물론 이것은 풍자이기는 하지만 풍자는 현실에서 파생하는 것이며, 실제로 부모들은 아이가 전혀 감당할 수 없는 개념을 이해해주기를 기대하는 경우가 많다.

네 살짜리 딸아이가 자기 생일파티를 끝내고 잔뜩 지쳐 있다고 생각해 보자. 파티가 끝났고 아이는 더이상 사람들이 자신에게 관심을 주지 않는다는 사실 때문에 시무룩해 보인다. 원인이 무엇이든, 아이는 당신에게 무례하고 버릇없이 군다. 당신은 어떻게 하겠는가.

1) 아이의 행동을 무시하고 자리를 피한다.
2) 아이와 당신의 기분에 대해 긴 대화를 나눈다.
3) 아이에게 지금 기분이 별로 좋지 않다는 점은 이해하지만, 버릇없는 행동에 대해 사과할 준비가 될 때까지 혼자서 반성하는 시간을 가져야 한다고 말한다.

올바른 답은 3번이다. 무례한 태도를 그냥 보아넘겨서는 안 된다. 네 살짜리 아이보다는 아침 토크쇼에 어울릴 법한 감정을 섞은 기나긴 대화도 필요 없다. "많이 실망했지. 엄마도 이해해. 하지만 그래도 엄마한테 버릇없이 굴면 안 돼" 정도는 설명해도 좋다. 하지만 여기서 멈추자. 감정에 대한 심도 깊은 대화는 아이가 10대가 되었을 때를 위해 아껴두고, 행동에 대해서만 구체적으로 언급하자.

☑ 지겹도록 반복해서 잔소리하는 것을 피합니까?

아이를 강아지와 비교해서 무척 민망하지만, 강아지 훈련법 중에 아이들에게도 똑같이 효과를 발휘하는 훌륭한 방법이 있다. 반려견에게 "이리와!"라고 명령했지만 듣지 않을 때, 다시 "이리 와!"라고 여러 번 반복해서 말하면 강아지는 당신의 말을 무시하게 된다. 어차피 계속 부를 테니까 오라고 명령할 때 따라야 할 필요성을 못 느끼는 것이다. 따라서 훈련사들은 딱 한 번만 명령하고는 강아지가 말을 듣지 않으면 가까이 다가가서 당신이 처음 불렀던 지점까지 강아지를 끌고 오라고 조언한다. 아이들 역시 강아지처럼 무시하는 법을 배우기 때문에 이와 같은 전략이 효과를 발휘한다. 아이가 아주 어리거나 이해력이 다소 부족한 경우에는 여러 번 반복해서 말해야 할 수도 있지만, 시간이 지나면 아이에게 딱 한 번만 지시하는 습관을 들이는 편이 좋다. 일단 "화장실에 가서 변기 위에 앉아"라고 지시하고, 아이가 따르지 않으면 이렇게 말한다. "지금부터 셋까지 셀 거야. 화장실에 가서 변기 위에 앉지 않으면 엄마가 직접 앉게 해줄게." 그다음에는 말한 대로 실천해야 한다. 아이를 들어올려서 화장실 변기에 앉히는 것이다.

영국 보모의 비밀

아이들이 가장 싫어하는 것은 따분함이다
아이들은 따분한 것을 좋아하지 않는다. 아이가 식사 준비를 돕는 등의 자질구레한 일을 하지 않겠다고 거부할 때는 아이에게 다섯 번쯤 부탁하기보다(다섯 번이라니, 너무 많다!) 이렇게 말하자. "너도 식사 준비를 도와야 해. 이게 마지막으로 부탁하는 거야. 이번에도 말을 듣지 않으면 말을 잘 들을 때까지 아무것도 안 하고 바닥에 가만히 앉아 있어야 해." 아이에게 휴식 시간을 주는 것이 아니라 따분하게 바닥에 앉아 있는 것과 엄마가 시키는 일을 하는 것 중에서 하나를 선택할 수 있는 기회를 주는 것이다. 아이는 후자를 선택할 가능성이 높다. 하지만 조심하자. 아이들은 당신이 생각하는 것보다 훨씬 똑똑하다. 배가 아프다거나 과자를 먹고 싶다거나 상처가 났다며 꾀병을 부릴 수도 있다. 아이의 이런 호소에 반응하는 순간, 아이는 더이상 심심함을 느끼지 않게 되고 바로 당신이 아이의 놀이 상대가 되는 것이다.

✓ 아이가 엄마에게 이야기할 충분한 시간을 줍니까? 아이의 말에 귀기울이고 응답합니까?

아이가 부모의 말을 가로막는 것은 용납해서는 안 되며, 만약 그럴 경우 아이의 말을 즉시 중단시켜야 한다. 그러나 아이가 이야기할 때는 관심을 보이고 고개를 끄덕이면서 당신이 열심히 듣고 있다는 사실을 보여주고, "그렇구나" "음, 정말이야?" 또는 "진짜? 우와" 등의 말로 응수한다.

아이가 당신에게 이야기할 때는 충분한 시간을 할애하자. 아이가 원할 때 관심을 쏟을 여건이 되지 않는다면, 네 말을 꼭 듣고 싶은데 지금은 시간이 없으니 나중에 듣겠다고 설명하라. 시간도 구체적으로 밝히는 것이 좋다. "네가 오늘 배운 노래 꼭 들어보고 싶은데 지금은 빨래를 먼저 해야 해. 빨래 끝나면 엄마한테 노래 불러줄래?" 할일을 마친 다음에는 약속대로 아이에게 노래를 불러달라고 부탁한다.

시간을 할애한다는 것은 하루 일과 중에 아이와 의사소통할 시간, 즉 아이가 안심하고 엄마와 대화할 수 있는 시간을 따로 마련한다는 의미도 포함된다. 식사 시간, 목욕 시간, 옷 입는 시간 동안 나누는 대화도 좋다. 아이가 부모에게 의지하는 시간은 모두 아이와 교감할 수 있는 좋은 기회다. ==아이와 함께 있으면서도 반쯤은 다른 데 정신이 팔린 부모들이 부지기수다. 그러지 않도록 하자.==

마지막으로, 시간을 할애한다는 것은 아이와 쌍방 간의 대화를 한다는 의미다. 탁구 경기처럼 주거니 받거니 대화가 이어지는 것이 좋다. 아주 어린 아기들조차 주고받는 대화에 참여하고 심지어 무척 즐기기까지 하는 모습을 보면 나는 언제나 놀라움을 금치 못한다. 아기들은 옹알이를 하고 부모가 응수하는 동안 기다렸다가 다시 옹알이를 한다. 인간은 태생적으로 동등한 의사교환을 선호하는 존재이기 때문에, 먼저 말한 다음에는 반드시 아이의 말에도 귀기울이도록 하라!

☑ 아이의 보디랭귀지를 제대로 읽어내고 있습니까?

부모들은 아이의 동작을 읽는 전문가이다. 아이가 졸릴 때 눈과 귀를 문지르는 동작부터 화장실에 가고 싶을 때 초조하게 다리를 떠는 것까지 기가 막히게 읽어낸다. 우리는 어떤 상황에서든 아이의 보디랭귀지를 끊임없이 배우기 위해 노력해야 한다. 아이가 평소보다 기운이 없고 자꾸 땅을 쳐다본다면(또는 아이가 다른 특이한 행동을 보인다면), 그 점을 지적하자. "자꾸 바닥만 쳐다보고 뭔가 불편해 보이네. 괜찮니?" 의사소통에서는 말하는 것만큼이나 듣는 것도 중요하며, 아이에게 무엇이 필요한지 파악하기 위해서는 언어적 단서와 비언어적 단서를 모두 살펴야 한다.

☑ 의사소통을 하기 전에 아이가 침착해질 때까지 기다립니까?

아이가 지나치게 흥분한 상태거나 너무 괴로워하는 경우, 부모가 어떤 말을 해도 귀에 들어오지 않기 때문에 어찌할 방도가 없다. 반드시 아이가 침착해질 때까지 기다려야 한다. 지극히 당연한 논리처럼 보이지만, 너무나 많은 부모들이 손도 댈 수 없을 정도로 떼쓰는 아이와 끊임없이 의사소통을 시도하고 아이가 결국 부모의 말을 듣지 않으면 좌절감을 느낀다. (사실 이것은 어른을 상대할 때도 기억해둘 만한 점이다. 머리끝까지 화를 내고 있는 사람과는 절대 중요한 이야기를 나누려 하지 마라!) 만약 과자를 달라고 했다가 거절당했다는 이유로 아이가 발길질을 하고 소리를 지른다면, 아이와 대화하기에 좋은 시점이 아니다. 주변의 위험한 물건을 치우고 진정하도록 달래며, 아이가 잠잠해질 때까지 무시하는 편이 좋다. 제대로 대화할 준비가 되어야만 부모와 이야기를 나눌 수 있음을 아이에게 알려주자. 일단 눈물이 멈추고 아이의 호흡이 정상으로 돌아오면 차분하고 조용하게 아이의 행동이 어떻게 잘못되었는지, 그 이유가 무엇인지, 그리고 다음에는 어떤 행동을 기대하는지 설명하자.

영국 보모의 비밀

몸이 하는 말을 듣는 법

우리가 아이의 상태나 의도를 '읽을' 때 보디랭귀지가 의사소통의 중요한 부분을 차지하는 것처럼, 아이들이 제 몸의 여러 가지 신호를 읽을 수 있다면 큰 도움이 된다. 몸의 신호를 읽는 능력을 익히려면 시간이 걸리지만, 일찍 시작할수록 더 좋다. "몸은 어떠니?"는 간단하지만 유용한 질문으로 아이가 자신의 몸에서 일어나고 있는 일에 주의를 집중하도록 독려하는 효과가 있다. "배가 텅 빈 것 같니?"라고 물을 수도 있고, 아이가 피곤해 보이면 옆에 앉아서 몸이 하는 말에 귀기울이도록 격려할 수도 있다. "네 몸이 누워서 쉬었으면 좋겠다고 말하고 있니? 잘 들어보자." 머지않아 아이들은 부모가 먼저 채근하지 않아도 기분이 어떤지, 무엇이 필요한지를 표현할 수 있게 될 것이다.

☑ **아이가 칭얼대거나 우는 대신 제대로 된 단어를 사용해서 말하도록 격려합니까?**

아이들은 누구나 칭얼대는 시기를 거치기 마련이며, 이를 받아주면 칭얼거림을 더욱 부추기기만 할 뿐이다. 나는 "단어를 사용해서 제대로 말해"라는 표현을 무척 좋아한다. 내가 이 말을 어찌나 입에 달고 살았는지, 나를 고용했던 부모 중 한 명은 〈버스의 바퀴Wheels on the Bus〉라는 동요를 이렇게 개사했다. "버스에 탄 에마가 말하네, '단어를 사용해서 말해, 단어를 사용해서 말해, 단어를 사용해서 말해!'" 나는 이것을 칭찬으로 받아들였다! 아이가 두 살이든 다섯 살이든 관계없이 이렇게 말해보자. "네가 징징대면 무슨 말을 하고 싶은지 도무지 알 수가 없어. 단어를 사용해서 제대로 말해보렴" 또는 "무슨 말을 하는지 몰라서 너를 도와줄 수가 없잖니". 아이가 칭얼거림을 그치고 적당한 단어를 찾는 모습에 깜짝 놀랄 것이다. 칭얼거리는 버릇을 고치는 데는 상당한 시간과 반복적인 노력이 필요하지만, 틀림없이 고칠 수 있다!

✅ 아이의 주변에 있는 어른들이 일관된 태도를 보입니까?

이 주제와 관련하여 가장 까다로운 부분 중 하나는 아이를 함께 돌보고 있는 다른 사람들과의 의사소통 문제다. 부모, 조부모, 보모, 선생님들은 각각 하루의 다른 시간대에서 아이를 책임지고 있으므로 모든 사람들이 같거나 비슷한 태도를 취하는 것이 중요하다. 특히 양쪽 부모가 육아에 대해 엇갈리는 견해를 가지고 있을 경우, 한쪽 부모가 완벽히 훈육한다 하더라도 아무런 소용이 없을 가능성이 높다. 한 부모는 제약 사항을 명확히 설정하고 필요할 때마다 침착하게 훈육하는데, 다른 부모는 유한 태도를 보이며 아이가 말썽을 부릴 때 고쳐주지 않는다면 어떻겠는가. 이것은 훈육하는 부모에게도, 아이에게도 좋지 않은 일이다. 아이는 명확한 메시지를 받지 못하게 되고, 그 결과는 아이의 행동에 그대로 드러난다.

배우자와 자주, 그리고 진지하게 대화를 나누자. 마주보고 앉아서 육아에서 어떤 규칙이 중요한지 논의하고 기대치에 대해 의견을 교환한다. 이런 질문을 던져보는 것도 좋다. "우리가 아이에게서 바라는 게 정확히 무엇이고, 그것을 어떻게 하면 얻을 수 있을까?" 의외로 허용할 수 있는 것과 없는 것에 대해 양쪽 부모가 전혀 다른 의견을 가지고 있는 경우가 많으며, 반드시 아이가 없는 자리에서 합의를 이루어야 연합 전선을 구축하여 아이에게 일관된 메시지를 전달할 수 있다. 이를 위해 절대 아이들 앞에서 배우자의 권위를 깎아내려서는 안 된다(물론 어떤 형태로든 학대가 발생하지 않는다는 전제하에 하는 얘기다. 아동학대가 있는 경우 이 모든 내용이 적용되지 않음은 말할 것도 없다). 엄마가 "오늘밤에는 텔레비전 보면 안 돼"라고 말한다면 아빠는 "왜 애를 텔레비전도 못 보게 해?"라고 되물어서는 안 된다. 엄마를 살짝 따로 불러서 물어볼 수는 있겠지만, 아이들 앞에서 그런 말을 하면 엄마의 입지를 약화시키고 모든 권위를 빼앗아버리는 셈이 된다. 입장을 바꿔서 엄마의 경우도 마찬가지다. 잠자리에 들 시간이 다 되었는데도 아빠가 아이들이 커다란 그릇에 담긴 아이스크림을 먹게 그냥 놔둔다 해도, 끼어들어서 아빠의 그런 행동을 책망하지는 마라. 옆으로 살짝 끌어내서 그 문제를 지적한다면 다음번에는 아빠가 더 현명한 판단을 내려 너무 늦지 않은 시간에 아이들에게 디저트를 줄지 모른다.

대략 만 두 살 정도부터 아이들은 한 부모에게서 마음에 들지 않는 대답을 들었을 때, 다른 쪽 부모를 졸라야 한다는 요령을 배운다. 그러므로 그날 아이에게 더이상 군것질거리를 주지 않을 생각이라면 양쪽 부모가 그 사실을 알고 있어야 한다. 하지만 바쁘게 돌아가는 가정일수록 특히 허겁지겁 '교대'로 육아를 맡다보면 그러한 정보가 제대로 전달되지 않기 십상이다. 나는 아이를 돌보는 사람들과 부모가 서로 의사소통을 할 수 있는 화이트보드나 공책을 마련하도록 권한다. 당신의 딸이 인형을 언니에게 던졌기 때문에 그날 하루 인형 놀이를 금지했다면, 보드나 공책에 적어두자. 이어서 아이를 돌볼 사람이 왔을 때 어수선하고 정신이 없어 이 내용 전달하는 것을 잊어버렸다 해도, 그날 참고할 사항은 모두 적혀 있으니 문제없다. 또는 아이가 배앓이를 하는 경우, 그 역시 적어두어 위장 상태를 더욱 악화시킬 수 있는 우유 등의 음식은 먹이면 안 된다는 점을 알린다. 이러한 사항은 지극히 기본적인 일처럼 보이겠지만, 의사소통이 단절된 부분에 진지하게 관심을 갖기 시작하면 더 많은 허점이 보일 것이다.

 영국 보모의 비밀

할머니 할아버지가 길러주는 아이에게

손주들을 응석꾸러기로 만드는 것은 아이를 기르는 조부모의 특권이므로 할아버지, 할머니에게는 어느 정도 재량권을 주도록 하자. 조부모들이 일주일에 한 번 정도 아이의 응석을 받아준다면 크게 문제될 것은 없다. 하지만 조부모가 육아에 그보다 큰 영향을 미치고 있을 경우, 즉 손주들을 매일 만나거나 같이 살고 있다면 훨씬 더 신중하게 부모와 협력해야 한다. 또한 어떤 상황에서도 절대 어겨서는 안 될 규칙들도 있다. 존중이나 예의와 관련된 기대치는 단 한순간이라도 낮추어서는 안 된다. 따라서 할머니가 저녁 시간 내내 아무것도 먹지 않은 아이에게 달콤한 디저트를 꺼내주는 것은 어쩔 수 없다 하더라도, 이때조차 "감사합니다"라고 인사하는 등의 중요한 예의는 지키게 해야 한다.

 영국 부부의 비밀

아이와 함께 가족회의하기

정기적인 가족회의를 하는 것도 좋다. 우리는 만 네 살짜리 아이와 가족회의를 하기 시작했는데 아이가 무척 좋아한다. 보통 처음에는 짧은 게임을 한 다음 종이를 한 장 꺼내서 이야기하고 싶은 것을 기록한다. 그다음에는 한 명씩 돌아가면서 바뀌었으면 하는 일, 잘되고 있다고 생각하는 일을 하나씩 이야기한다. 딸아이가 "매일 저녁마다 닭고기를 먹기는 싫어요"라는 의견을 냈고, 우리 가족은 메뉴를 바꾸는 데 동의했다. 그다음에는 내가 "나는 우리 딸이 징징대는 일이 줄었으면 좋겠어. 그 점에 대해 어떻게 생각하니?"라고 물었다. 이 시간이 얼마나 효과적이었는지, 한동안 회의를 하지 않으면 오히려 딸이 먼저 가족회의를 하자고 제안하는 지경에 이르렀다. 이 회의를 통해 아이는 집안에서 일어나는 일에 대해 어느 정도 영향력을 가지게 되었다는 기분을 느꼈을 것이고, 우리는 딸이 진심으로 귀기울일 자세가 되어 있을 때 아이의 문제행동에 대해 이야기할 수 있었다.

별거중이거나 이혼한 부모들은 이 부분에서 특히 많은 어려움을 겪는다. 서로 아예 말도 섞기 싫어하는 부모도 있다. 또 아이와는 아무런 관련이 없는 수많은 이유 때문에 상대방과 합의하길 싫어하기도 한다. 아이가 헤어진 배우자보다 자신을 더 좋아하기를 바라는 경우도 있다. 이렇듯 어려움을 야기하는 여러 가지 복잡하고 감정적인 문제에도 불구하고, 기본 원칙은 지극히 단순하다. 다른 모든 것을 제쳐두고 아이를 가장 먼저 생각해야 한다. 나는 이것이 무척이나 어렵다는 사실을 잘 알고 있다. 얼마나 힘든 일이었으면 일부 지역에서는 이혼할 경우 공동 육아 강의 수강을 의무화했을 정도다. 이 강의에서 강조하는 내용을 적나라하게 표현한다면 다음과 같다. "당신은 아마도 전 배우자에 대해서는 이성적으로 생각하는 게 불가능할 것이다. 제대로 준비하지 않으면 그런 감정이 육아에

도 영향을 미칠 수 있다." 당신과 또 한 명의 보호자 사이에 벌어지는 사건의 한복판에 아이를 끌어들이는 것에 대해서는 어떤 변명도 용납될 수 없다. 아이에게 무엇이 최선인지를 생각하지 않는다면 당신은 이기적인 부모다. 그 점에 대해서는 전혀 이해심을 베풀 생각이 없으며, 친한 친구든 생판 모르는 사람이든 관계없이 나는 기꺼이 이런 생각을 분명하게 전달할 것이다. 그보다 더 화가 치미는 일은 없기 때문이다.

Emma's TIP

엄마의 대화법 되돌아보기

지금까지 설명한 내용이 너무 벅차게 느껴진다고 해도 두려워할 필요는 없다. 아이와 상호작용을 할 때마다 당신이 사용하는 의사소통방식이 중요한 역할을 할 것이기 때문이다. 이제는 잘 시간이라고 설명할 때, 경계선을 분명히 정할 때, 저녁식사를 하기 위해 아이를 식탁에 앉힐 때를 비롯하여 당신은 이 책 전반에 걸쳐 어떤 주제를 접하든 간에 이번 장에서 다룬 내용을 상기하게 될 것이다. 하지만 나는 이 책을 끝까지 다 읽은 다음에 다시 한번 이 장으로 돌아와 재독해보기를 권한다. 당신의 새로운 대화법은 제2의 천성으로 자리잡았는가? 어떤 측면에서 더 많은 노력이 필요한가? 집안 분위기의 어느 부분이 가장 크게 개선되었는가? 취침 시간, 예의, 일과표 등 의사소통 문제가 특히 자주 발생하는 영역이 있는가? 당신이 대화법의 허점을 잘 찾아내는 뛰어난 수사관이 될수록, 빈틈을 더 빨리 메울 수 있게 될 것이다.

3장

꿈나라를 향해 진격하라

잠의 비밀

•

"신나는 웃음과 긴 숙면은 의사가 말하는 최고의 치료법이다."
_아일랜드 속담

#1 기본 난이도
— 문제점을 진단하고 환경을 조성하기

☐ 아이가 얌전하게 행동합니까?

☐ 아이가 잠을 충분히 자고 있습니까?

☐ 아이가 본인의 침대에서 잡니까?

☐ 아이에게 알맞은 수면 환경이 조성되어 있습니까?

☐ 잠자리에 들기 전에 에너지가 많이 필요한 활동은 피합니까?

☐ 아이에게 잠자리에 들 시간이라는 신호를 줍니까? 아이가 졸려하는 신호를 살핍니까?

☐ 어린 아기의 경우: 아기가 규칙적인 시간에 잠을 자는 편입니까?

☐ 그보다 큰 아이들의 경우: 아이가 규칙적인 시간에 잠을 잡니까?

☐ 아이가 낮에 충분한 운동을 하고 신선한 공기를 마십니까?

☐ 아이가 규칙적으로 낮잠을 잡니까?

#2 중급 난이도
— 습관과 기대치

- ☐ 아이가 혼자서 잠자리에 들 수 있습니까? '나쁜 취침 습관'을 피합니까?
- ☐ 낮에 아이를 재울 수 있습니까?
- ☐ 아이가 침대에서 빠져나온 후 스스로 다시 침대에 돌아갈 수 있습니까?
- ☐ 취침 시간이 되었을 때 아이가 순순히 수긍합니까?
- ☐ 아이가 짜증을 내며 잠에서 깨지 않습니까?
- ☐ 아이가 악몽을 꿨을 때 제대로 대처합니까?

#3 최상위 난위도
— 부모에게 문제가 있을 때

- ☐ 아이가 울도록 내버려둡니까?
- ☐ 아이의 수면에 대한 기대치를 확실하게 설정했습니까?
- ☐ 수면과 관련된 규칙을 철저히 적용합니까?
- ☐ 일관된 태도를 유지합니까?
- ☐ 아이의 상태를 파악하고 있습니까?
- ☐ 아이의 울음소리를 들을 준비가 되었습니까?

신사 숙녀 여러분, 한발 뒤로 물러서길 바란다. 나는 지금 전투에 뛰어들 참이다. 물론 여기서 전투란 아이의 수면이라는 매우 걱정스러운 문제를 의미한다. 내가 이 책의 서두에서 펼쳤던, 모든 사람이 앞다퉈 엄마의 육아 방식을 비판하는 시대가 되었다는 주장에 의문을 품은 독자가 있다면 멀리 갈 것도 없이 수면이라는 이 논쟁적인 문제를 살펴보자. 부모, 조부모, 소아과 의사, 친척, 친구들, 심지어 낯선 타인들까지도 어떻게 하면 아이를 재울 수 있는지에 대해 제각각 의견을 가지고 있고, 그에 대해 한 마디씩 하지 못해 안달이 나 있으며 행여나 당신이 조언을 따르지 않으면 비난도 서슴지 않는다.

그러나 이번 장에서만은 그 날선 비판 정신을 잠시 접어주시길 부탁한다. 물론 다른 부모들과 아이의 수면 문제에 대해서 이야기할 때도 마찬가지다. 피곤한 상태에서도 최선을 다하려고 노력하는 부모에게 가장 도움이 되지 않는 것이 바로 주변 사람들의 못마땅한 눈초리다. 어쨌거나 우리 모두가 저마다 아이를 위해 노력하고 있는 것은 사실이므로, 그것을 전제로 깔고 시작해보자. 나는 당신이 내 조언을 따르지 않는다고 해도 비난을 퍼붓지 않겠다고 약속한다. 그저 열린 마음으로 읽어주기 바란다.

우선 모든 사람들이 동의할 간단한 사실부터 살펴보자.

1. 잠은 아이에게 매우 중요하다. 사실 잠의 중요성 때문에 이 장을 이렇게 책의 앞쪽에 배치한 것이다. 내가 지금까지 보아온 아이들의 수많은 부적응 행동 관련 문제 중에서 대략 75% 정도는 그 기저에 수면 문제가 자리잡고 있다 해도 과언이 아닐 것이다. 이 책의 몇몇 장은 다른 장들과 주제가 다소 겹친다. 수면 문제는 사실상 이 책의 모든 장들과 연관되어 있다. 하루에 잠을 한 시간만 더 자도 아이의 행동이 개선된다. 좀더 큰 아이들의 경우, 하루에 한 시간씩 잠을 더 재우자 학교 성적도 올랐다.[1]

2. 잠은 부모에게도 매우 중요하다. 충분히 휴식을 취하지 못하면 최상의 컨디션을 유지할 수 없다. 또한 아이가 밤새도록 잠을 자지 않는다면 부모가 제대로 쉴 수 있을 리 없다. 나는 아이가 태어난 직후 6개월 동안 녹초가 되어버린 수많은 부모들을 접했다. 한 아빠는 걸핏하면 회사 책상 앞에서 잠이 들었다. 이 정도로 피곤한데 어떻게 좋은 부모가 될 수 있을까?

3. 나는 10여 년 이상 아이들을 재우면서 그 과정에서 몇 가지 교훈을 얻었다. 이번 장에 등장하는 철학에 대해서는 마음껏 반론을 펴도 좋지만, 내가 소개하는 것은 어디까지나 아이들에게 올바른 수면 습관을 가르치기 위해 헤아릴 수 없이 많은 밤을 보내면서 익힌 요령이라는 점을 알아주었으면 한다.

이제 다년간의 경력을 바탕으로 한, 다소 논란의 여지가 있는 주장 하나를 펼쳐보겠다. 앞서 언급한 바와 같이 요즘에는 아이들을 불편하게 하는 것을 극도로 꺼리는 문화가 조성되어 있다. 어떤 경우에도 아이들이 우는 것을 달가워하지 않는다. 하지만 이렇게 생각해보자. 아이들이 울도록 내버려두지 않는다면 아이들의 울음에 대해 어떻게 배울 수 있단 말인가? 부모는 아기, 유아, 미취학 아동, 초등학생에 대해 끊임없이 배우는 학생이 되어야 한다. 그런데 아기가 너무 어려서 스스로의 기분을 말로 표현할 수 없다면 아이의 상태를 파악하기가 훨씬 어려워진다. 따라서 반드시 부모가 귀기울여야 한다. 배고프다는 의미의 울음과 졸려서 우는 울음, 배에 가스가 찼다는 신호의 울음을 구별하는 법을 배워야 한다(참고로 대부분의 울음은 배에 가스가 찼다는 뜻이다). 주변의 분위기에 휩쓸리거나 첨단 아기 모니터링 기계를 과신하며 아기의 일거수일투족에 일희일비해서는 안 된다. 그보다는 하던 일을 멈추고, 귀를 기울이고, 무언가 조치를 취하기 전에 심사숙고해야 한다.

==내가 얻은 최고의 교훈은 이렇다. 아이들은 잠을 잘 수 있고 언젠가는 잠들 것이다. 그러니 부디 그 기다림의 시간이 너무 길어지지 않기만을 바라면 된다. 행운을 빈다.== 내가 맡았던 아이들은 단 한 명의 예외도 없이 밤새 깨지 않고 잠자는 법을 배웠으며, 그 수는 수백 명을 헤아린다. 부모들은 나에게 자주 이렇게 말한다. "우리 아이는 원래 잘 못 자요." 하지만 나는 그 말을 믿지 않는다. 물론 다른 아이들보다 수면 시간이 짧아도 괜찮은 아이들이 있는 것은 사실이지만, 잠을 잘 못 자는 아이는 없다고 생각한다. 좋은 수면 습관은 가르칠 수 있다.

나는 아이의 수면 문제를 상담할 때 하룻밤은 해당 가족들과 함께 보내곤 한다. 대개는 하룻밤이면 충분하다. 물론 최대 4일까지 머무르는 경우도 있다. 하지만 결국 그 4일 안에 모든 것이 해결되며, 그로 인한 결과는 믿을 수 없을 정도다. 누적된 피로로 인내심이 한계에 달했다가 하루에 열 시간씩 푹 잘 수 있게 된 가족보다 나를 더 흐뭇하게 하는 광경은 없다. 가족들의 얼굴에는 그야말로 기쁨이 넘쳐흐른다. 매우 놀랍고 보람 있는 일이다.

수면은 아이의 성장 과정 전체에 걸쳐 중요한 문제다. 특히 어린 아기를 둔 부모들이 가장 궁금해하고 제일 크게 좌절하는 부분이기도 하다. 이번 장에서 소개하는 체크리스트의 상당수가 이 기진맥진한 새내기 부모들에게 해당하는 항목이기는 하지만, 좀더 큰 유아들에게 적용되는 중요한 항목도 포함되어 있으므로 자세히 살펴보자.

☑ 아이가 얌전하게 행동합니까?

때로는 수면 상담 때문이 아니라 "아이를 도저히 감당할 수가 없어요. 도와주세요!"라는 부탁을 받고 찾아가는 경우가 있다. 나는 아이를 잠시 관찰하는데, 만약 아이가 진짜 막무가내로 행동한다면 보통 피곤함(혹은 다음 장에서 다룰 식사)에서 원인을 찾는다. 물론 아이가 말썽 부리는 데는 여러 가지 이유가 있다. 아이는 아이일 뿐이고, 어떤 아이든 속을 썩일 때가 있는 법이니까! 이가 나거나 배앓이를 하거나, 그 외의 여러 가지 이유로 괜히 짜증을 내는 아이들도 있다. 하지만 성인의 경우와 마찬가지로 수면

이 핵심이다. 대부분의 성인들은 다행히 "이미 엎질러진 물을 가지고 한탄해봐야 뭐하겠어! 스트레스를 왕창 받았으니 오늘은 일찍 자야겠어"라고 말할 수 있다. 그러나 두 살짜리, 다섯 살짜리 아이는 왜 자신이 그런 감정을 느끼는지 이해하지 못한다. 그저 기분이 나쁘다는 사실만 인식하고, 사사건건 떼를 쓴다. 또는 아이가 잠을 더 자야 하는데 부모가 그 점을 깨닫지 못하고 있을 가능성도 있다. 그런 의미에서 다음 질문을 살펴보자.

☑ 아이가 잠을 충분히 자고 있습니까?

나는 부모들에게 가장 먼저 이 질문을 던진다. 부모들 역시 아이들이 말썽을 부리면 이 질문을 가장 먼저 머릿속에 떠올려야 한다. 약간은 유동적으로 적용할 수 있다는 전제하에, 나는 스탠퍼드대 소아과 병원[2]에서 만든 아래의 수면 기준표가 가장 유용하다고 생각한다.

연령	전체 수면 시간	밤 수면 시간	낮 수면 시간
신생아	16	8~9	8
1개월	15.5	8~9	7
3개월	15	9~10	4~5
6개월	14	10	4
9개월	14	11	3
만 1세	14	11	3
만 1.5세	13.5	11	2.5

| 만 2세 | 13 | 11 | 2 |

이 방식에 따르면 아이가 만 세 살이 되면 하룻밤에 열한 시간의 수면과 오후 낮잠 시간 또는 휴식 시간을 가져야 한다. 만 네 살 이상이 되면 하룻밤에 열 시간 남짓의 수면이 이상적이다. 당신의 자녀가 대략적으로 자신의 연령대에 맞는 수면 시간을 확보하고 있다면 무척 다행이다. 그렇다면 수면의 질과 관련된 다른 질문으로 넘어가도 좋다. 하지만 그렇지 않다면 수면 시간 확보를 첫번째 우선순위로 삼아 목표를 달성하도록 하자.

☑ 아이가 본인의 침대에서 잡니까?

한번은 보모 면접을 보러 갔는데, 아이 엄마가 자신이 소위 '가족 침대'를 쓰는 수면 습관을 선호한다면 그 점을 비판할 것인지 물어본 적이 있다. 가족 침대란 엄마 아빠, 그 집안의 형제자매들이 모두 한 침대에서 자는 것을 말한다(바라건대 침대의 크기가 넉넉하기를). 나는 아니라고 대답했고, 당연히 비판하지도 않겠지만 그래도 가족 침대가 밤에 숙면을 취하기 위한 합리적인 방식이라고 생각하진 않는다고 말했다. 아이와 함께 자는 부모들은 나에게 자주 묻는다. "에마, 너무 피곤해요. 아기가 도무지 잠을 자지 않아서 밤새도록 우유를 먹여야 해요." 나는 그런 부모들이 해야 할 일을 알려준다. 무엇보다 아기를 엄마 침대에서 떼어내는 일부터 시작하도록 조언한다. "못해요, 어떻게 그래요." 부모들은 항의한다. 나는 이렇게 응수한다. "정 그러면 할 수 없죠. 하지만 이걸 못하신다면 저는 도와드릴 수 없어요. 아이를 따로 재울 준비가 되면 알려주세요."

==문제는 온 가족이 한 침대에서 잘 경우 수면의 질, 더 나아가서는 삶의 질이 저하된다는 점이다.== 아기가 태어난 직후 몇 주 동안은 함께 잠을 잔다 하더라도 가족 중 누군가가 제대로 잠을 못 자는 순간, 배우자와의 관계가 악화되기 시작하는 순간, 또는 아이를 재우기 위해 8시부터 잠자리에 들어야 하는 순간, 아이가 엄마 없이 잠을 못 자기 때문에 즐거운 저녁 외출을 포기해야 하는 순간, 문제가 발생하는 것이다. 이제 아이의 수면 습관을 바꿔야 할 때다.

내가 인연을 맺은 가족들 중에서 바로 이 문제로 골머리를 앓았던 가족이 어찌나 많은지, 에피소드가 헤아릴 수 없이 많아서 몇 쪽을 할애해도 모자랄 정도다. 이 가족들의 경우 처음에는 온 가족이 한 침대에서 자는 것이 별문제가 되지 않았지만, 점차 문제가 드러나기 시작했을 때 이 습관을 어떻게 고쳐야 할지 모르거나 고치고 싶어하지 않았다. ==이 문제의 가장 큰 원인은 아이들이 혼자서 잘 수 있다는 사실을 부모가 믿지 않는다는 데 있다. 그런 생각을 버리자. 아이들은 충분히 혼자서 잘 수 있으며, 그것이 불가능하다는 생각은 출발점부터 당신을 좌절시킬 뿐이다.== 여기 소개하는 체크리스트를 모두 따른다면 아이들은 틀림없이 잠들 것이다. 이 체크리스트를 필요에 따라 여러 번 반복해서 실천하고, 아이를 부모의 침대에서 떼어내자.

내가 만난 한 가정에는 만 두 살짜리 세쌍둥이가 있었다. 부모와 세 명의 남자아이들이 모두 부모의 침실 바닥에 깔아놓은 매트리스 위에서 잠을 잤다. 배우자가 몸을 뒤척거리는 바람에 좀처럼 잠을 이루지 못하는 경험을 해본 사람이라면, 다섯 명이 한꺼번에 잠드는 것이 얼마나 어려운 일인지 짐작할 수 있을 것이다. 한마디로 문제가 생길 수밖에 없다. 한 명이 마침내 깜빡 잠이 들려 하면 다른 한 명이 부스럭대거나, 가까스로 모두가 잠들었는데 가운데서 자고 있던 사람이 화장실을 가고 싶어할 수도 있다. 이는 마치 두더지 잡기 게임을 하는 것과 같다. 잠자고 싶은 마음이 굴뚝같을 때 누가 두더지 게임을 하고 싶겠는가? 세쌍둥이 가족의 경우 아이들은 잠을 제대로 자지 못해 녹초가 되어 있었고, 부모도 마찬가지였다. 아이들에게 자신들만의 침대를 마련해줄 때가 된 것이었다.

 영국 보모의 비밀

아이는 혼자 잘 수 있다

아이들은 자신이 독립된 인격체이며 부모와는 별개의 존재라는 점을 깨달아야 한다. 이 점을 깨달아야 세상을 훨씬 더 수월하게 헤쳐나갈 수 있다. 아이가 혼자서 자는 데 익숙해질수록 다른 일도 자신 있게 혼자 해낼 수 있게 된다. 아직까지 부모와 함께 자는 다섯 살짜리 아이가 하룻밤 자러 오라는 친구의 초대를 받으면 당황할 가능성이 크다. 아이는 혼자 힘으로 세상을 살아나가야 하므로 일찍부터 부모와 따로 떨어져서 자는 습관을 길러주도록 하자.

나는 많은 아이들이 자동차의 유아용 카시트나 유모차 안에서 잠드는 모습을 본다. "차나 유모차에 태워야만 잠이 든다니까요!" 부모들은 나에게 호소한다. 어떤 부모들은 필사적인 심정으로 아이들을 차에 태워 재

운 뒤 여기저기 운전해 다니며 방황한다. 또는 아이를 유모차에 태우고 동네 한 바퀴를 돌며 재우는 경우도 있다. 내가 아는 어느 부모들은 세 살짜리 아이를 둘러업고 동네 한 바퀴를 걸어다니지 않는 한 아이가 절대 자지 않는다고 단언한다. 또는 아기가 젖을 물고 잠들었을 때 그대로 꿈쩍도 하지 않는 엄마들도 있다. 절대, 절대, 절대 안 된다! 아기는 유아용 침대에서, 그보다 큰 아이들은 각자의 침대에서 자야 한다. 자기 침대에서 자는 습관을 가르치는 것이 쉽지는 않겠지만 아예 불가능한 일도 아니다. 아이들은 결국 제 침대에서 자게 될 것이다. 그로 인해 모든 가족은 더 행복해질 뿐만 아니라 푹 쉴 수 있게 될 것이다.

☑ 아이에게 알맞은 수면 환경이 조성되어 있습니까?

몇몇 아이들의 침대에는 깜짝 놀랄 만큼 수많은 장난감이 있다. 내가 돌보았던 한 아이는 나뭇가지를 쥐고 자겠다고 고집을 부렸다. 나뭇가지라니! 캠핑할 때라면 몰라도 밤에 나뭇가지를 쥐고 잔다면 안전하지도, 편안하지도 않을 것이다. 장난감, 책, 껴안고 잘 수 있는 동물인형으로 가득 찬 침대는 지나치게 자극이 많은 환경이다. 같은 맥락에서 장난감이 너무 많아서 쉴 수 있는 집이라기보다는 놀이터같이 보이는 방도 마찬가지다. 아이의 방에 두는 장난감의 양을 적절히 조절하고, 가능하다면 장난감 상자나 벽장, 바구니, 책장 등을 준비하여 저녁 내내 아이의 시선이 직접적으로 닿지 않는 곳에 장난감들을 전부 수납해두는 것이 좋다.

나는 부모들에게 침대에 놓을 특별한 물건 한 가지를 아이가 선택할 수 있도록 하라고 조언한다. 담요든 좋아하는 곰돌이 인형이든 상관없다. (하지만 나뭇가지는 안 된다, 제발!) 방 온도는 섭씨 20도 전후의 적절한 수준으로 유지한다. 아이의 잠옷도 순면처럼 통기성이 좋고 부드러운 것인지 확인한다. 가끔씩 등에 똑딱단추가 잔뜩 달린 잠옷을 입고 자는 아이들도 있다. 그런 잠옷을 입히면 등뼈 아래쪽에 금속 단추가 배기는 상태에서 잠을 자게 되는 셈이다! 상냥한 이웃 아주머니가 아무리 좋은 의도로 잠옷 선물을 보냈다 해도, 스타일보다 중요한 것은 편안함이다.

영국 보모의 비밀

안심 담요

아이가 두르고 있으면 안정감을 느낄 수 있는 담요는 수면에 매우 효과적이지만, 침대 밖으로 가지고 나와서는 안 된다. 자동차나 유모차는 물론, 식탁에조차 절대 담요를 들고 오지 못하게 해야 한다. 잃어버릴 가능성이 있을 뿐만 아니라 아이가 담요 없이도 지내는 법을 배워야 하기 때문이다. 사물에 대한 의존도를 제한하면 아이의 자존감에도 도움이 된다. 또한 담요를 보면 항상 잠이 연상되도록 해야 한다.

나는 어둡고 조용한 방을 선호하며, 사운드 머신 사용에 대해서는 회의적이다. 하지만 어쨌거나 적절한 선에서 현실적인 기대치를 설정해야 한다. 누군가 옆집에서 망치질을 하거나 파티를 벌이고 있다면, 혹은 아이가 계속해서 잠을 깊게 자지 못한다면, 사운드 머신을 사용해도 무방하다. 하지만 그와 동시에 소음에 지나치게 집착할 필요는 없다. 예를 들어 아기가 자는 동안 진공청소기를 돌려야 한다면 돌리도록 하자. 약간의 소음을 냄으로써 아이를 소음에 단련시킬 수 있을지도 모른다. 나중에 아이가 대학생이 되었을 때 요란스러운 파티가 벌어지는 기숙사에서 숙면을 취해야 한다면, 아이는 도리어 당신에게 고마워할지도 모른다.

☑ 잠자리에 들기 전에 에너지가 많이 필요한 활동은 피합니까?

당연한 이야기처럼 들린다, 그렇지 않은가? 잠자기 전에 아이가 흥분할 만한 일을 하는 것은 분별 있는 행동이라고 할 수 없다. 누구에게나 넘치는 에너지를 다스리고 진정할 시간이 필요하기 때문이다. 하지만 부모들은 이 점에서 어려움을 겪는 경우가 상당히 많다. 예를 들어 현재 시간이 아직 저녁 7시 반밖에 되지 않았다면, 앞으로 몇 시간은 더 너끈히 깨어 있을 부모는 전혀 피곤하지 않은 상태다. 이 경우 부모들은 좀처럼 침착하고 차분하게 아이들에게 필요한 분위기를 맞춰주지 못한다. 또는 부모들이 아이가 잠자리에 들 시간이 다 됐을 때쯤 퇴근해 아이와 놀고 싶어하는 경우도 있다. 내가 아는 한 아빠는 아이들과 '힘겨루기 놀이' 하기를 좋아했는데, 심지어 침대에서 레슬링을 하는 경우도 있었다. 아이들이 아빠를 볼 시간은 저녁때 한 시간 남짓뿐이었고, 그런 과격한 놀이는 아빠와 아이들이 교감하는 중요한 시간의 일부였다. 아빠는 아이들과 떠들썩하게 노는 것을 무척이나 좋아했고 하루 일과가 끝난 후에 아이들과 보내는 시간이 꼭 필요했기 때문에, 절대 놀이를 포기하고 싶어하지 않았다. 아이들도 그 시간을 기대하기는 마찬가지였다. 그러나 잠자기 전에 격한 몸싸움을 하면서 놀다보니 아이들이 진정하고 잠들 준비를 하기가 매우 어려웠다. 결국 아빠는 타협안을 받아들였다. 아이들이 충분히 긴장을 풀고 쉴 시간을 확보할 수 있을 만큼 일찍 퇴근하는 날에만 힘겨루기 놀이를 하기로 했다. 또한 아이들과 한두 가지 간단하고 재미있는 놀이를 하고 난 뒤 그후에 '짧은 힘겨루기 놀이'를 하기로 약속했다.

아이를 흥분시키는 활동의 예로 '힘겨루기 놀이'는 너무나 당연해 보이지만, 비교적 잘 알려지지 않은 또다른 자극제가 바로 텔레비전이다. 내가 만난 한 가족은 아이들을 진정시키기 위해 밤에 침대에 누워 텔레비전을 보도록 허락했다. 내가 처음으로 지시한 일은 아이의 침실에서 바로 텔레비전을 치워버리는 것이었다. 텔레비전 화면이 제공하는 자극을 받고 나면 아이의 두뇌(물론 어른도 마찬가지다)는 차분하게 잠에 빠져들 수 없다.

또 한 가지, 아이의 에너지를 활성화시키는데 그다지 잘 알려지지 않은 것이 바로 우유 한 잔이다. 일반적으로 나는 낮잠을 자기 전에는 아이에게 우유를 주지 않는다. 우유야말로 부모가 세심한 주의를 기울이면서 아이에게 어떤 영향을 주는지 살펴보아야 하는 음식이기 때문이다. 어떤 아이들은 우유의 영향을 전혀 받지 않는다. 또 어떤 아이들은 우유를 마신 다음 바로 잠이 들지만 삼십 분쯤 뒤에 기운이 넘치는 상태로 다시 일어나기도 한다. 나는 만전을 기하기 위해 아이가 낮잠을 자기 최소 사십 분 정도 전에만 우유를 허락하는데, 이렇게 하면 충분히 배가 부르면서도 지나치게 들뜨지 않게 된다. 갓난아기들의 경우에는 아예 깨어났을 때 우유를 준다.

☑ **아이에게 잠자리에 들 시간이라는 신호를 줍니까? 아이가 졸려하는 신호를 살핍니까?**

어느 가정에서나 놀이와 수면 사이에 약간의 전환 시간을 갖는 것이 중요하다. 그리고 바로 이때 잠자리에 들 시간이라는 신호가 필요하다. (이것은 아이를 재우기 위해 우유를 먹이거나 안아서 흔들어주거나 업고 걸어다니는 등의 나쁜 수면 습관과는 전혀 다른 것이다.) 아기들의 경우 포대기로 감싸거나 살짝 흔들어주는 것이 여기에 해당한다. (나는 아기를 포대기로 감싸는 것을 적극 권장한다. 아기가 포대기에서 빠져나올 수 있을 정도로 크고 힘이 세지기 전까지는 아기에게 잘 시간이라는 신호를 주는 데 포대기만한 것이 없으며, 아이도 무척 편안해한다). 이보다 큰 아이들은 잠옷을 입고 머리맡의 책을 읽거나 차분한 자장가를 듣는 것이 잘 시간이라는 신호가 된다. 아이의 신호도 눈여겨보아야 한다. 눈을 비비거나 하품하거나 짜증을 내는 것은 아이가 피곤할 때 보이는 가장 보편적인 신호이다. 하지만 아이들은 저마다 다르기 때문에 내 아이가 어떤 신호를 보내는지 주의깊게 익히도록 하자.

✅ 어린 아기의 경우: 아기가 규칙적인 시간에 잠을 잡니까?

건강한 수면 습관은 일찍부터 몸에 밴다. 아이가 태어난 직후 몇 주 동안 부모는 육아의 험난한 길을 헤쳐나가기 위해 수많은 일들을 해야겠지만, 아기에게 낮과 밤을 구별해주는 일만은 즉시 시작하는 것이 좋다. 조명을 낮추고 아이를 포대기로 감싸 가볍게 흔들어주면서 조용한 노래를 불러주는 등의 간단한 일도 충분한 효과를 발휘한다.

신생아가 생후 1~2주 동안 정상적으로 체중이 증가하고 있다면, 수유 시간을 정례화하는 일도 시작해볼 수 있다. 우선 소아과 의사에게 아기의 체중 증가 추이에 문제가 없는지 확인하고, 문제가 없다면 아이가 보챌 때마다 수유하는 것을 멈춰야 한다. 건강한 아기라면 두 시간 반에서 세 시간에 한 번씩 우유를 먹는 것이 보통이다. (더 자세한 내용은 4장을 참조하라!)

일과를 정해놓으면 삶이 훨씬 수월해진다. 내 친구이자 전문 보모인 실비아가 첫아이를 낳았을 때, 처음 몇 달 동안은 실비아의 친정어머니가 집에 머물며 육아를 도왔다. 모든 일이 순조롭게 흘러갔다. 실비아의 친정어머니가 항상 아기를 안아주었다. 아기는 밤에 실비아와 함께 잠을 잤으며 낮에는 잠깐씩 토막잠을 잤다. 하지만 친정어머니가 떠나자 실비아의 생활은 엉망이 되고 말았다. 이제 네 달이 된 아기를 데리고서는 아무 일도 할 수 없었다. 항상 아기를 안고 다녔고, 아기의 불규칙한 낮잠 시간에 매인 노예가 된 것 같았다. 실비아는 나에게 도움을 요청했고 나는 일과표를 만들어서 지키라고 조언했다. 실비아는 서서히 정해진 일정에 익숙해지기 시작했다. 처음에는 수유 시간을 정했고, 그다음에는 낮잠 시간, 그리고 규칙적인 수면 시간을 정했다. 아기는 밤새도록 깨지 않고 자기 시작했다. 일과표를 만들어서 지키라는 조언은 아주 단순해 보이지만, 때로는 가장 단순한 것이 최고의 해결책이 되는 법이다. 실비아에게는 이 방법이 분명 효과가 있었고 어쩌면 당신에게도 효과가 있을 것이다. 아기가 정해진 일정을 지키고 있다면 훨씬 수월하게 재울 수 있다.

아기가 생후 8~10주 정도가 되고 의사에게 아무런 건강상의 문제가 없다고 확인받았다면, 이제 밤의 수유 시간 간격을 더 넓게 벌려보자. 저녁 7시와 10시 반에 각각 우유를 먹이고, 다음 수유 시간은 네 시간 후부터 시작하여 다섯 시간 후, 궁극적으로는 여섯 시간 후까지 미뤄보는 것이다! 밤 시간 수유에 대한 아기의 의존도가 줄어들수록 한밤중에 우유를 달라고 보채는 버릇을 빨리 고칠 수 있다.

아기에게 건강상의 문제가 있어서 의사의 지시를 따르고 있는 경우를 제외하고, 아기가 5개월 이상인데 아직까지 밤새도록 우유를 먹이고 있다면 당장 그만두어야 한다. 아기가 5~6개월에 도달하면 더이상 밤에 우유를 먹을 필요가 없으며, 최소한 열 시간 정도는 이어서 잠을 자야 한다. 아기가 중간에 잠을 깬다면 대응하되, 바로 조치를 취하는 것은 삼가자. 아이에게 우유는 주지 말고 다른 방법을 통해 진정시키자. '좋은 충고이기는 하지만 도대체 그게 현실적으로 가능한가요?'라고 생각하는 일부 독자들은 걱정할 필요가 없다. 이 책을 계속 읽으면 된다. 하지만 우선 유용하게 사용할 수 있는 일과표를 몇 가지 소개하도록 하겠다.

생후 6개월의 일과표

기상 시간	오전 6:00~7:00
아침식사(우유와 이유식)	일어나자마자 우유, 이유식은 오전 7:00
놀이 시간	오전 8:00~9:30
낮잠 시간	오전 9:30/10:00(최소 한 시간 반~두 시간)
점심식사(우유와 이유식)	일어나자마자 우유, 이유식은 정오
놀이 시간	오후 12:30~2:00
낮잠 시간	오후 2:00~4:00(한두 시간)
식사 시간	일어나자마자 우유
놀이 시간	오후 5:00 또는 5:30까지
이유식	오후 5:00~5:30
놀이 시간	오후 5:45~6:45

목욕 시간	오후 6:45
취침 시간/마지막 식사	오후 7:00

생후 17개월의 일과표

기상 시간	오전 6:00~7:00
아침식사	오전 6:00~7:00
놀이 시간	오전 8:00~10:00
낮잠 시간	오전 10:00~11:30(한두 시간 사이)
점심식사	정오
놀이 시간	오후 1:00~2:30
낮잠 시간	오후 2:30~4:00(약 한 시간)
저녁식사	오후 5:00
놀이 시간 및 목욕	오후 5:45~6:30 또는 7:00
취침 시간/마지막 식사 (우유 먹기 및 양치질을 잊지 말 것!)	오후 7:00~7:30

이 일과표는 어디까지나 예시일 뿐, 엄격하게 따를 필요는 없다는 점을 기억하자.

✅ 그보다 큰 아이들의 경우: 아이가 규칙적인 시간에 잠을 잡니까?

나는 수면 상담을 위해 가정을 방문하기 전에 아이의 일과에 대해 질문한다. 실제로 그 집에 가기 전에 일과를 점검해보고 만약 정해진 일과표가 없다면 새로 만들어보라고 요청한다. 내가 보아온 대부분의 가정에서는 어떤 날은 오전 6시에 아침을 먹는가 하면 어떤 날은 오전 7시에 먹었고, 또 어떤 날은 오전 8시나 되어야 아침식사를 시작했다. 아이들은 식사 시간에 따라 낮과 밤의 생활리듬이 결정되기 때문에 이렇게 식사 시간이 들쑥날쑥한 것은 바람직하지 않다. 나는 아이가 하루종일 일정한 시간에 식사하도록 신경을 쓴다. 아침은 항상 비슷한 시간에 먹어야 한다. 마찬가지로 취침 시간도 일정해야 하며, 취침 시간이 되었을 때 매일 해야 할 일도 반드시 정해져 있어야 한다.

십오 분 정도의 가감은 있을지언정 취침 시간은 일정하게 유지하는 것이 좋다. 아이가 피곤함을 느낄 때와 녹초가 되었을 때 사이의 그 중요한 타이밍을 놓치지 말아야 한다. 아빠가 집에 거의 다 왔는데 자기 전에 아이 얼굴을 보고 싶어한다는 이유로 아이를 억지로 깨워두면 아이는 극도로 지친 나머지 아이러니하게도 더욱 에너지가 넘치게 된다. 이른바 세컨드 윈드 second wind•라 불리는 이런 현상은 일단 취침 타이밍을 놓치는 순간 시작되며, 이는 결코 달가운 현상이 아니다. 머지않아 폭풍이 몰아친다는 신호이기 때문이다. 앞서 언급한 바와 같이 부모들이 아이의 요구

- '각성 유지 구간 wake maintenance zone'으로 불리는 수면 관련 현상. 장시간 동안 계속 깨어 있다보면 일시적으로 졸음이 싹 가시는 것을 느끼게 되는데, 일단 이런 현상이 발생하면 다시 잠드는 것이 어려워진다.

에 일일이 대응하다보면 문제가 생기기 마련이다. 그러나 엄마 아빠가 하고 싶은 일을 전부 미뤄두고 우선적으로 신경써야 하는 일의 좋은 예가 바로 수면이다. 극히 일부의 예외적인 사례가 아닌 이상, 아이는 일정에 따라 생활해야 한다. 아이가 잠들기 전에 얼굴을 보고 싶다면 부모가 아이의 취침 시간 전에 집에 들어오거나, 그냥 포기하고 다음날 아침에 보는 쪽을 선택해야 한다.

☑ 아이가 낮에 충분한 운동을 하고 신선한 공기를 마십니까?

신선한 공기와 운동처럼 숙면을 보장해주는 것은 없다. 아이가 한자리에 지나치게 오랜 시간 동안 앉아만 있는다면 제대로 잠을 자지 못할 것이다. 아이가 밖에 나가 놀면서 에너지를 소비하지 않는다면 잠이 잘 올 리 없다. 나는 우선 아이의 일과에서 실외활동을 찾아보고, 하루 일과 중 규칙적인 실외활동이 없다면 취침 시간 문제를 해결하기에 앞서 야외활동 시간부터 마련하도록 요청한다.

☑ 아이가 규칙적으로 낮잠을 잡니까?

잠은 잠을 낳는다. 아이가 잠을 많이 잘수록 수면 시간은 더 늘어날 것이다. 아이가 낮잠을 건너뛰는 경우 극도로 지치기 쉽다. 그리고 하루종일 사사건건 짜증을 내고 떼를 써서 엄마 아빠를 지치게 할 것이다. 낮잠이 문제의 원인인지 아닌지 말하는 것은 매우 쉽다. 그러나 낮잠 문제를 해결하는 것은 완전히 다른 차원의 문제이며, 곧이어 그 점에 대해서도 설명하겠다.

☑ 아이가 혼자서 잠자리에 들 수 있습니까? '나쁜 취침 습관'을 피합니까?

당신은 아이를 재울 때 어떻게 하는가? 다음 보기 중 하나를 선택해보라.

1) 아이가 완전히 잠들 때까지 살살 흔들어주다가 침대나 아기 침대에 옮겨 눕힌다.
2) 침대에 눕힌 다음 혼자서 잠이 들도록 한다.
3) 유모차나 자동차에 태우고 잠들 때까지 돌아다니다가 잘 자면 움직이지 않고 그대로 내버려둔다.

아마도 당신은 올바른 대답이 2번이라는 사실을 알고 있겠지만, 반드시 2번대로 실천하고 있다고는 말할 수 없을 것이다. 다시 한번 강조하지만 나쁜 취침 습관, 즉 샛길은 오히려 본질적인 문제 해결을 더 요원하게 할 뿐이다. 단기적인 효과를 노리고 손쉬운 지름길을 택하기보다는 장기적인 관점으로 바라보자. 아무리 어린 아기라 하더라도 혼자서 잠드는 방법을 배울 수 있도록 깨어 있는 상태에서 혼자 잠자리에 들게 해야 한다는 의미다. "새끼에게 물고기 한 마리를 주면 오늘 하루를 먹일 수 있지만, 낚시하는 법을 가르치면 평생을 먹일 수 있다"라는 격언은 익히 들어보았을 것이다. 이 말은 아기가 잠들 때까지 젖을 물리다가 깨지 않도록 가만히 내려놓아서는 안 된다는 뜻이다. 아이가 잠들 때까지 안고 흔들어서도 안 된다. 아이가 잠들 때까지 아이의 옆에 나란히 누워 있어도 안 된다. 아기가 대략 3개월이 지나면 잠드는 데 도움이 되도록 공갈 젖꼭지를 물려서도 안 된다. 이런 행동들은 모두 샛길에 해당하며 물고기 한 마리를 주는 것이나 다름없다. 젖꼭지가 입에서 떨어지자마자 아이는 깨어나 울다가 젖꼭지를 물어야 다시 잠들 것이다. 이러다보면 아이가 한밤중에 잠이 깨면(누구나 알게 모르게 밤중에 살짝 깨는 일이 있듯이), 다시 재우기 위해서는 몇 번이고 위와 같은 일들을 반복해주어야 한다. 대부분의 경우 당신의 손길이 필요한 것은 물론이다.

다소 시간이 걸리더라도 아이에게 혼자서 잠드는 법을 가르치자. 비록 며칠 동안은 무척 힘들겠지만 그후에는 삶이 훨씬 수월해진다. 나쁜 취침 습관을 없애면 아이가 스스로를 달래고 혼자서 잠드는 법을 배우게 될 것이다.

영국 보모의 비밀

누워서 우유 먹기?

절대 아기 침대에 있는 아기에게 우유를 물려주지 마라. 위험천만한 일이다. 치아에도 좋지 않고 잠자리가 지저분해지는데다 나쁜 습관이 생긴다. 단기적으로는 우유를 주어 아이를 재우는 편이 쉬울지 몰라도 장기적으로는 절대 바람직하지 않으므로 꾹 참자!

☑ 낮에 아이를 재울 수 있습니까?

부모들은 하루종일 아이를 안고 있거나 상대해주어야 한다고 생각하는 경우가 많다. 적지 않은 부모들이 나에게 이렇게 호소한다. "아이가 그냥 바닥에 앉아만 있어요. 아이에게 말을 걸든지 책을 읽어주든지 뭔가 해줘야 할 것 같아요. 그렇죠?" 부모들은 나의 대답을 듣고 적잖이 안도한다. "아니요, 전혀 그럴 필요 없어요." 아이를 자주 내려놓고 바닥에서 놀도록 내버려둘수록 더 좋다. 하루종일 손을 타고 누군가에게 안겨 놀던 아기가 밤에 혼자 잘 수 있으리라 기대하는 것 자체가 말도 안 되는 일이지 않은가.

그렇다고 해서 내가 아기띠 사용을 반대하는 것은 아니다. 아기띠는 유용하고 실용적이며, 특히 아기의 배에 가스가 차거나 아기가 짜증을 낼 때 나는 아기띠를 활용한다. 아기가 신체접촉을 필요로 하는 경우 따뜻하게 안아주자. 하지만 충분히 안아준 다음 아이의 기분이 좋아졌다면, 그 틈을 타서 아이를 바닥에 내려놓고 혼자 놀도록 내버려두자. 원하는 만큼 아이를 마음껏 안아주는 것은 상관없지만, 그와 동시에 아이를 내려놓을 수도 있어야 한다. 그러지 않으면 아무 일도 하지 못할 테고, 무엇보다 당신의 온전한 정신 상태를 위해서라도 아이를 떼어놓을 수 있어야 한다. 내 말을 믿어라! 최소한 어딘가 외출해야 할 때는 아이를 자동차의 유아용 카시트에 앉힐 수 있어야 한다. 다른 말로 하면 아이에게 가끔씩은 혼자 노는 법을 가르쳐야 한다는 뜻이다. 이렇게 되면 잠을 재우는 일도 훨씬 쉬워진다. 아이가 이미 혼자서 무언가를 해야 한다는 교훈을 얻었기 때문이다.

☑ 아이가 침대에서 빠져나온 후 스스로 다시 침대에 돌아갈 수 있습니까?

유아, 즉 더이상 아기 침대를 사용하지 않는 연령대의 아이가 침대에서 자주 빠져나온다면 일반적으로 그만한 이유가 있기 마련이다. 보통 아이들은 관심을 끌기 위해(예를 들어 엄마에게 다시 잠을 재워달라고 호소하기 위해) 별난 행동을 한다. 일단 아이가 침대에서 빠져나올 수 있을 만큼 성장하면, 혼자서 다시 침대로 돌아가는 법도 배워야 한다. 만약 아이가 침대를 빠져나와 당신에게 다시 눕혀달라고 조른다면, 몇 번 정도는 응해주어도 좋다. 하지만 거듭 침대에서 나온다면 혼자서 다시 침대로 돌아가야 한다는 점을 분명하게 밝히자. 아이는 항의의 표시로 그 자리에서 바닥에 누워 잠을 청할지도 모르지만(크게 문제될 것 없는 일이다), 아마도 침대가 더 편하다는 사실을 깨닫고는 알아서 다시 침대로 돌아갈 것이다. 아이가 부모에게 의존하지 않고 다시 침대로 돌아가서 누울 수 있도록 만드는 것이 핵심이다. 아이들은 상황을 자신에게 유리하게 만들기 위해 수단과 방법을 가리지 않는 경우가 많다. 사실 이것도 비교적 유하게 표현한 것이고, 이 방면에서 아이들은 천재적인 수완을 발휘한다! "책 딱 한 권만 더 읽어줘"부터 시작해 잠들 때까지 흔들어달라고 하기, 다시 침대에 눕혀달라고 하기 등등…… 이 모든 것으로부터 과감히 탈출하자. 아이들이 스스로 책임지도록 해야 한다. 이렇게 말해보자. "엄마가 이불 덮어서 포근하게 해줄게. 하지만 이번이 마지막이야. 침대에서 얌전하게 자야 해. 한 번만 더 침대에서 나오면 너 혼자 이불 덮고 자야 해."

☑ 취침 시간이 되었을 때 아이가 순순히 수긍합니까?

잠을 자지 않겠다고 버티는 아이들을 주제로 한 책들이 어찌나 많은지 하나의 장르를 만들어도 될 정도다. 우선 모 윌렘스의 『비둘기를 늦게 재우지 마세요!Don't Let the Pigeon Stay Up Late!』가 떠오르고, 유머가 넘치는 애덤 맨스바크의 어른을 위한 그림책 『재워야 한다, 젠장 재워야 한다Go the F**k to Sleep』도 있다. 따라서 <mark>아이가 좀처럼 잠을 자려 하지 않는다면 이것은 아이가 성장하는 과정의 일부일 뿐, 부모인 당신이 무엇을 잘못했기 때문이 아님을 명심하자.</mark> 실제로 비록 잠깐이기는 하지만 잠자리에 들 때 항상 울음을 터뜨리는 아이들도 있다. 그것은 그 아이들 나름대로 스스로를 달래고 잠자리에 드는 방식인 것이다. 취침 시간에 대한 일말의 거부감을 아이들이 혼자서 다독일 수 있도록 하자.

☑ 아이가 짜증을 내며 잠에서 깨지 않습니까?

아이가 너무 일찍 일어났다면, 즉 열한 시간은 자야 하는데 아홉 시간 밖에 자지 못했거나 낮잠을 삼십 분밖에 자지 않았는데 깨어났다면, 일단 몇 분간은 아이가 혼자서 다시 잠드는지 살피다가 아이의 방으로 가서 아직 잘 시간이라고 말해준다. 아이를 안아 일으키는 것은 피하자. 아이가 계속 운다면 잠시 후 다시 아이의 방으로 가서 일어날 시간이 될 때까지 침대에 누워 있어야 한다고 또 한번 설명해준다. 다음날, 또 그다음 날도 아이가 계속 너무 일찍 일어난다면 앞서 설명한 것처럼 아이의 방에 가서 아직 잘 시간이라고 반복해서 알려주자.

낮잠이든 밤잠이든 관계없이 잠에서 깬 아이가 짜증내는 모습을 보고 혹시 지나치게 일찍 일어난 것이 아닌가 싶다면, 아이를 주의깊게 관찰하자. 잠자리에 들기 전에 항상 울음을 터뜨리는 아이들이 있는 것처럼 잠에서 깨어났을 때 항상 울음을 터뜨리는 아이들도 있다. 이것이 잠에서 깨어나는 과정의 일부인 것이다. 만약 당신의 아이가 이렇다면 바로 아이에게 가지 말고 잠에서 깨어날 시간을 주자. 아이는 다시 잠에 빠질 수도 있고, 완전히 잠이 깰 때까지 짜증을 내면서 잠시 누워 있을 수도 있다. 사실 아이들도 어른과 별반 다르지 않다. 누구나 가끔씩은 '나중에 다시 알림' 버튼을 눌러놓고는 한없이 침대에 누워서 하루를 시작할 준비를 미루기 마련이다. 심지어 아이들은 맑은 정신으로 아침을 맞이하도록 도와줄 커피조차 마실 수 없으니까!

하지만 가끔은 아이들이 진짜로 너무 일찍 일어나서 소위 '짜증 과도기'와는 사뭇 다른 양상으로 골을 낼 때도 있다. 내가 돌보던 한 아이는 낮잠에서 깨면 항상 기분이 좋지 않았다. 아이가 완전히 잠에서 깰 때까지 십 분 이상이 걸리는 경우 나는 이렇게 말해주었다. "대런, 기분이 별로 안 좋은 모양이구나. 잠을 더 자도록 하렴." 그리고 조금 더 쉬도록 아이를 다독였다.

✓ 아이가 악몽을 꿨을 때 제대로 대처합니까?

나는 악몽을 상당히 심각한 문제로 여긴다. 네 살짜리 아이가 한밤중에 잔뜩 겁에 질려 부모의 방으로 뛰어들어온다면 그 공포심을 이해해주어야 한다. 일단 아이에게 어떤 꿈을 꾸었는지 물어보자. 아이가 옷장 안이나 침대 밑에 있는 괴물을 무서워한다면 불을 켜고 아이의 방이 안전하다는 사실을 보여주기 위해 필요한 조치를 취하자. 취침 시간에 찾아오는 불안감은 쉬이 사라지지 않으며 어린아이의 두뇌와 몸은 좀처럼 이를 극복하지 못하므로, 가능한 모든 방법을 강구하여 아이가 두려움을 잠재울 수 있도록 도와주자. 꿈에서 본 것이 사실이 아니라고 설명해주어도 좋다. 아이가 너무 겁에 질려 어쩔 줄을 모른다면 그때는 당신의 침대에서 재워도 상관없다. 어떤 독자들은 내가 아이를 부모의 침대에 재워서는 안 된다는 원칙을 엄격하게 적용하지 않는다는 점에 놀랄지도 모른다. 관건은 부모의 침대에서 자는 것이 습관이 되지 않도록 하는 것이다. 아이가 밤마다 악몽을 핑계로 부모의 침대로 파고든다면, 한 번의 악몽으로 시작된 예외 조치가 끊임없이 지속되는 나쁜 습관으로 굳어져버린다. 아이가 진짜 두려움을 느끼는지, 아니면 단순히 부모의 눈을 속이려 하는지를 매우 세심히 살펴야 한다. 대부분의 경우 이 두 가지의 차이를 구별해낼 수 있기 마련이다.

 영국 보모의 비밀

왜 악몽을 꾸나

아이가 반복해서 악몽을 꾼다면 아이가 보는 것이나 읽는 것에 보다 세심한 주의를 기울이자. 표면상으로는 아무런 해가 없어 보여도 실제로는 아이에게 상당한 공포심을 주는 책이나 TV 프로그램이 적지 않다.

☑ 아이가 울도록 내버려둡니까?

아이가 낮잠을 자고 있다고 가정해보자. 평소에는 최소 한 시간 이상 낮잠을 자는데, 오늘은 삼십 분 만에 아이가 깨는 소리가 들린다. 당신은 어떻게 하겠는가.

1) 무시한다 — 앞으로 삼십 분 동안은 당신의 자유 시간이므로 아이는 그냥 아기 침대에 눕혀놓는다.
2) 서둘러 아이에게 달려간다.
3) 몇 분 정도 아이가 칭얼대도록 내버려두고 울음소리에 귀를 기울인다. 다시 잠이 드는가? 아이가 피곤한가? 기저귀를 더럽히는 바람에 깜짝 놀라 잠에서 깼을 가능성은 없는가? 세심하게 체크한다.

올바른 대답은 3번이지만, 대다수 부모들이 원하는 대답은 3번이 아닐 것이다. 부모들은 아이가 우는 것을 싫어한다, 어떤 상황에서도. 그런 부모들에게 나는 이렇게 말하고 싶다. 그것이 과연 균형 잡힌 육아일까?

아이의 일과부터 침대, 잠옷에 이르기까지 아이의 잠을 방해할 수 있는 모든 요인을 살펴보아도 아무런 문제가 없으면, 십중팔구는 부모에게 문제가 있다고 봐야 한다. 젖을 먹이든 공갈 젖꼭지를 물리든 침대에 누운 아이에게 우유병을 물리든 간에, 부모가 아이를 재우기 위해 어떤 형태로든 나쁜 취침 습관에 의존하고 있기 때문이거나, 무슨 일만 생기면 즉시 아이를 보살피는 바람에 아이가 스스로 무언가를 할 수 있을 만한 시간을 주지 않기 때문이다.

나는 앞에 제시한 1번의 경우처럼 부모가 아이를 무시해야 한다고는 생각지 않는다(아이를 무시하라고 권고한다면 내가 얼마나 형편없는 보모겠는가!). ==하지만 아이를 무턱대고 방치하는 것과 울음의 의미를 배울 수 있도록 아이가 어느 정도 울도록 내버려두는 것에는 큰 차이가 있다. 아이의 울음이 고통을 나타내는 것인지, 아니면 잠들기 직전의 피곤함에서 오는 것인지를 구별할 수 있어야 한다.== 물론 쉬운 일이 아니라는 사실은 알고 있지만, 아이가 울도록 내버려두지 않으면 아이의 울음이 무슨 뜻인지 절대 배울 수 없게 된다. 아이가 우는 소리에 반응하기 전에 잠시 멈추고 생각해보자. 아이에게 우유를 주었나? 만약 그렇다면 배고프다는 뜻의 울음은 아니다. 평소에 아이의 식사 시간을 정확하게 지킬수록 판단은 훨씬 쉬워진다. 만약 잘 시간이 되었고 침대에 누운 지 고작 삼십 분 만에 아이가 깨어났다면 이렇게 자문해보자. 아이가 피곤한가? 낮잠은 잘 잤는가? 낮잠 역시 문제가 될 수 있다. 만약 아이가 낮잠을 제대로 자지 못했다면 단순히 피곤하기 때문에 우는 것일 수도 있으며, 이런 경우 아이가 짜증을 풀 수 있도록 해주어야 한다. 어디 아픈 건 아닐까? 신생아라면 배에 가스가 차는 경우가 무척 흔하며, 가스가 차서 불편해하는 아기는 달래주는 편이 좋다. 아이의 울음에 대해 더 많이 배울수록 아이가 가스 때문에 울면 쉽사리 알아차릴 수 있다. 만약 아이가 가스 때문에 불편해서 울고 있다면 얼른 아이를 안아올려 달래주자. (하지만 우유를 주지는 말자! 142쪽 참조.) 너무 막연한 이야기처럼 들릴지 모르지만, 아이의 울음소리에 귀기울이고 자신이 들은 것을 믿는다면 신기할 정도로 확신을 얻을 수 있게 된다.

아이가 잠자리에서 가장 흔하게 터뜨리는 울음의 종류와 그 대처 방법들을 간단히 소개한다.

1. 칭얼대며 피곤해하는 듯한 울음소리 _ 그냥 내버려두자. 아이는 단지 짜증을 해소해야 할 뿐이며 그후에 결국 잠이 들 것이다.

2. 신경질적인 울음소리 _ 특히 어린 아기일 경우 가서 살펴보아야 한다. 그리고 달래주어야 한다. 등을 토닥이고 노래를 불러주고 진정시킨 다음 방을 나가자.

3. 슬픈 울음소리 _ 아이를 안심시켜야 한다. 방으로 가서 아이에게 안정감을 주고, 방을 나가기 전에 지금은 잘 시간이라고 부드러운 말로 상기시킨다.

아이가 고작 일 분 정도 울었다고 해서 아이의 방으로 달려가서는 안 된다. 물론 일 분이 아니라 영원처럼 느껴지겠지만 그 정도로는 울음소리를 배우기에 충분하지 않다. 아이들의 울음소리를 정확히 몇 분 동안 세심하게 들어야 하는지에 대해서는 정해진 공식이 없다. 아이는 오 분과 십 분의 차이를 구별하지 못하기 때문에, 나는 일반적으로 타이머를 사용하여 아이를 언제 확인해야 할지 판단하는 것은 그다지 좋아하지 않는다. 하지만 초보 부모들에게는 타이머가 도움이 될 수 있다고 생각한다. 일 분이 마치 영원히 지속되는 것처럼 느껴진다면, 타이머를 확인하면서 시간이 별로 흐르지 않았으며 아이가 스스로 진정할 만한 시간을 주어야 한다는 점을 다시금 상기하자.

상황이 나아질 때까지 어느 정도는 힘겨운 밤들을 보낼 준비를 하라. 하지만 반드시 나아질 것이고, 온 가족이 푹 잘 수 있게 될 것이다.

아이의 낮잠에 대하여

낮잠을 자는 시간과 장소는 최대한 일정해야 한다. 물론 아이가 낮잠을 잘지 안 잘지 모르는 상황에서 낮잠을 필수로 전제하고 하루 일과를 계획하기가 어려울 때도 있다는 점은 충분히 이해하며, 나 역시 항상 낮잠 일과를 엄격하게 적용하지는 않는다. 하지만 아이가 잠을 잘 자지 못하거나 밤잠 또는 낮잠 시간이 들쭉날쭉하다면, 무슨 수를 써서라도 최소한 3일 정도는 아이의 수면 일과를 일정하게 유지해보자. 만약 그것이 효과를 발휘한다면, 낮잠을 위해 일과에 변화를 주거나 볼일을 포기하는 한이 있더라도 일정한 수면 시간을 유지할 필요가 있다.

일단 아이의 낮잠 빈도가 줄어들기 시작하면 낮잠 시간 대신 휴식 시간을 가져야 한다. 누구나 몸을 편하게 하고 긴장을 풀며 주변을 신경쓰지 않은 채 아무 일도 하지 않을 시간이 필요하고, 엄마 아빠도 예외는 아니다! 이제까지 아이의 낮잠 시간을 달콤하게 즐겨왔는데 더이상 아이가 낮잠을 자지 않는다고 해도 너무 절망하지 마라. 매일 같은 시간대에 아이가 자기 방에서 조용히 볼 수 있도록 책을 꺼내주고, 쉬어야 하는 시간이라고 말해준다. 처음에는 다소 고생할지 모르지만 충분히 그만한 가치가 있는 일이며, 결국 아이와 당신 모두 보다 기운차게 하루를 보낼 수 있을 것이다!

☑ **아이의 수면에 대한 기대치를 확실하게 설정했습니까?**

부모들은 아이가 어린이집에 가서 열 명이 넘는 다른 아이들 사이에서 칭얼거리지 않고 하루에 두 시간씩 꼬박꼬박 낮잠을 잔다는 사실을 끊임없이 신기해한다. 어린이집 선생님들은 어떻게 아이들을 재우는 걸까? 대답은 간단하다. 선생님들은 기대치를 분명하게 설정한다. 어린이집에서 아이들이 각자 다른 시간에 잠든다면 엄청난 혼란이 일어날 것이다. 따라서 낮잠 시간은 절대 조정이 불가능하다. 선생님들은 이러한 기대치를 확실히 밝히고, 아이들 중 열에 아홉은 그에 따른다. (열번째 아이는 비록 낮잠을 자지 않는다 해도, 최소한 조용히 해야 한다는 사실은 알고 있다.) 부모들은 어린이집의 낮잠 시간 운영방식에서 교훈을 얻을 수 있다. 아이가 아무리 어리더라도 취침 시간에 대해 매우 분명한 태도를 취해야 한다. 이렇게 말해보는 것은 어떨까. "책 두 권을 읽어준 다음 불을 끌 거야. 네가 그후에 방에서 나오면 다시 들여보낼 거야. 한밤중에 잠이 깬다면 혼자서 다시 잠을 청해야 해."

영국 부부의 비밀

새벽의 부부싸움을 막기 위해 해야 할 일들
남편과 나는 취침 시간에 대해 어떤 태도를 취할지 미리 계획하는 것이 유용하다는 사실을 알게 되었다. 아들이 잠에서 깨면 어떻게 할지 처음부터 확실히 정해두는 것이 관건이다. 새벽 2시에 아이를 재울 방법을 두고 옥신각신하는 것은 좋지 않으니까!

☑ 수면과 관련된 규칙을 철저히 적용합니까?

기대치를 확실히 설정하고 나면 철저히 지켜라. 책을 두 권 읽어주겠다고 말했으면 두 권만 읽어주자. 세번째나 네번째 책을 읽기 시작하는 순간, 아이의 부탁에 넘어가 물을 한 잔 더 마시도록 허락하는 순간, 방을 나가겠다고 말한 후에 품안으로 파고드는 아이를 안아주는 순간, 당신은 통제력을 잃게 된다. 마음을 굳게 먹고 단호한 태도를 취하며, 아이에게 한 말을 그대로 실천에 옮기자. 아이를 침대에 눕히는 사람이 누구든 관계없이 매일 밤 동일한 일과를 지키도록 하자.

☑ 일관된 태도를 유지합니까?

가장 중요한 것이 일관성이다. 이 점은 아무리 거듭 강조해도 부족하다. 가장 좋지 않은 것은 하루는 아이가 울도록 내버려두고 다음날은 아이를 달래주는 식으로 그날그날 대처방식이 달라지는 경우다. 엇갈리는 반응을 접한 아이는 큰 혼란에 빠질 것이다. 이렇게 되면 문제가 해결되기는커녕 더욱 엉망진창이 되고 만다. 이런 상황은 피해야 한다. 3일 밤 동안은 아이가 울도록 내버려두겠다고 결심하자. 물론 아이도 울고 당신도 속으로 울겠지만, 머지않아 온 가족이 잘 자게 될 것이다. 나는 아이의 방을 완전히 나올 때까지 뒷걸음질치며 조금씩 아이에게서 멀어지는 방식을 그다지 선호하지 않는다. 내가 보기에 그것은 아이의 눈앞에 당근을 흔들어대는 것과 같아서 별로 바람직한 방법처럼 여겨지지 않는다.

☑ 아이의 상태를 파악하고 있습니까?

울음소리를 배우는 것도 아이의 상태를 파악하기 위한 방법이지만, 아이에게 어떤 일이 일어나고 있는지 세심하게 살필 수 있는 다른 방법들도 있다. 당신이 직장에서 유난히 바쁜 한 주를 보냈거나 다른 개인적인 일이 있었고, 아이가 잠을 잘 자지 않는데 도무지 그 이유를 알 수 없다면, 일단 심호흡을 한번 하자. 느긋하게 생각하라. 그리고 아이의 생활과 기분의 리듬을 되돌아보자. 평소 밤에 깨지 않고 잘 자는 아이가 어느 날 잠에서 깨어나 운다면, 무슨 문제가 있다는 사실을 금세 알아챌 수 있다. 이런 상황이라면 나도 아이를 몇 분간 계속 울게 내버려두라고 권하지 않는다. 무슨 일인지 살펴보아야 한다. 아이의 뺨이 상기되어 있고 기저귀 상태가 평소와 다르다면 젖니가 나고 있을지 모른다. 아이의 잇몸과 이를 살펴보면서 혹시 잇몸을 뚫고 나오려는 치아가 있는지 확인하자. 혹은 아이가 아플 수도 있다. 아이가 다정한 보살핌을 필요로 한다면 그렇게 해주자. 약이 필요하다면 약을 먹여라. 아이가 힘든 밤을 보내고 있다면 우유를 제외하고 필요한 것은 무엇이든 준다. 당신이 확고한 기본 방침을 세웠는데도 아이가 그것을 따르지 않는다면, 아이에게 무슨 일이 일어나고 있을 가능성이 높기 때문에 자세히 살펴보아야 한다. (물론 뚜렷한 이유 없이 아이가 일과에서 이탈하는 경우도 있다. 일단 젖니가 나거나 아픈지 살핀 다음 둘 다 아니라면, 그냥 원인 모를 힘든 시기 중 하나를 통과하고 있을 가능성이 크므로 그 시기가 끝나기를 기다릴 수밖에 없다!)

물론 기본 규칙을 바꿀 때의 문제점은 아이가 회복되고 난 후에 취침과 관련된 기대치를 다시 설정해야 한다는 점이다. 젖니나 열, 부모가 휴가로부터 복귀하는 등 어떤 이유 때문이건 규칙이 무너질 때마다 지금까지 가르쳤던 내용을 다시 반복해야 한다. 부모들은 애써 훈육해놓은 것이 한순간에 물거품으로 변하는 광경을 보고 좌절감을 느낀다. 하지만 장담하건대 이런 재교육은 횟수를 거듭할 때마다 점점 쉬워진다. 습관은 불과 하루 만에 형성되기도 하니까.

☑ 아이의 울음소리를 들을 준비가 되었습니까?

지금까지 아이가 울도록 내버려두지 않았고 이제부터 그렇게 할 생각이라면 준비에 만전을 기하자. 최악의 상황은 일단 시작해놓고 끝까지 원칙을 고수하지 못하는 것이다. 일관성이 없으면 전부 다 수포로 돌아가기 때문이다. 나는 항상 부모들에게 아이가 울도록 내버려두는 것이 얼마나 힘든 일인지 강조한다. 아이들을 준비시키는 만큼 부모들도 준비해야 한다. 부모만큼 아이에게 감정적으로 애착을 갖고 있지 않은 보모인 나조차 아이가 우는 소리를 듣는 것은 괴로우니 말이다. 얼마나 힘든 일인지 십분 이해하지만, 아이가 울도록 내버려두어야 하는 그 모든 이유들을 기억한다면 그나마 도움이 될 것이다. 포기하고 싶다는 생각이 들 때는 엄마가 충분한 잠을 자야 하는 이유, 아기가 충분히 잠을 자야 하는 이유가 무엇인지, 그리고 애초에 왜 이 방법을 택했는지 돌아보자. 늦은 밤에 그 이유를 떠올려보면서 궁극적인 목표를 되새기는 것은 그다지 어렵지 않겠지만, 아이가 울었다 그쳤다 하는 소리를 벌써 몇 시간째 듣는 새벽 3시라면 이것이 좀처럼 쉬운 일은 아닐 것이다.

영국 부부의 비밀

아이의 울음을 견디는 법

우리 부부는 취침 훈련을 할 때 아이가 울면 부모님이나 친구들과 전화를 했다. 통화를 하다보면 아이를 달래주지 않고도 버틸 수 있었고, 가족과 친구들로부터 격려의 말도 들을 수 있었다.

> Emma's TIP

실수해도 괜찮아

비교적 신참 보모였을 때 나 역시 아이를 재울 때마다 나름대로 어려움을 겪었다. 아이를 안고 흔들다가 마침내 잠들면 얌전히 침대에 내려놓은 다음 까치발로 살금살금 방을 빠져나가며 제발 다시 깨어나지 않기를 빌었다. 극도로 피곤하면서도 많은 시간을 요하는 일이었으며, 내 손길 없이 아이가 다시 잠들지 못하면 밤새도록 똑같은 과정을 열 번 이상 반복할 수밖에 없었다. 공갈 젖꼭지도 사용해보았다. 분명 기저귀에 똥을 쌌다고 생각하고 아이를 들어올렸다가 울음소리를 완전히 잘못 판단했다는 사실을 깨달은 적도 있다. 한밤중에 우는 아이에게 백기를 들고 일관성 없는 태도를 보이기도 했다.

다행히 오랜 경험과 면밀한 연구를 통해 저술된 수십 권의 취침 관련 서적을 독파한 지금은 더이상 그런 실수를 하지 않는다. 그뿐 아니라 당시의 일들을 되돌아보면서 그 아이들이 고통받았을까봐 걱정하지도 않는다. 아이들은 아무런 문제가 없었다. 사실 그 아이들보다 내가 훨씬 더 힘든 시간을 보냈으니까! 내가 이런 말을 하는 이유는, 만약 당신이 이번 장을 읽기 전에 아이를 다른 방법으로 재우고 있었다 해도, 그 점을 비난하거나 이미 때가 늦었다고 경고하려는 의도는 추호도 없음을 밝히기 위해서다. 아이들은 학습 능력이 뛰어나므로 지금부터라도 충분히 올바른 습관을 익히고 밤에 푹 자도록 도와줄 수 있다. 나쁜 습관은 충분히 고칠 수 있는데다 고작 생후 4개월인 아이에게 잠시 동안 공갈 젖꼭지를 물려주었다고 해서 당신이 나쁜 부모가 되는 것도 아니다. 다만 앞으로도 그럴 생각이었다면 이제라도 공갈 젖꼭지를 치워버리자, 제발. 그리고 숙면을 취하자.

4장

우리 아이는 왜 잘 안 먹을까

언젠가는 먹으리

•

"……배고프면 지가 알아서 밥 먹겠지 뭐. 그냥 혼자 냅둬!"
_주디 블룸, 『별 볼 일 없는 4학년』 중에서 아홉 살짜리 피터 해처가 엄마에게 하는 말

 Checklist

☐ 아이가 밥을 먹기 싫어하면 더이상 권유하지 않습니까?

☐ 아이가 적절한 체중을 유지하고 있습니까?

☐ 아이가 규칙적인 간격으로 식사합니까? 잦은 간식을 피합니까?

☐ 아이가 가만히 앉아서 밥을 먹습니까?

☐ 아이가 식탁에서 예의바르게 행동합니까?

☐ 아이가 먹는 음식에 들어 있는 당분의 양을 제한합니까?

☐ 아이에게 다양한 음식을 제공합니까?

☐ 아이가 음료수로 배를 가득 채우지 못하도록 합니까?

☐ 아이의 접시에서 아이가 '좋아하지 않는' 음식을 치우진 않습니까?

☐ 아이가 자신이 무엇을 먹고 있는지 정확히 알고 있습니까?

☐ 음식과 영양이라는 측면에서 부모가 모범이 되고 있습니까?

☐ 간식의 질과 양을 세심히 살핍니까?

☐ 부모의 기대치가 합리적입니까?

☐ 디저트와 같은 보상을 제공하되 지나치게 자주 주는 것은 피합니까?

☐ 아이에게 선택권을 줍니까?

☐ 정기적으로 새로운 음식을 접하게 합니까?

☐ 아이가 어떤 음식을 처음 먹어보고 좋아하지 않는 경우에도 계속 먹여보려고 노력합니까?

☐ 놀이를 통해 음식을 먹여보려 하지 않습니까?

☐ 아이의 체중에 대한 엄마의 직감을 믿습니까?

내가 영국에서 자랄 때, 식사 시간은 우리 가족의 일상에서 중요한 역할을 담당했다. 우리 남매를 키우는 일은 거의 엄마 혼자의 몫이었고 우리 집은 형편도 넉넉하지 않았다. 그럼에도 불구하고 식사 시간, 특히 저녁 시간은 무척 특별했다. 우리는 셰퍼드 파이shepherd's pie•나 버블 앤드 스퀴크bubble and squeak(감자와 양배추 볶음요리―맛있다!)를 놓고 둘러앉아 그날 있었던 일에 대해 이야기를 나누었다. 식사를 오래 하지는 않았지만 서두르지도 않았다. 일요일에는 우리 할머니도 식사에 합류했으며 더욱 공들인 음식이 나왔다. 예쁜 식탁보 위에 오븐 구이요리가 차려지고, 보통 스포티드 딕spotted dick(말린 과일이 든 케이크)이나 애플 크럼블apple crumble••을 디저트로 먹었다. 우리집 식탁은 결코 화려하지 않았으며 내 어린 시절의 추억 중에서 가장 좋아하는 부분이라고도 할 수 없다. 하지만 그 안에는 매우 중요한 것이 담겨 있었다. 어린 시절의 식탁은 일생에 걸쳐 내가 음식을 대하는 방식에 든든한 밑거름이 되어주었다. 나는 그 식사 시간을 통해 삶의 기반이 되어주는 것들이 무엇인지, 일상적인 절차

• 으깬 감자 안에 다진 고기를 넣어 만든 파이.
•• 사과 위에 반죽을 씌운 뒤 오븐에 구워내는 디저트 요리.

라는 것은 어떤 의미인지 깨닫게 되었다. 내 일생에서 다른 어떤 일이 일어나든 관계없이, 매일 식탁에 앉아 식사한다는 사실은 나에게 엄청난 안도감을 주었다.

그러다가 미국으로 이주한 후, 이곳의 가족이나 보모들이 식사를 전혀 다른 방식으로 취급하는 모습을 보고 깜짝 놀랐다. 내가 아는 대다수 미국 보모들은 아이를 따라 움직이며 밥을 먹인다. 자동차 안에서, 유모차 안에서, 또는 주방 여기저기를 돌아다니면서 밥을 먹인다. 메뉴는 보통 아이가 먹고 싶어하는 것이나 비교적 무난하게 먹을 만한 것(마카로니 앤드 치즈나 프라이드치킨 스트립 등)을 선택했다. 대부분의 음식은 손가락으로 쉽게 집어먹을 수 있는 종류였으며, 아이에게 수저를 사용하도록 권하거나 사용법을 가르치지도 않았다. 나는 그런 모습을 보며 마음이 편치 않았고, 그것이 왜 그리도 신경쓰이는지 의문을 품기 시작했다. 내가 자라면서 배운 식사법이 왜 그렇게 중요했을까? 그리고 왜 미국은 이토록 다른 것일까?

여러 해에 걸쳐 이러한 의문에 대해 많이 생각해본 결과 나는 음식의 역할 변화가 가장 큰 이유 중 하나라고 믿게 되었다. 지나치게 많은 활동들로 바쁘게 돌아가는 우리의 삶 속에서 주연 대접을 받아 마땅한 음식이 조연이 된 것이다. 식사를 함께하는 것이 중요하다는 말은 새삼스러울 것도 없지만, 현대 문화에서는 식사하는 행위 그 자체뿐만 아니라 음식마저도 평가절하되고 있다. 사람들은 음식을 음미하지 않고 그저 먹어치운다. 식사 시간도 사람들과 교류하고 맛있는 음식을 즐기는 법이나 올바른 식탁 예절을 가르칠 기회로 여기기보다는 '연료 보충' 시간쯤으로 간주한다.

 음식에 관한 또다른 문제는 부모들이 음식까지 지나치게 아이들의 취향에 맞추려 한다는 점이다. 내가 최근에 읽은 육아서에는 부모가 먹는 음식을 아이가 먹고 싶어하지 않으면, 아이가 식탁에서 일어나 직접 샌드위치나 다른 간단한 음식을 만들어 먹을 수 있도록 허락해야 한다는 내용이 담겨 있었다. 맙소사, 믿을 수가 없다! 나는 이러한 의견에 전혀 동의하지 않는다. 이러면 아이는 눈앞에 차려진 음식을 먹을 필요가 없다고 생각하게 되는데, 대체 어쩌자는 걸까? 다른 음식을 만들어 먹을 선택권이 있는 아이가 식탁에 차려진 음식을 먹을 리 없다. 또한 이렇게 하면 아이는 다른 가족들이 모두 앉아서 음식을 먹는 동안 식탁에서 일어나 돌아다녀도 된다고 생각하기 마련이다. 또한 설거짓거리도 두 배로 늘어날 가능성이 높다. 때로는 아이에게 무언가를 먹이기 위해 엄마 아빠가 특별한 음식을 준비하거나 심지어 그보다 더한 소동을 벌이는 경우도 있다. 주디 블룸의 유명한 동화책『별 볼 일 없는 4학년』에는 네 살짜리 퍼지가 밥을 먹지 않자 온 가족이 아기에게 음식을 먹이기 위해 갖가지 익살맞은 행동을 하는 장면이 나온다. 형인 피터는 퍼지를 웃겨서 엄마가 아기의 입안에 얼른 음식을 한 수저 넣을 수 있도록 물구나무를 선다. 퍼지의 할머니는 계란이 든 밀크셰이크를 만든다. 퍼지의 엄마는 아이가 밥을 먹기만 한다면 식탁 아래에 앉아서 강아지 흉내를 내도 그냥 내버려둔다. 다소 극단적으로 보이는 이야기들이기는 하지만, 이런 장면들은 그만큼 우리에게 익숙하기 때문에 웃음을 자아내는 것이다.

 이번 장에서 당신에게 전할 반가운 소식이 있다. 첫번째는 아이의 취향에 맞추거나 아이가 요구하는 대로 요리할 필요가 전혀 없다는 점이다. 당신 가정의 부엌은 음식점이 아니므로 아이가 부엌을 마치 음식점처럼 취급하도록 내버려두지 마라! 두번째는 퍼지 가족의 경우처럼 식사 시간이 반드시 전쟁터나 서커스를 방불케 할 필요는 없다는 것이다. 그리고 이 두 가지를 가능하게 하는 지극히 간단한 해결책은 부모가 가끔씩 아이들이 배고프도록 내버려두는 것이다. 아이가 대략 12개월이 되어 우유가 더이상 주요 영양 공급원이 아니게 되는 시점부터는 좀더 자란 아이들과 같은 기대치를 적용해도 좋다. 아이가 밥을 먹기 싫어한다면 억지로 먹이지 마라. 실랑이도 하지 마라. 아이에게 꼭 밥을 먹일 필요는 없다. 하지만 그와 동시에 다른 음식도 주어서는 안 된다. 아이에게 기회를 주고 다음 식사 시간까지 다른 음식은 아무것도 먹을 수 없다고 설명한 다음(비록 다음 식사가 이튿날 아침이라 해도), 그래도 아이가 밥을 먹지 않으면 그것은 어디까지나 아이의 선택이다. 이 규칙은 더 자란 아이들에게도 적용되며, 이 점에서는 유아나 소아 사이에 아무런 차이가 없다.

아이는 다른 모든 사람이 식사를 끝낼 때까지 얌전히 식탁에 앉아 있어야 한다. 이제 아이의 입에 음식을 넣기 위해 엄청난 에너지를 쏟으며 벌이는 지루한 타협, 싸움, 회유는 더이상 없다. 아이는 배가 고플 때 밥을 먹을 것이다. 당신의 임무는 영양가 높은 음식을 제공하고, 가끔씩은 아이가 좋아할 만한 음식으로 식탁을 차리고, 이 상황 전체에 대한 부담감을 덜어버리는 것이다. 지금까지 이러한 방법을 사용하지 않았다 해도 걱정할 것 없다. 아이는 머지않아 주문만 하면 원하는 요리가 나오던 음식점은 문을 닫아버렸으며, 이제는 새로운 규칙에 적응해야 한다는 사실을 이해하게 될 것이다. 그걸로 끝!

☑ 아이가 밥을 먹기 싫어하면 더이상 권유하지 않습니까?

차려놓은 밥을 아이가 먹기 싫어할 때 당신은 어떻게 하는가?

1) 아이에게 눈앞에 있는 음식이 저녁식사이며, 먹기 싫다면 먹지 않아도 된다고 말한다.
2) 아이에게 다른 음식을 만들어준다.
3) 아이와 게임을 하고 한 번 먹을 때마다 보상해주면서 살살 구슬려서 한입씩 먹인다.
4) 아이가 좋아하는 혜택을 빼앗겠다고 협박한다(텔레비전 보는 시간이나 밤에 책 읽어주기 등).

이미 짐작하고 있겠지만 올바른 답은 1번이다. 규칙을 더 엄하게 적용하기 위해 한 발짝 물러선다는 것이 사뭇 이상해 보이겠지만, 음식과 관련해서는 이것이 올바른 태도다. 아이가 반드시 식탁에 앉아서 얌전하게 행동하도록 하되 억지로 밥을 먹이지는 마라. 기대치를 정하고 아이에게 그것을 전하는 다른 모든 상황과 마찬가지로 식사 시간에도 선택과 그에 따른 대가를 보여주어야 한다. 저녁 시간이 되었으므로 앉아서 밥을 먹어야 한다는 기대치를 설정하고, 아이가 밥을 먹지 않는 쪽을 선택하면 다음 식사 시간까지 굶어야 한다고 설명하자.

☑ 아이가 적절한 체중을 유지하고 있습니까?

나는 과체중인 아이를 보면 즉시 조치를 취해야 할 문제가 있다고 판단한다. 소아비만이 점점 더 보편화되고 있다는 사실은 널리 알려져 있다. 실제로 만 5세 이하 아동 가운데 과체중이나 비만에 해당하는 아이들은 4300만 명이나 된다.3 지나치게 자극적인 음식 광고부터 여가 시간 부족, 외식 메뉴에 이르기까지 다양한 요소를 원인으로 지목할 수 있겠지만, 부모는 우선 가장 큰 요인, 즉 음식과 관련된 가족의 습관과 견해를 면밀히 살펴보아야 한다. 비만아들은 살아가면서 자부심과 운동 역량, 몸에 좋은 것을 선택할 수 있는 능력 등 여러 가지 측면에서 불이익을 받을 위험이 있다. 나는 아이들이 다이어트해야 한다고는 생각하지 않지만, 자기 몸에 좋은 것을 선택하는 법은 배우기를 바란다. 다음은 내가 과체중 아이의 부모로부터 가장 자주 듣는 변명들과 그에 대한 내 반응이다.

변명 1. 우리 아이는 정크푸드 외에는 아무것도 먹질 않아요!

말도 안 되는 소리다! 몸에 좋은 음식을 주고 아이들이 먹지 않으면 그냥 먹이지 마라. 지나치게 문제를 복잡하게 만들 필요는 없다.

변명 2. 너무 바빠서 퇴근하고 나면 아이들에게 영양가 높은 음식을 만들어줄 시간이 없어요

워킹맘의 고충은 이해한다. 눈코 뜰 새 없이 바쁘게 가정과 직장을 오가면서 아이에게 건강한 음식까지 해 먹이려면 엄청나게 많은 준비가 필요하다. 나는 지금까지 여러 차례에 걸쳐 부모들이 순교자가 되기를 바라진 않는다는 견해를 분명히 밝혔고, 꼭 손이 많이 가야만 영양가 있는 음식인 것도 아니다. 이번 장 전체에 걸쳐 몇 가지 요령을 소개하겠지만, 내가 가장 선호하는 방법 중 하나는 한꺼번에 음식을 대량으로 만든 다음 일부를 냉동시켜두고 나중에 간단하게 꺼내 먹는 것이다. 볼로네즈 스파게티가 대량으로 조리할 수 있는 음식의 좋은 예다. 또는 시장에서 전기구이 통닭을 사다가 전자레인지에 익힌 브로콜리를 약간 곁들여 내도 좋다.

변명 3. 식비 예산이 한정되어 있기 때문에 보다 몸에 좋은 식재료를 살 수가 없어요

아이의 건강을 위해 꼭 유기농 등심 스테이크를 먹일 필요는 없다. 다진 칠면조 고기, 감자, 냉동 완두콩, 통밀 파스타 등 저렴하면서 몸에 좋은 음식도 얼마든지 있다. 셰퍼드 파이는 내가 가장 좋아하는 경제적인 메뉴 중 하나다. 또는 찬장에 있는 시리얼부터 시작해보자. 설탕이 잔뜩 들어간 시리얼과 설탕이 적게 들어가거나 아예 들어가지 않은 시리얼의 가격은 별 차이가 없다. 제품 설명을 꼼꼼히 읽고 몸에 좋은 식품을 선택하자. 부모가 건강한 음식에 돈을 쓰지 않아서 아이가 과체중이 된다면 어차피 건강보험료나 병원비로 돈이 더 나갈 테니 말이다.

변명 4. 아이를 볼 시간이 거의 없기 때문에 특별한 음식이나 아이가 좋아하는 걸 먹이고 싶어요

아 이런, 부모의 죄책감. 모처럼 아이와 시간을 보내면서 부모의 사랑을 듬뿍 보여주고 싶은 마음은 충분히 이해하지만, 몸에 나쁜 음식을 먹인다면 결국 아이에게 이익은커녕 해를 끼치게 된다는 점을 기억하자.

✅ 아이가 규칙적인 간격으로 식사합니까? 잦은 간식을 피합니까?

나는 엄마들이 아이를 데리고 잠깐 외출할 준비를 하면서 유아용 컵과 간식을 부랴부랴 챙기는 모습을 자주 본다. 왜냐면 아이가 간식을 먹지 않고 한 시간 이상은 절대 버틸 수 없기 때문이란다! 엄마들은 나에게 말한다. "간식을 먹지 않은 채 시간이 너무 지나버리면 엄청나게 짜증을 내는걸요." 혹은 이런 익숙한 상황을 떠올려보자. 동물원에 갔는데 아이가 목이 말라 물을 마시고 싶다고 한다. 당신은 어떻게 하겠는가?

1) 그럴 때를 대비해서 미리 준비해온 정수된 물을 유모차에서 꺼낸다.
2) 서둘러 전시장을 나와서 가장 가까운 식수대로 간다.
3) 다음에 식수대 옆을 지날 때는 꼭 엄마에게 목이 마르다고 미리 말해서 걸음을 멈추고 물을 마실 수 있도록 하자고 아이에게 이른다.

정답은 3번이다. 이것은 아이가 변덕을 부릴 때마다 받아주지 않고서도 아이가 느끼는 감정을 인정해주는 대처방식이다. 미리 철저하게 준비하고 계획하는 것이 나쁘다는 의미가 아니다. 사전에 만반의 준비를 하는 것은 물론 훌륭한 일이다. 하지만 육아에도 어느 정도의 선은 지켜야 한다. 세상의 종말을 앞두고 있는 것도 아닌데 어딜 가든 물병을 들고 다닐 필요는 없다는 뜻이다!

　기본적으로 부모는 아이가 지나치게 배고픈 상태가 되기를 바라지 않는다. 하지만 아이도 음식을 기다릴 수 있고 간식 생각이 날 때마다 매번 먹을 순 없다는 점을 이해할 것이라는 기대 정도는 해도 좋다. ==무조건 아이가 원하는 대로 따르는 것은 무척 피곤한 일인데다 그런다고 더 좋은 부모가 되는 것도 아니다. 오히려 그 반대다!==

　아이의 식사량을 늘리는 일은 아이의 특성과 연령, 부모의 일과에 따라 달라진다. 아이들은 보통 하루에 두 끼는 상당히 많이 먹고(일반적으로 아침과 점심) 나머지 한 끼는 상대적으로 가볍게 먹는다. 부모는 보통 아이의 식습관을 파악하고 있기 마련이므로 아이가 까다롭게 굴거나 진짜 배고프지 않은 경우 금세 알아챌 수 있다. 예를 들어서 내가 가장 최근에 보모로 일한 집에는 18개월짜리 아기와 만 세 살짜리 아이가 있었다. 두 아이는 7시에 아침을, 12시에 점심을 먹었다. 오전 간식은 10시에 주었지만, 간식을 건너뛰더라도 아이들은 점심을 조금 더 많이 먹을 뿐 별 탈 없이 잘 지냈다. 낮잠 후에는 항상 사과 약간과 치즈 한 조각 등 오후 간식을 주었다. 저녁은 5시나 5시 반에 먹였다. 물론 식사 시간은 각 가정마다 달라질 수 있다. 다음의 두 가지만 확실히 지키자.

1. 간식을 지나치게 자주 먹이지 말고, 저녁을 대신할 만큼 양이 많은 간식은 주지 않도록 한다.
2. 아이의 혈당치가 급격하게 떨어지지 않도록 규칙적인 간격으로 음식을 먹인다. 가령 당신이 보통 정오에 점심을 먹는데 어느 날 유독 할

일이 많아서 1시로 점심을 미룬다 해도 그다지 큰 문제는 아닐 것이다. 그러나 아이들은 다르다. 정해진 점심 시간까지 집에 돌아올 수 없는 경우, 간식을 챙기거나 잠시 멈추고 무언가를 먹일 계획을 세우자. 하지만 그렇다고 해서 인간 자판기가 되라는 의미는 절대 아니다!

■ 아기의 수유 시간

앞 장에서 살펴보았듯이, 아기의 식사 시간과 취침 시간 사이에는 밀접한 연관성이 있다. 건강한 아기는 두 시간 반에서 세 시간에 한 번씩 수유를 해야 한다. 그 이유는 다음과 같다.

1. 보챌 때마다 젖을 물리면 아기에게 우유를 간식처럼 먹는 버릇이 생길 수도 있는데, 이는 바람직하지 않다. 젖먹이 아이가 처음 접하게 되는 것은 전유foremilk다. 이 전유도 물론 좋지만, 전유와 함께 후유hindmilk도 먹어야 한다. 전유가 대부분 젖당으로 이루어진 반면 후유에는 젖당과 지방이 포함되어 있다. 아기가 후유를 먹게 되면 배가 덜 고파지는 것은 물론, 사실상 완전식품이라 할 수 있는 음식을 섭취하게 되는 셈이다. 좀더 큰 아이들의 경우도 마찬가지다. 아이가 하루종일 간식을 먹는다면 당신이 정성들여 준비한 저녁밥이 제대로 넘어갈 리 없다.

2. 두 시간 반에서 세 시간마다 규칙적으로 수유한다면 일과를 원활하게 관리할 수 있게 된다. 아이가 완전히 배부를 때까지 먹었다는 점도 확신할 수 있다. 일단 가장 기본적인 틀을 잡아두어야 문제가 생겼을 때 쉽게 파악할 수 있는 법이다. 따라서 규칙적인 수유 일과는 아이의 울음소리를 배우는 데 도움이 된다. 아이가 배고픈지 아닌지 파악할 수 있게 되면 추후 밤에 수유하는 일을

중단할 때도 훨씬 수월해진다.

그렇다면 정확히 어떤 방식으로 아이가 보챌 때마다 젖을 주지 않고 버틸 수 있을까 하는 의문이 생긴다. 여기에는 몇 가지 좋은 방법이 있다. 아기가 우유를 조금 먹은 다음 흥미를 잃거나 그보다 더 흔한 사례로 잠이 든다면, 아이의 옷을 벗기자. 찬 공기 때문에 약간 한기가 든 아기가 잠에서 깨어나 기운을 차리면 우유를 좀더 먹으려고 할 가능성이 크다. 또는 아기의 얼굴을 간질여도 좋다. 내가 즐겨 사용하는 방법은 아이의 얼굴과 몸에 적당히 젖은 수건을 대는 것이다.

만약 아기가 우유에 흥미를 잃은 것이 아니라 충분히 우유를 먹은 지 얼마 되지 않았는데 다시 모유나 젖병을 찾는 것이 문제라면 어떻게 할까? 딱 세 단어로 설명하겠다. 지름길을 선택하지 마라. 아이가 짜증을 내고 칭얼댄다는 이유만으로 진짜 배고플 거라 짐작해서는 안 된다. 아이는 단순히 달래주기를 바라는 것일 수도 있다. 물론 모유나 우유가 아이를 달래기에 가장 쉬운 방법인 것만은 분명하지만 꾹 참자. 아이를 안고 흔들거나 토닥이거나 목욕을 시키고, 3개월 이하의 어린 아기라면 공갈 젖꼭지를 물리자. 만약 낮 시간이라면 산책을 나가서 신선한 공기를 쐬게 하자.

엄마들이여, 당신의 가슴은 고무 젖꼭지가 아니라는 점을 기억하자! 부모들은 아이가 울 때마다 그냥 젖을 물리는 경우가 너무나 많지만, 사실 대부분의 경우 아이가 우는 것은 배에 가스가 찼기 때문이다. 가스 때문에 울고 있다면 배를 문질러주고 작은 팔다리를 이리저리 움직이며 아기의 무릎을 가슴 쪽으로 당겨주자. 모유 수유중이라면 엄마가 먹는 음식을 기록하여 혹시 아이가 반응을 보이는 음식이 있는지 살펴라. 브로콜리, 딸기, 초콜릿이 특히 자주 거론되는 음식들이지만, 음식과 아이의 가스 문제 사이에 확실한 연관성을 찾을 때까지 섣불리 끊을 필요는 없다(특히 초콜릿!). 한 번에 한 가지씩 조절해보고 아이의 가스 문제가 개선되는지 살펴라. 우유를 많이 주면 배앓이를 더욱 악화시킨다는 사실을 기억하자. 악순환이 반복되는 것이다.
나는 부모들이 아이의 식사 시간을 100% 엄격하게 지켜야 한다고는 생각하지 않는다. 평상시 식사 시간보다 십오 분 이르지만 아이가 배고픔을 호소한다면 우유를 먹이는 것이 당연하다! 혹은 외출해야 하는데 평소보다 약간 늦은 시간까지 아이에게 우유를 줄 수 없는 상황이라면 그 점을 감수하는 수밖에 없다. 일정을 족쇄가 아닌 유용한 도구로 생각하자.

☑ 아이가 가만히 앉아서 밥을 먹습니까?

아이가 밥을 먹는 장소는 아이와 음식의 관계, 그리고 식사에 대한 부모의 기대치에 대해 많은 것을 시사해준다. 아이가 자주 자동차 안에서 밥을 먹는가? 우선 나부터 차 안에서 아이에게 밥을 먹여본 적이 있다고 시인하겠다. 특히 비교적 큰 아이들이라면 일과 때문에 도저히 어쩔 수 없는 경우가 있다. 나는 차 안에서 밥 먹는 것이 좋은 습관이라고 생각하지 않는데다 목이 멜 위험성도 있어 꺼리는 편이지만, 예외적인 상황이라면 할 수 없다. 그렇다 해도 차 안에서 밥을 먹는 것은 어디까지나 일상적인 일이 아니라 예외가 되어야 하고, 아이들에게 음식은 단순한 연료 이상의 의미를 지닌다는 점을 가르치자.

나는 아이들이 돌아다니면서 음식 먹는 것을 굉장히 싫어한다. 무엇보다 가장 큰 이유는 예의 없는 행동이기 때문이며, 이에 대해서는 다음 장에서 보다 자세히 설명하겠다. 두번째로는 양탄자나 가구에 온통 음식을 묻히기 때문이다. 세번째로 아이가 목이 멜 우려가 있다. 나와는 사뭇 다른 주장을 펼치는 육아서들도 많다. "무조건 아이가 음식을 먹어야 하므로 방법이나 장소는 문제가 되지 않는다!" 한 육아 전문가는 걸음마하는 아기들이 여기저기 돌아다니며 조금씩 음식을 먹는 것을 얼마나 좋아하는지 설명하기도 했다. 하지만 아기들은 소가 아니다! 체구가 작을 뿐 엄연히 사람이므로 제대로 음식을 섭취하는 방법을 배워야 한다. 물론 돌아다니면서 음식을 먹도록 내버려두면 아마도 아이가 밥을 더 많이 먹을 것이다. 하지만 그와 동시에 아이는 자기 몸의 신호에 귀기울이는 법을 배우지 못하게 된다. 나 역시 텔레비전을 보면서 팝콘 한 봉지를 다 먹어치울 수 있지만, 그렇다고 해서 팝콘을 앉은자리에서 동내는 것이 바람직하다고는 할 수 없다. 이러한 기대치를 설정하는 것은 그다지 어렵지 않다.

또한 어떤 상황에서도 아이가 부모의 무릎 위에서 밥을 먹도록 내버려두어서는 안 된다! 그런 버릇을 들이면 아이는 무릎 위에서만 밥을 먹으려 할 것이다. 아기를 안고 달랠 일은 수도 없이 많겠지만, 식사 시간은 거기에 해당하지 않는다. 자기 의자에 앉아서 밥 먹는 법을 가르침으로써 좋은 습관을 길러주자.

☑ 아이가 식탁에서 예의바르게 행동합니까?

나를 키워준 우리 할머니는 식탁 예절에 대해 나보다 훨씬 더 엄격했다. "똑바로 앉아, 에마." "자세를 바로 해야지. 어깨는 뒤로 하고." 팔꿈치는 항상 식탁 밑으로 내려야 했고, 음식물을 넣은 채 입을 벌리는 것은 절대 용납되지 않았다.

할머니의 이런 가르침은 나에게 지대한 영향을 미쳤다. 나는 입을 다물지 않고 음식을 먹는 친구와는 마주앉아 식사할 수 없으며, 심지어 상대방의 식사법을 도저히 감당하지 못해 남자친구와 헤어진 적도 있었다. 남자친구가 밥 먹는 모습을 보면 나까지 식욕이 떨어졌고, 그 과정에서 그에게 끌리는 마음도 점차 수그러들었다. 걸핏하면 입을 벌리고 음식을 먹는 사람들을 보면 나는 기겁한다. 사람에게는 입술이 있다고. 제발 입 좀 다물어! 잔뜩 씹어놓은 음식 조각이 입안에서 굴러다니는 모습을 보고 싶어하는 사람은 아무도 없다. 이렇게 기본적인 예의조차 배우지 못한 사람들이 있다는 사실이 경악스러울 뿐이다.

식사 시간은 예절 교육을 시작하기에 안성맞춤의 기회다. 예를 들어 18개월밖에 되지 않은 어린 아기에게도 식사 후에는 자기 접시를 치워야 한다고 가르칠 수 있다. 또한 그보다 나이를 더 먹은 아이들은 식탁 위에서 전자기기를 사용해서는 안 된다는 점을 배워야 한다. 핸드폰을 들고 식탁에 앉는 것은 함께 식사하는 사람들과 음식, 그 음식을 준비한 사람에 대한 결례다. 예절에 대해서는 다음 장에서 보다 상세히 다루겠지만, 일단 여기서는 식사 시간에 반드시 지켜야 할 가장 중요한 여덟 가지 예절을 소개한다.

1. 똑바로 앉는다(구부정한 자세 금지!).
2. 다리는 식탁 아래에 얌전히 놓는다.
3. 수저를 사용한다(고작 18개월 된 어린 아기도 수저를 사용한다).
4. 너무 큰 음식 덩어리는 자른다(물론 아이가 어린 경우 부모가 대신 해줄

수 있다).
5. 입을 다물고 음식을 먹는다.
6. 입에 음식물이 있는 상태에서 말하지 않는다.
7. 식탁에서 일어나거나 움직여야 할 때는 "실례하겠습니다"라고 양해를 구한다.
8. 식사가 끝나면 "감사합니다"라고 말한다.

내가 식사 예절에 대해 다소 엄격하다는 점은 백번 인정하지만, 교양 있게 행동하는 것이 그렇게 어려운 일인가? 나는 음식만큼이나 식사를 같이하는 사람들, 식사 시간이라는 일상의 절차를 존중하라는 가르침을 받고 자랐으며 그 점에 대해 항상 감사한 마음을 가지고 있다. 입을 벌리고 음식을 먹느니 차라리 너무 깐깐하게 예절을 따진다며 놀림당하는 편을 택하겠다. 당신의 아이는 어느 쪽으로 평가받기를 바라는가?

물론 그렇다고 해서 내가 〈다운튼 애비Downton Abbey〉●의 배경처럼 예의범절을 지키기 위해 매일 밤 열 개의 식기를 사용해 식사해야 하는 시대로 돌아가자고 말하는 것은 아니다. 그 정도까지 식사 시간을 엄격한 의식으로 여길 필요는 없다. 손님이 방문한 경우가 아니라면 심지어 버터를 따로 덜지 않고 보관용기 그대로 식탁 위에 놓고 먹어도 아무런 문제가 없다고 생각한다. 하지만 그렇다고 해서 텔레비전 앞에 구부정하게 앉아서 녹아내린 치즈를 턱에 늘어뜨리며 식사하는 것이 바람직하다고 할

● 20세기 초 영국 상류층의 이야기를 그린 드라마.

수도 없다. 적절한 균형점을 찾아보자.

☑ 아이가 먹는 음식에 들어 있는 당분의 양을 제한합니까?

아이들이 먹는 음식에 지나치게 많은 설탕이 들어 있다는 사실은 많은 사람이 알고 있겠지만, 부모들은 음식과 아이의 문제행동 사이의 상관관계를 좀처럼 파악하지 못하는 경우가 많다. 내가 아는 어느 구소련 출신의 가족은 밤에 지나치게 늦게 자고 아침에 좀처럼 일어나지 못하는데다 하루종일 말썽을 부리는 아이 때문에 골머리를 앓고 있었다. 아이가 저녁 8시 이후에 홍차를 마셨다는 사실을 지적하자 그 엄마는 웃음을 터뜨렸다. "우리는 러시아 출신인걸요. 설마 차를 마셨다고 잠이 안 오겠어요." 만약 미국인 가족이었다면 아이가 마시는 홍차와 불면증 사이에 관계가 있다는 점을 쉽게 파악했을 것이다. 그러나 미국인들도 그 나름대로 문화적 고정관념을 갖고 있으며, 설탕과 아이의 문제행동 사이의 연관성도 잘 깨닫지 못하는 경우가 많다.

나는 한시도 가만있지 못하는 어린 아들들을 도무지 감당하지 못하던 엄마를 도와준 적이 있다. 그녀는 아이를 진정시키기 위해 온갖 방법들을 동원했지만, 아침에 아이스크림을 먹이는 것에 대해서는 추호의 망설임도 없었다. 설탕이 들어간 시리얼도 과도한 당분 섭취의 보편적인 원흉으로 자주 지목된다. 경험이 풍부한 부모들조차 식품 라벨을 이해하고 좋은 음식이 무엇인지 판단하는 데 어려움을 겪는다.

주스나 인공향료가 첨가된 우유를 먹일 때도 아주 조심해야 한다. 제이미 올리버의 말에 따르면 미국 어린이들이 인공향료가 첨가된 우유를 통해 소비하는 설탕은 1년에 무려 3.63kg에 달한다! 주스와 향이 첨가된 우유는 모두 건강한 음식인 것처럼 선전하지만, 실제로는 설탕이 잔뜩 들어 있는 경우가 대부분이다. 설탕 또는 액상과당이 제품 성분 표시란의 맨 앞에 표시되어 있는가? 그렇다면 구입하지 말거나 최소한 평상시의 식사 대용으로 삼기보다는 특별한 경우에 아이에게 주는 보상으로 사용할 것을 고려하자. 나는 땅콩버터가 건강하고 훌륭한 간식이라고 생각하지만, 땅콩버터 젤리 샌드위치를 만들 때는 젤리의 양에 주의하라고 부모들에게 조언한다. 설탕이 적게 들어간 천연 젤리를 살 수 있으면 더 좋고, 아예 젤리 대신 딸기나 바나나를 으깨서 땅콩버터 샌드위치에 넣으면 더욱 좋다.

나는 지나치게 활동적인 수많은 아이들의 부모와 상담했다. 이 아이들은 행동을 제대로 통제하지 못하고, 가만히 앉아서 숙제를 하거나 밤에 얌전하게 쉬지 못했다. 무척 착한 아이들인데다 부모 역시 최선을 다해 아이들을 키우고 있었는데, 알고 보니 방과후 간식으로 건네주는 주스 한 잔이 문제였다. 아이가 얌전히 앉아서 숙제를 할 수 있을 리가! 우리가 접하고 구입하는 식품에는 설탕이 너무나 보편적으로 사용되고 있기 때문에, 설탕과 아이 행동 사이의 연관성을 미처 깨닫지 못하는 경우가 많다. 나는 최근에 한 달 동안 설탕을 완전히 끊고 먹지 않은 적이 있다. 한 달이 지났을 때 나는 젤리 한 대접을 마치 이승에서의 마지막 식사인 것처럼 마구 욱여넣었다. 그후에는 몸이 좋지 않아서 무척 고생했다. 그날 저녁뿐만 아니라 그다음날 내내. 평소보다 술을 500ml 정도 많이 마신 다음날의 숙취보다도 더욱 끔찍했다. (참고로 말하자면 영국 여성들은 절대 500ml 잔으로 술을 마시지 않고 그 절반 정도 되는 잔만 사용한다. 하물며 그걸로 열두 잔을 마시는 한이 있어도!) 설탕이 어른인 내 몸에 그 정도의 영향을 미친다면 성장하는 어린아이의 몸에는 어떤 영향을 미칠지 상상해보라.

 영국 보모의 비밀

엄격하게, 그러나 까칠하지 않게

설탕 섭취에 대해서는 엄격한 태도를 취하되, 어린 시절의 달콤한 추억을 앗아버릴 정도로 지나치게 까다롭게 굴지는 마라. 예를 들어 아이의 생일에 부모가 타협안이랍시고 컵케이크 반쪽만 놓는 광경을 보면 나는 화가 치밀어오른다. 아이의 생일이라고! 컵케이크 하나 정도는 먹게 해줘야지!

☑ 아이에게 다양한 음식을 제공합니까?

내가 만난 한 가족의 부모는 어린 아들이 바나나와 스트링 치즈, 치킨 너깃 외에는 입에 대지 않는다고 설명했다. 나는 이렇게 되물었다. "그게 무슨 뜻이죠?" 혹시 엄마 아빠도 그런 음식만 먹는 것은 아닌지 걱정되어 부모는 무엇을 먹는지 물어보았다. 평범하게 다양한 음식을 먹는다는 답이 되돌아왔다. 그 대답에 나는 이런 의문을 품을 수밖에 없었다. 도대체 부모가 누구죠? 책임자가 누구냐고요?

아이에게 매끼마다 수박, 스트링 치즈, 치킨 너깃을 먹인다면 아이는 당연히 그런 음식만 찾을 것이다. 아이가 균형 잡힌 식사에 대해 뭘 알겠는가? 그렇게 몇 가지 음식만 편식하면 아이에게 해롭다. 몸에 좋고 영양적으로 균형 잡힌 음식을 제공하는 것은 부모의 몫이다. 일주일에 한두 번 정도 버터가 들어간 파스타나 치킨 너깃을 주는 정도라면 별문제가 되지 않는다. 하지만 '그것만 먹는' 수준이 되면 아이의 식생활 균형이 완전히 깨진 것이다. 아이에게 매일 단백질, 과일, 야채, 곡물을 먹이되 메뉴를 다양하게 준비하자. 앞서 소개한 가정에도 분명 치킨 너깃이 떨어질 때가 있을 텐데, 그때는 대체 어쩔 셈인가!

✔ 아이가 음료수로 배를 가득 채우지 못하도록 합니까?

과일주스와 인공향료를 첨가한 우유에 대해서는 앞서 설명했지만 다시 한번 강조하겠다. 나는 아이들이 마시는 음료는 우유와 물만으로 충분하다고 굳게 믿는다. 물론 아이가 몸이 아프거나, 특히 수분을 충분히 섭취하고 있는지 우려되는 경우에는 주스를 주기도 한다. 하지만 주스는 어디까지나 아이가 아플 때나 특별한 경우에만 허용해야 한다.

　또한 음료를 너무 많이 줘서 액체로 배를 채우지 않도록 주의하자. 식사와 함께 우유나 물 한 잔을 주는 정도는 괜찮다고 생각하지만, 식사를 전부 마칠 때까지는 잔을 다시 채워주지 말자. 어떤 가족은 아이가 좀처럼 밥을 먹지 않는다고 나에게 불평했는데, 나는 그 아이가 식사 시간 전에 우유를 무려 네 잔이나 마신다는 사실을 알아차렸다. 아이가 밥을 제대로 먹을 리 없지! 배가 잔뜩 부르니까!

영국 보모의 비밀

아이와 함께 만드는 홈메이드 주스

나는 주스가 무조건 나쁘다고는 생각하지 않는다. 특히 홈메이드 주스는 영양만점 간식이다! 요즘에는 그다지 비싸지 않은 주스 제조기가 시판되고 있어서 나도 애용하는 편이다! 냉장고를 열고 아이에게 야채와 과일 몇 가지를 고르도록 한 다음 주스기에 넣고 몸에 좋은 음료를 직접 만들자. 아이들이 야채에 친숙해질 뿐만 아니라, 요리할 시간이 없어 시들어가는 야채들을 처리하기에도 기막힌 방법이다.

✅ 아이의 접시에서 아이가 '좋아하지 않는' 음식을 치우진 않습니까?

가끔씩은 아이들이 제 접시에 놓인 음식을 전부 다 좋아하지 않을 수도 있지만, 그래도 참고 먹는 법을 배워야 한다. 부모들은 아이의 접시에서 아이가 싫어하는 음식을 치워버리는 실수를 자주 저지른다. 처음에는 이것이 아주 사소한 요청에서 시작되기 때문이다. 토미가 당근을 싫어하기 때문에, 마카로니 앤드 치즈 옆에 당근이 놓여 있는 것을 별로 내켜하지 않는다고 해보자. 접시에서 그런 음식을 치워버리는 것은 어렵지 않은 일이기 때문에 부모는 흔쾌히 그 부탁을 들어준다. 그러나 토미의 접시에서 자꾸 당근을 치워주다보면, 머지않아 식당에 가서 종업원이 감히 자기 접시에 당근을 올려놓았다며 아이가 한바탕 소동을 부리는 광경을 보게 될 것이다! 아이에게 접시에 무엇이 올라오든 순순히 받아들이는 법을 일찍 가르칠수록 좋다.

마찬가지로 아이가 멜론의 씨를 싫어하는 경우, 멜론은 원래 그런 과일이라고 담담하게 설명해주자. 아이가 결국 먹겠다면 다행이다. 먹기 싫다고 해도 흔들리지 말자. 물론 아이의 입장에서는 대수롭지 않은 부탁처럼 생각될 것이다. 멜론에서 씨를 떼내는 것이 어려워봤자 얼마나 어렵겠는가? 하지만 아이가 음식에 뿌려진 후춧가루를 보고 일일이 걷어내달라고 하기 시작하면 골치가 아파지기 마련이다. 부모는 절대 후추 걷어내는 사람이 아니니까!

✓ 아이가 자신이 무엇을 먹고 있는지 정확히 알고 있습니까?

최근에는 아이를 감쪽같이 속여 건강한 음식을 먹일 수 있는 방법들을 소개하는 요리책이 많다. 시금치를 넣어 쿠키를 만들거나 계란으로 밀크셰이크를 만드는 것이 이에 해당된다. 나는 이렇게 몰래 음식을 먹이는 방법에 동의하지 않는다. 아이들은 어렸을 때부터 브로콜리가 어떻게 생겼는지 완두콩이 어떤 모양인지 살펴보고, 음식을 소중히 여기며, 식재료들이 어디서 나는지 얼마나 중요한지도 깨달아야 한다. 그리고 요리를 만들 때 어떤 재료를 사용했는지도 이해해야 한다. 물론 음식을 만들 때 재미있는 놀이를 접목하는 것은 충분히 가능하다. 나는 시금치를 섞어넣은 녹색 마카로니 앤드 치즈를 즐겨 만든다. 하지만 아이들은 그 안에 시금치가 들어 있다는 사실을 알고 있을뿐더러 냉장고에서 직접 시금치를 꺼내 다른 재료와 섞는 것을 도와주기까지 한다. 샌드위치나 와플 위에 웃는 얼굴을 그리는 것은 유쾌하고 재미있으며 아이들의 흥미를 돋울 수 있는 좋은 방법이다. 단지 아이들에게 자신이 먹는 음식이 무엇인지만 분명히 알려주도록 하자.

✓ 음식과 영양이라는 측면에서 부모가 모범이 되고 있습니까?

부모가 식사를 제대로 하지 않는데 아이에게 올바른 식사 습관을 기대하기는 어렵다. 부모가 식탁에 앉아서 핸드폰 문자메시지를 읽거나 식전에 감자칩으로 배를 채우는 광경을 아이가 본다면 당연히 따라하고 싶은 생각이 들 것이다. 아이에게 주는 음식과 부모가 먹는 음식을 따로 만든다면 아이는 자신도 음식을 선택할 수 있으며 눈앞에 차려진 음식을 꼭 먹을 필요는 없다고 생각하게 된다. 또한 아이와 함께 식사하지 않으면 아이가 부모를 모범으로 삼아 식사 예절을 배울 기회도 사라진다. 물론 매일 저녁 양쪽 부모가 아이와 함께 식사하는 것은 현실적으로 어려울지 모르지만, 아침 점심 저녁 중에서 최소한 하루에 한끼씩은 아이가 어른과 함께 식사해야 한다. 그것이 둘 중 한쪽 부모라도 좋고, 보모나 잠깐 아이를 봐주는 사람이라고 해도 상관없다.

▬▬ 저녁 시간에 벌어지는 소동을 진압하기 위한 에마의 육아 요령

음식 던지기 _ 좀더 일찍 시작되는 경우도 있지만, 아이들은 대체로 생후 12개월 정도부터 음식을 던지기 시작한다. 아이들은 이것이 하나의 놀이라고 생각한다. 그럴 때는 이렇게 해보자.

1. 경고한다. "다시 한번 음식을 던지면 접시를 빼앗아버릴 거야."
2. 아이가 다시 음식을 던지면 경고한 내용을 실행한다. "네가 음식을 던졌기 때문에 접시를 빼앗아가는 거야. 하지만 다른 사람들이 밥을 먹는 동안 너는 거기에 얌전히 앉아 있어야 해."
3. 아이가 진정하고 얌전하게 행동하기 시작하면 다시 음식을 건네준다.
4. 또 음식을 던지면 1단계와 2단계를 반복한다.

식사 시간에 떼쓰기 _ 내가 돌본 대런은 당시 18개월이었고 제이크라는 만 세 살짜리 형이 있었다. 나는 두 아이의 접시에 파스타와 브로콜리, 당근, 돼지고기를 얹어주었다. 대런은 파스타만 먹었고(어디서 많이 보던 광경 아닌가?) 음식을 바닥에 던졌다. 나는 대런에게 다시는 음식을 바닥에 던지지 말라고 이르고, 말을 듣지 않으면 음식을 치워버리겠다고 했다. 대런은 다시 음식을 던졌고 나는 접시를 치워버렸다. 그러자 제이크와 내가 식사를 마칠 때까지 대런이 소리를 질러댔다. 우리가 그냥 대런을 무시하자 아이는 점차 잠잠해졌다. (가끔 울음이 지나치게 심해지면 아이를 의자에서 일으켜 바닥에 내려놓고 잠잠해지는지 살펴보는 것도 나쁘지 않다. 하지만 일반적으로 아이가 식사 시간에는 반드시 식탁에 앉아 있어야 한다는 사실을 이해할 수 있도록 계속 의자에 앉혀두는 것이 좋다.) 식사를 끝낸 다음, 나는 배를 깎아서 제이크와 나눠먹었다. 대런은 마구 떼를 썼다. 자기도 배를 먹고 싶다는 것이었다. 나는 대런에게 아까 음식을 던졌기 때문에 식사는 물론 배도 먹을 수 없다고 설명했다. 제이크는 배를 먹는데 대런은 먹지 못한다는 사실을 굳이 강조하려던 것은 아니었지만 숨길 생각도 없었다. 대런은 충분히 원인과 결과를 배울 수 있는 나이였다. 아이들은 둘 다 저녁식사에 대한 선택권을 가지고 있었다. 제이크는 얌전하게 저녁을 먹었기 때문에 배를 먹을 수 있었다. 대런은 그러지 않았기 때문에 배를 먹지 못했다.

영국 보모의 비밀

아이와 장보기

음식을 준비하는 과정에 최대한 아이를 참여시키자! 아이와 함께 식료품 쇼핑 목록을 만들고 식료품점에 아이를 데려가자. 아이가 어느 정도 자랐다면 목록을 들고 당신이 물건을 찾도록 도와줄 수도 있다. 아이가 먹어보고 싶어하는 색다른 야채나 기타 영양가 높은 식재료가 있는지 살피고, 장바구니에 넣도록 허락한다. 그다음에는 집에서 새로운 음식을 만들 때 아이가 도울 수 있도록 배려하자. 단순히 요리 과정을 일일이 설명해주는 정도에 불과하다고 해도 말이다.

☑ 간식의 질과 양을 세심히 살핍니까?

간식은 아이의 손이 닿지 않는 곳에 보관하자. 만 두 살짜리 아이가 혼자 힘으로 과자가 들어 있는 서랍을 열고 크래커를 꺼낼 수 있어서는 안 된다. 이보다 큰 아이는 보다 쉽게 과자에 손을 댈 수 있을지 모르지만 실제로 꺼내서 먹기 전에 반드시 허락을 받도록 해야 한다.

나는 부모들에게 간식은 최대한 몸에 좋은 것으로 준비하고, 가정에서 사용하는 설탕의 양을 제한하도록 강력히 권고한다. 치즈, 사과, 견과류, 크래커, 땅콩버터, 풋콩, 당근은 모두 좋은 간식이 된다. 튜브형 요구르트를 냉동실에 넣어두면 아이스캔디처럼 먹을 수 있다(다만 설탕 함유량에 주의하자. 설탕 덩어리인 요구르트도 있으니까!). 아니면 딸기에 요구르트를 묻혀서 냉동실에 얼려도 좋다.

☑ 부모의 기대치가 합리적입니까?

아이에 대한 기대치를 높이고 그에 맞는 행동을 하도록 기대하되, 근사한 레스토랑에서 풀코스 식사를 하는 내내 아이가 얌전히 앉아 있기를 기대하지는 마라. 그것은 지나치게 높은 기대치다(심지어 어른에게도 힘든 일이다!). 보다 자유로운 분위기의 식당이라면 어린아이들이 가지고 놀 크레용과 종이를 가져가는 것도 좋다. 또한 만 세 살짜리 아이가 처음부터 스시를 즐기거나 매운 음식을 먹을 수 있을 것이라고도 기대하지 마라. 그러한 음식의 맛을 제대로 알기 위해서는 앞으로 몇 년이라는 시간이 걸릴 수도 있으며, 아이에게 그 이상의 기대를 하는 것은 옳지 않다.

☑ 디저트와 같은 보상을 제공하되 지나치게 자주 주는 것은 피합니까?

"저녁을 먹으면 디저트를 줄게"라는 부모의 말은 정당하지 않은 뇌물이나 다름없다고 생각하는 사람들이 있다. 나는 뇌물은커녕 오히려 건강한 식습관을 가르치는 방법의 하나라고 여긴다. 아이에게 필요한 영양분을 모두 섭취하면 디저트를 먹을 수 있지만, 설탕이 잔뜩 들어간 음식만으로 배를 채우는 것은 좋은 습관이 아니라는 교훈을 주기 때문이다. 대다수 어른들도 그렇지 않은가? 나는 초콜릿을 잔뜩 먹으면 저녁 생각이 사라지고, 나중에 꼭 속이 좋지 않아 고생한다. 그렇기 때문에 나는 (보통) 저녁식사 후에 초콜릿을 먹는다. 디저트가 반드시 초콜릿이나 쿠키일 필요도 없다. 과일도 저녁식사 후에 먹는 디저트로는 더없이 훌륭하니까.

또한 아이는 아이답게 자라도록 하는 것이 중요하다. 당신은 아이가 평범하게 성장하기를 바랄 테고, 그러려면 컵케이크나 다른 군것질거리가 가득 차려진 생일파티에 참석할 일도 생긴다. 아이들은 솜사탕이 어떤 맛인지, 추운 날 마시는 핫초코가 어떤 맛인지 알아야 한다. 열심히 이웃집 문을 두드리며 한 바구니 가득 모아온 핼러윈 사탕을 맛보고 뿌듯함도 느껴보아야 한다. 일상적인 식사가 아닌 특별한 보상으로 취급하는 한, 디저트를 먹이는 건 나쁜 일이 아니다!

☑ 아이에게 선택권을 줍니까?

아이에게 선택권을 준다고 해서 "오늘밤에 브로콜리 먹을래, 아니면 피자 먹을래?"라고 물어보아야 한다는 뜻은 아니다. 하지만 아이들은 자신과 관련된 사안에 어느 정도 결정권을 발휘하고 싶어한다는 중요한 점을 기억하자. 식사도 예외는 아니다. 솔직히 말해서 당신이 아이에게 억지로 음식을 먹일 생각이 아닌 한(물론 나도 이 방법은 권장하지 않는다), 실제로 결정권을 가지고 있는 것은 아이들이다. 아이들에게 선택권을 줄 때 내가 즐겨 사용하는 방법은 다음과 같다.

1. 아이가 음식을 먹지 않으면 접시 위에 있는 음식을 큰 무더기 하나, 작은 무더기 하나 이렇게 두 갈래로 나누자. 아이에게 둘 중 어떤 쪽을 먹을 것인지 물어본다. 십중팔구 아이는 작은 쪽을 선택할 것이다. 아이는 자신이 결정권을 가지고 있다는 생각에 기분좋게 작은 덩어리를 먹을 것이고, 당신은 아이가 작은 무더기의 음식을 말끔히 먹는 모습

을 보고 흐뭇함을 느낄 것이다.

2. 저녁때 어떤 야채를 먹을지 아이가 직접 선택하도록 한다(이때도 선택지는 2~3개로 제한하자).

3. 식사 준비 과정에 아이를 참여시키자. 계량하거나 식재료를 섞어서 젓거나 타이머를 조작하는 일 정도는 아이도 충분히 할 수 있다. 꼭 칼이나 불을 다루지 않아도 주방에는 충분히 할 일이 많으며, 그 과정에서 아이는 결정권을 발휘한다는 기분을 느낀다.

영국 부부의 비밀

꼬마 요리사

우리 아이들이 가장 좋아하는 음식 중 하나는 '직접 재료를 선택해 만들어 먹는 소프트 타코'다. 각자 부드러운 토르티야를 들고 원하는 토핑을 얹는다(검정콩, 체더치즈, 토마토, 구운 양파). '부리토 볼burrito bowl'로 저녁을 먹을 때도 마찬가지다. 우묵한 그릇의 밑바닥에 밥을 깔고 여러 가지 토핑을 선택해서 얹는다.

☑ **정기적으로 새로운 음식을 접하게 합니까?**

아이에게 같은 맛을 여러 번 선보일수록 아이는 그 맛을 선호하게 된다. 나는 설탕에 대한 미국인들의 사랑이 이런 식으로 아주 어렸을 때부터 시작된다고 믿는다. 미국 부모들은 아기들에게 사과 퓨레나 배 퓨레 같은 과일 제품을 처음 먹인 뒤, 몇 년 동안 과일 퓨레를 반복해서 먹인다. 영국에서는 아기에게 혼합 채소를 줘야 한다는 점을 훨씬 더 강조하며, 채소의 종류도 매우 다양하게 준비되어 있다. 정기적으로 새로운 맛을 소개해주면 아이들도 새로운 입맛을 키워가게 된다. 또한 아이에게 새로운 음식을 소개할 때 지나치게 호들갑을 떨 필요도 없다. 아이가 얼마나 비트를 좋아할지 장황하게 늘어놓는다면 아이는 오히려 수상쩍게 여길지도 모른다. 그렇지만 식료품점에서 아이들에게 새로운 채소를 골라보게 하는 것은 나쁘지 않다. 또한 팟타이나 딤섬처럼 다른 문화권의 음식을 먹어봄으로써 아이들의 흥미를 돋우는 것도 좋은 방법이다. 처음 먹어보는 음식을 해당 문화권에 대한 정보와 함께 소개함으로써 아이들이 흥미롭게 즐길 수 있도록 하는 것이다. 진짜 흥미로운 일과 말만 앞세워 구슬리는 것 사이에는 분명한 차이가 있으며 아이들 역시 그것을 감지해낼 수 있다.

☑ 아이가 어떤 음식을 처음 먹어보고 좋아하지 않는 경우에도 계속 먹여보려고 노력합니까?

전문가들은 아이가 어떤 맛을 좋아하는지 아닌지를 판단하려면 최대 12번은 맛을 보아야 한다고 말한다.[4] 어떤 미감은 철저히 후천적인 학습을 통해 길러지므로 쉽게 포기하지 말자. 아이가 특정한 음식, 이를테면 으깬 감자를 먹지 않는다고 해서 나머지 가족들도 으깬 감자를 먹지 않을 필요는 없다. 이러면 아이는 자신이 메뉴 결정권을 가지고 있다고 생각하게 되는데, 이는 결코 바람직하지 않다. 물론 아이가 평생 으깬 감자를 먹지 않을 수도 있지만, 당신이 좋아하는 음식이라면 개의치 말고 계속 요리해서 식탁에 놓아라!

☑ 놀이를 통해 음식을 먹여보려 하지 않습니까?

놀이하면서 아이에게 재미있게 밥을 먹이는 것은 좋은 방법이며 나 역시 "여기 비행기가 간다, 슈우우웅, 입을 크게 벌려!" 하는 식의 놀이는 여러 차례 해본 적이 있다. 하지만 어느 누가 매일 그런 놀이를 할 만큼 에너지가 넘쳐나겠는가? 머지않아 당신은 아이에게 당근을 먹이기 위해 재주넘기를 하거나 완두콩을 먹이기 위해 팔굽혀펴기를 하게 될지도 모른다! 농담처럼 들릴 수도 있겠지만, 실제로 아이에게 밥을 먹이기 위해 수단과 방법을 가리지 않는 부모들이 부지기수다. 단지 밥을 먹이기 위해 야단법석을 부리기보다는 음식 자체에 초점을 맞추자.

☑ 아이의 체중에 대한 엄마의 직감을 믿습니까?

부모들은 아이가 너무 마른 것을 자신의 개인적인 실패로 받아들이는 경향이 있다. 그들은 아이에게 열량을 잔뜩 섭취시키기 위해서라면 무슨 짓이든 할 준비가 되어 있으며, 자녀가 성장발달 도표상에서 어디에 위치하는가를 하나의 도전 과제로 여긴다. 물론 실제로 건강 상태가 나쁘고 저체중인 아이들은 의사나 부모가 충분히 우려할 만하다. 하지만 아이의 성장에 대해서는 통계만 맹신하기보다 당신의 직감을 믿어라. 또래들에 비해 하위 10%, 심지어 0%에 근접해도 상관없다. 누군가는 거기 있어야 한다. 그렇지 않으면 도표라는 것이 존재할 수 없지 않겠는가? 부모가 어렸을 때 작은 편이었다면 그로 인해 아이의 체형도 작을 수 있다. 물론 아이의 체중이 급격하게 떨어진다면 걱정될 수밖에 없다. 하지만 그렇지 않은 경우, 즉 아이가 활발하게 행동하고 잠을 잘 자는데다 더디긴 하지만 몸무게가 꾸준히 늘어나며 다른 모든 측면에서 건강하다면, 오직 성장발달 도표에만 의존해서 아이가 충분한 양의 음식을 먹고 있는지 여부를 판단하지 말자. 그냥 내버려두라. 우리가 "많을수록 더 좋다!"라고 외치는 문화에서 살고 있다는 점을 기억하자. 180ml의 우유만으로도 충분히 배부른 아이에게 300ml의 우유를 먹이고 싶은 충동을 억제하자. 그리고 아기에게 먹이는 모유에 일부 소아과 의사들이 권장하는 것처럼 분유나 단백질 분말을 넣지 말자! 소아과 의사들은 자주 그렇게 권고하지만 나는 이것이 한마디로 말도 안 되는 소리라고 생각한다. 아이가 영양실조가 아닌 이상 엄마의 직감을 믿어라.

Emma's TIP

모쪼록 맛있게 드세요

음식에 대한 나의 생각을 이렇게 공유할 수 있게 되어 무척 기쁘다. 음식에 관해서는 절제를 실천함으로써 부모는 훨씬 편해지고 아이는 보다 건강한 습관을 키울 수 있다. 새로운 습관을 시작하기에 너무 늦은 때란 없다. 아이의 영양과 관련하여 부모가 해야 할 가장 중요한 일은 한 발짝 물러서는 것임을 명심하자. 의학적인 문제가 없는 한 아이들은 정확히 자기가 필요한 만큼 먹기 마련이다. 부모가 몸에 좋은 음식을 다양하게 제공하기만 한다면 아이들은 필요한 영양소를 골고루 섭취할 수 있다. 아이의 식사량을 통제하려는 생각을 버릴 수만 있다면 가족 모두가 즐거운 식사 시간을 누릴 수 있게 될 것이다.

영양 상태가 좋아지고 식사 시간과 식습관이 제대로 자리잡으면 다른 영역에서도 아이의 삶과 행동이 크게 개선되기 마련이다. 우선 충분한 영양이 공급되면 잠도 더욱 잘 잔다. 식사 시간은 부모와 아이가 교감할 수 있는 좋은 기회이며 이 점은 9장에서 자세히 설명하겠다. 또한 저녁 시간은 다음 장에서 다룰 예의범절을 가르칠 절호의 기회이기도 하다. 그러니까 이제 팔꿈치를 식탁에서 내려놓고 예절 교육을 시작해보자.

5장

영국의 꼬마 신사 숙녀는 이렇게 탄생한다
예절 교육은 인간성 교육이다

•

"자신에 대한 존중이 우리의 도덕성을 이끌고,
타인에 대한 경의가 우리의 몸가짐을 다스린다."
_로렌스 스턴

 *Checklist*

☐ 아이가 상대의 말을 가로채지 않습니까?

☐ 아이에게 인내심을 길러줍니까?

☐ 아이에게 배려심을 길러줍니까?

☐ 아이가 예의바르게 부탁합니까?

☐ 아이가 자신의 물건을 얌전히 다룹니까?

☐ 아이가 또래와 함께 있을 때 얌전하게 행동합니까?

☐ 아이가 형제자매를 소중하게 대합니까?

☐ 아이가 웃어른을 존중합니까?

☐ 아이가 부모를 존경합니까?

☐ 아이에게 누가 부모인지를 확실히 주지시킵니까?

☐ 아이가 공공장소에서 얌전히 행동합니까?

☐ 아이가 때와 장소에 맞는 복장을 하고 있습니까?

☐ 아이가 식사 예절을 지킵니까?

☐ 아이에게 공감하는 법을 가르칩니까?

☐ 아이가 자신의 잘못을 이해하고 제대로 사과합니까?

☐ 아이에게 단호하게 예절을 가르치고 있습니까?

☐ 아이가 감사의 마음을 표현합니까?

☐ 아이가 사람을 만나면 바르게 인사하고 헤어질 때는 적절한 작별인사를 합니까(헤어질 때도 인사를 꼭 합니까)?

☐ 부모는 아이에게 모범이 되어줍니까?

☐ 부모는 아이에게 예의를 지킵니까? 아이를 존중하며 이야기합니까?

☐ 아이의 몸을 존중합니까?

☐ 부모는 자신의 물건을 소중히 여깁니까?

☐ 아이에게 적절한 언어를 사용합니까?

☐ 아이의 행동에 관해 현실적인 기대치를 가지고 있습니까?

   최근에 로스앤젤레스에서 주간고속도로 제5호선을 타고 샌프란시스코를 향해 북쪽으로 운전했다. 이 도로는 내가 자주 다니는 길로, 여느 때처럼 나는 사람들이 가장 왼쪽에 있는 1차선을 추월이 아닌 주행차선으로 사용하는 데 잔뜩 짜증이 나 있었다. 그러다가 다행히도 나와 비슷한 운전 습관을 가진 듯한 아우디 운전자의 뒤를 따라가게 되었다. 그 운전자는 속도가 느린 차를 추월할 때마다 차선을 왼쪽으로 바꾼 다음 다시 가운데 차선으로 돌아왔다. 나는 사실상 운전하는 내내 그 차를 따라다녔다. 나는 그 운전자가 틀림없이 영국인일 것이라 생각했고, 마침내 그가 출구로 빠져나갈 때는 살짝 경례를 보내기까지 했다.

   영국 운전자들은 다른 운전자의 속도를 늦추지 않도록 주의한다. 따라서 추월선은 실제로 추월할 때만 사용한다. 영국 운전자라면 추월선을 따라 계속 주행하는 것은 꿈도 꾸지 않을 것이다. 그러나 미국의 운전 에티켓은 다르다. 비록 별다른 피해를 미치지 않는 단순한 습관 차이에 불과한 것처럼 보여도, 이는 양국의 문화에 대한 많은 차이점을 시사한다. 왜 미국 운전자들은 도로를 달리는 다른 운전자를 개의치 않을까? 미국 운전자들은 자신이 주행할 도로를 고수하는 데 너무 혈안이 되어 있기 때문에 매너가 들어설 자리 따위는 없어 보인다. 에스컬레이터도 마찬가지다. 미국 전역의 공항에서는 여행자들이 에스컬레이터의 중간에 떡하니 버티고 서 있기 때문에 아무도 그 옆으로 지나갈 수 없다. 반면 런던에서 지하철을 타면 모든 행인이 플랫폼으로 내려가는 에스컬레이터의 오른편에 선다. 혹여나 지나가려는 사람의 길을 막을까봐 에스컬레이터의 왼편에 서는 것은 꿈도 꾸지 않는다. 줄 서는 방식에서 미국과 영국 사이에 존재하는 거대한 차이에 대해서는 말도 꺼내지 마라! 내 말이 지나치게 들릴지 모르지만, 예의와 관련된 문제에서는 영국인들이 훨씬 더 정도를 지킨다. 미안하지만 그게 사실이다.

내가 기억하는 한 아주 오래전부터 그랬다.

나의 새아버지는 영국 공군경찰Royal Air Force Police 소속이었다. 그래서 나는 영국 군사기지에서 자라났고, 기지에는 보통 영국 공군에서 근무하는 미국인들의 가족이 있었다. 우리 남매는 새로운 마을로 이사할 때마다 기지에 있는 미국인 아이들을 찾아다녔다. 함께 놀면 무척 재미있었기 때문에 우리는 미국 친구들과 어울리는 것을 좋아했다. 미국 아이들은 겁이 없고 반항적이고 산만하며 자신감이 넘쳤다. 근사한 장난감이나 전자기기도 여럿 가지고 있었다. 영국 학생들이 손을 들고 발언할 기회를 얻은 다음 발표한다는 불문율을 따르는 반면, 미국 학생들은 수업 시간에 거침없이 대답을 했다. 아이들은 동경해 마지않지만 부모들은 가장 성가시게 여기는 또래 아이들의 특징을 상징하는 존재가 바로 미국 아이들이었다. 어렸을 때 영국 부모들이 놀이터에서 버릇없이 구는 아이들을 보면서 "쟤네는 미국 애들이잖아"라고 볼멘소리를 하던 기억이 난다.

물론 나는 영국인들이 전 세계에서 가장 예의바른 사람들이라고는 생각지 않는다. 그 영예는 아마도 일본인들에게 돌아가야 할 것이다. 일본의 일부 기차에서는 승무원이 각 객실에 들어갈 때마다 인사하고 나갈 때도 매번 인사를 한다. 모든 객실마다 한 번도 빼놓지 않고! 내가 아이를 봐주는 한 고객 부부는 교토에서 어떤 레스토랑을 찾고 있는데, 경쟁 업소의 지배인이 제자리를 비워둔 채 그 부부를 원하는 레스토랑으로 데려다주는 일까지 있었다고 한다. 일본의 화장실에는 용변 보는 소리가 다른 칸의 사용자에게 민폐를 끼치지 않도록 물 내리는 소리를 내는 장치가 설치되어 있는 것으로 유명하다. 일본인들의 예절에 대한 일화는 헤아릴 수 없이 많다. '도모 아리가토(매우 감사합니다)'는 일본어를 배울 때 가장 중요한 표현이다.

이렇게 노골적인 문화적 고정관념은 이제 접어두자. 미국 아이들이 예의를 지키지 않는 것은 선천적으로 타고난 성향과는 아무런 관련이 없다. 아이들보다는 오히려 부모와 훨씬 더 관련이 깊다. 부모들이 점점 기대치를 낮추고 있는 것이다. 미국 부모들은 더이상 아이들이 예의바르게 행동하길 기대하거나 가르치지 않는다.

내가 어렸을 때 할머니와 엄마는 항상 나의 말과 행동을 고쳐주었다. 단순히 "부탁합니다"나 "감사합니다"라는 말을 하도록 이르는 데 그치지 않았다. 밥 먹을 때는 입을 다물도록 지시하고 "실례합니다"라는 말을 가르쳐주었다. 어르신에게는 자리를 양보하거나 아예 노약자석에 앉지 말도록 가르쳤다. 우리 엄마는 다양한 상황에서 어떻게 행동해야 하는지 설명해주었고 신의, 가치와 전통, 책임과 의무를 배우게 했다. 경제적인 면이 아니라 인생 전반에 걸쳐 내가 성공할 수 있도록 도와준 셈이다. 나는 올바른 선택을 하고 어려운 문제가 발생해도 끝까지 밀어붙이며, 사람들과 소통하고 좋은 인간 관계를 맺거나 유지하는 데 필요한 역량을 기를 수 있었다. 이러한 능력은 타고나는 것이 아니라 학습하는 것이며 아이에게 이를 가르치는 것이 부모의 역할이다.

아일랜드 출신 보모 로렌은 나와 오랫동안 친구로 지냈다. 나는 최근에 보스턴에서 로렌과 로렌이 맡고 있는 아이들을 만났다. 내가 그들을 처음 만난 것은 아이들이 굉장히 어릴 때였다. 그 아이들 중 한 명인 열세 살짜리 롤라가 집에 돌아와서는 나와 로렌이 부엌에 앉아 있는 모습을 보았다. "저 왔어요! 응? 에마도 있네. 안녕하세요!" 롤라는 소리지르며 위층으로 뛰어올라갔다. 로렌은 그런 행동을 절대 용납하지 않았다. "롤라, 다시 내려와." 롤라는 순순히 계단을 내려왔다. "이리로 와서 에마에게 제대로 인사하렴. 오래전부터 에마와 알고 지냈는데 꽤 오랜만에 만났잖니." 롤라는 내 맞은편에 앉아서 그동안 어떻게 지냈느냐고 물어보았다. 몇 분간 이야기를 나눈 뒤, 롤라는 자리에서 일어나 위층에 있는 자기 방으로 올라갔다.

내가 아는 대다수 부모와 보모들은 제 방으로 달려가면서 고함치듯 인사하는 열세 살짜리 아이에 대해 예사롭게 생각할 것이다. "열세 살인데요, 그 나이 때 다들 그러잖아요"라고 대수롭지 않게 여기거나, 오히려 아무 말도 안 하고 뚱하게 위층으로 올라가는 대신 발랄하게 인사했다는 사실에 기뻐할지도 모른다. 그러나 이것은 기대치가 너무나도 낮은 것이다. 나는 예절에 관한 것만은 다시 기대치를 올려야 한다고 믿는다. 이 점에 대해 내가 이렇게 확신하는 이유는 예절이 구시대적인 개념이나 과거에 묻어두어야 하는 관습이 아니기 때문이다. 예절은 인간의 기본이다. 사실 예절은 전적으로 존중에서 우러나온다.

무례한 아이는 장난감이나 친구, 형제자매, 혹은 최악의 경우에는 부모까지도 존중하지 않는다. 아이 때문에 고민하는 가족과 상담할 때, 나는 아이가 자기 주변의 세상을 어떻게 대하는지 주의깊게 살핀다. 세상이 본인 중심으로 돌아간다고 생각하는가? 예를 들어 나는 세 살짜리 아들을 둔 엄마를 상담한 적이 있다. 그녀는 유치원 선생님이었고 훈육법이나 아이에게 자주 발생하는 문제들을 잘 파악하고 있었다. 하지만 아들이 어찌나 말썽을 부리는지 도무지 다른 아이들과 노는 자리에 데리고 갈 수가 없었다. 아들은 다른 아이들에게 공격적인 태도를 보였고 장난감을 던졌다. 체크리스트를 살펴보니 그 아이의 문제가 전부 타인을 존중하는 마음이 부족한 데서 기인한다는 사실을 쉽게 파악할 수 있었다. 엄마에 대한 존중, 친구에 대한 존중, 장난감에 대한 존중, 자기 몸에 대한 존중이 결여되어 있었던 것이다. 이것은 엄마가 그런 상황에 무디어지기 전에 바로 해결해야 하는 문제였다. 어떤 부모들은 아이들이 버릇없이 구는 데 익숙해져 있겠지만, 나는 그것이 아이의 인생 전반에 파급 효과를 미칠 수 있는 매우 심각한 문제라고 생각한다. 아이가 부모를 존중하지 않는다면 도대체 누구를 어떻게 존중하겠는가?

오늘날의 부모들은 아이가 좋은 학교에 진학하고 적절한 과외활동에 참여할 수 있도록 최선을 다하지만, 사실 가장 우선순위에 두어야 할 것은 바람직한 도덕심과 가치관을 갖추고 타인을 존중할 줄 아는 아이로 키우는 것이다. 그러나 가장 우선순위에 있어야 할 이 항목에 확인 표시가 빠져 있다. 요즘 아이들은 축구나 피아노는 배워도 "실례합니다"나 "감사합니다"라고 말하는 법은 배우지 않으며, 누가 자신에게 말을 걸어도 상대방의 눈을 똑바로 바라보지 않고, 연장자에게 자리를 양보하지도 않으며, 식사중에 음식물이 보이지 않게 입을 다물고 씹거나 모든 사람이 식탁에 앉을 때까지 기다리지도 않는다. 부모가 아이들을 잘못 가르친 것이다. 오늘날의 부모들은 아이들에게 주위 사람을 존중하는 법을 가르치지 않고, 이것은 다른 수많은 문제를 야기한다. 예의와 존중은 면접을 보고 일자리를 얻을 수 있는지 여부에서 배우자를 잘 대우하는지 여부에 이르기까지 아이가 미래에 겪을 모든 일에 영향을 미친다. 그렇기 때문에 체크리스트의 이 항목을 반드시 짚고 넘어가야 한다.

☑ 아이가 상대의 말을 가로채지 않습니까?

말을 가로채지 않는 아이는 없지만, 나는 부모가 그 상황을 어떻게 처리하는지 면밀히 살핀다. 대화에 끼어들기 전에는 "실례합니다"라는 말을 해야 한다고 아이에게 가르치자. 그러고는 바로 이렇게 받아주자. "'실례합니다'라고 먼저 말해줘서 고마워. 그런데 엄마가 아직 이야기하고 있잖니. 잠시 기다리면 이야기가 끝나자마자 네 이야기를 들어줄게." 이 간단한 응답은 아이에게 자신이 세상의 중심이 아니라는 사실을 일깨워준다. 그다음 아이의 차례가 되면 항상 잊지 말고 이렇게 말해주자. "참을성 있게 기다려줘서 너무 고마워. 뭐가 궁금했니?"

☑ 아이에게 인내심을 길러줍니까?

이전 체크리스트에서도 살펴보았듯이 예의와 인내심은 불가분의 관계다. 다음 몇 가지 질문을 통해 당신이 과연 아이가 참을성을 기르도록 도와주고 있는지 가늠해보자.

1) 아이가 우유 한 잔을 달라고 하면, 하던 일에서 손을 떼고 즉시 우유를 건네줍니까?
2) 통화를 하던 중 아이가 무언가를 원하면 대화를 잠시 중단하고 가져다줍니까?
3) 운전중 다소 복잡한 도로를 지나는데, 아이가 라디오를 틀어달라고 소리지르면 전원 스위치에 손을 뻗습니까?
4) 다른 아이가 가지고 노는 장난감 자동차에 아이가 눈독을 들일 때, 아이에게 자기 차례를 기다려야 한다고 가르칩니까, 아니면 다른 장난감 자동차를 찾아줍니까?
5) 다른 사람들이 아직 식사중인데 아이가 식탁에서 일어나고 싶어하면 허락합니까?

이 질문들 중 어느 하나라도 솔직하게 "예"라고 답했다면, 비슷한 상황에 처했을 때 이제 대응 방법을 바꿔보자. 무언가를 원할 때마다 항상 손에 넣을 수 있는 것은 아니라는 사실을 아이에게 보여주자. 그런 교훈을 주기에 너무 늦은 시기란 없다. 예외가 되는 경우는 딱 한 가지다. 만약 아이에게 배변 훈련을 시키는 중이고 아이가 화장실에 가고 싶다고 말한다면, 하던 일을 모두 중단하고 최대한 빨리 화장실로 데려가자. 이 경우를 제외하면 아이가 원하는 것을 손에 넣기까지 기다리게 하면서 인내심이라는 소중한 덕목을 배울 수 있도록 도와주자.

✅ 아이에게 배려심을 길러줍니까?

너그러움과 관련해서는 사소한 행동이 큰 의미를 갖는다. 아이와 아이 친구를 놀이터에 데려갔는데 아이가 감자칩 한 봉지를 먹고 있다면 친구와 나눠먹도록 타일러라. 엄마의 손님이 찾아오거나 아이의 친구가 집에 놀러오면, 아이가 직접 방문객에게 먹을 것이나 음료를 권하는 습관을 들이도록 도와주자. 이것은 예의바른 태도를 기르기 위한 훌륭한 연습이 된다. 아이가 어려움을 겪는 사람에게 손을 내밀도록 격려하되, 그와 동시에 손을 내밀어도 안전한 경우와 그렇지 않은 경우를 올바르게 판단할 수 있도록 가르치자. 아이가 좀더 크면 유모차를 계단 아래로 운반하는 엄마를 도와줄 수도 있다. 배려심 있는 어린아이는 다른 아기가 젖꼭지나 담요를 떨어뜨리면 대신 주워주기도 한다. 아주 작은 행동에 불과하지만 이런 것들이 차곡차곡 쌓이면 이 세상을 움직이는 거대하고 중요한 힘이 된다.

✅ 아이가 예의바르게 부탁합니까?

"부탁합니다"라고 정확하게 말할 수 있게 되는 시점부터는 아이가 반드시 그 말을 사용하도록 가르친다. 사실 아기들이 말을 배우기 전에 사용하는 손짓 발짓을 통해 보다 일찍부터 그런 버릇을 길러줄 수도 있다. "부탁합니다"는 짧은 한마디 말에 불과하지만 예절의 기반을 닦아주는 역할을 한다. 아이가 "~하고 싶어"라는 말을 자주 하는가? 그렇다면 이렇게 대답해주자. "'~하고 싶어'는 안 통해. 그 대신 '~해도 될까요'나 '~를 부탁해요'라고 말하렴." '~가 필요해'라고 말하는 경우도 마찬가지다. "'필요하다'고 말하면 안 돼. '~했으면 좋겠다'고 말해야지." 나는 아이가 어른에게 무언가를 반말로 요구하는 모습은 절대 그냥 보아넘기지 못하며, 이는 무척 무례한 행동이라고 생각한다.

 영국 보모의 비밀

예의바른 다과회 놀이

역할 놀이는 예절을 가르치는 데 매우 효과적인 방법이다. 내가 가장 좋아하는 것 중 하나는 전통적인 다과회 놀이다. 진짜 음식을 준비하고 차를 끓여도 좋고, 장난감 찻잔 세트를 늘어놓아도 상관없다. 옷을 차려입고(남자아이들도 분명 흥미를 가질 것이다. 내 말을 믿어라!) 지나치다 싶을 정도로 정중한 말투를 사용해 보자. "사랑하는 우리 아드님(따님), 지금 차 한잔을 마시고 싶군요! 오, 너무나 감사합니다!" "빵에 발라먹을 버터 한 조각을 부탁드리고 싶은데 너무 번거로우실까요? 어머나, 감사합니다. 정말 맛있네요!"

✅ 아이가 자신의 물건을 얌전히 다룹니까?

이런 상황을 가정해보자. 아이가 어린이집에서 돌아와 외투를 벗은 다음 아무데나 던져둔다. 당신은 어떻게 할 것인가?

1) 외투를 집어서 옷걸이에 건다. 평소라면 아이에게 직접 옷을 걸라고 시키겠지만 아이가 방금 집에 와서 숨을 돌리고 있기 때문이다.
2) 아이에게 다른 일을 하기 전에 먼저 옷을 집어서 적절한 장소에 놓으라고 말한다.
3) 외투를 바닥에 그대로 내버려둔다. 아이가 나중에 옷을 정리하면 되니까.

올바른 답은 2번이다. 그냥 당신이 옷을 집어서 정리하거나 아이가 스스로 할 때까지 기다리는 편이 더 간단할지 모르지만, 보다 장기적인 관점에서 바라볼 필요가 있다. 자신의 물건과 집을 소중히 여기고 부모를 존경하는 것에 대해 아이에게 어떤 가치관을 심어주고 싶은지 생각해보자. 이것은 단순히 외투를 거느냐 마느냐의 문제가 아니라 존중의 문제다.

보다 어린 아이들의 경우에도 원칙은 같다. 앞서 등장했던 세 살짜리 아이처럼 물건을 마구 던지며 고삐 풀린 망아지처럼 행동하는 아이가 있다면, 자기가 하고 싶은 행동 이외에는 다른 어떤 것도 존중하는 법을 아직 배우지 못한 아이라고 할 수 있다. 아이에게 물건을 소중히 여겨야 한다고 가르치자. 일부 영유아들에게 좋은 학습 효과를 거둘 수 있는 것이 바로 커버가 따로 있는 책이다. 아동도서에 커버가 달린 경우 어차피 금세 찢어질 것이 뻔하기 때문에 바로 빼버리는 부모가 많다. 하지만 나는 이것이 그리 좋은 선택이라고 생각하지 않는다. 만약 아이가 커버가 씌워진 책을 볼 수 있을 정도의 나이라면, 아이에게 너뿐만 아니라 다른 사람들도 오랫동안 재미있게 읽을 수 있도록 책을 보호하기 위해 커버가 있는 것이라고 설명해준다. 책을 얌전히 다루고 책장이나 커버를 찢지 않도록 조심해야 한다고 일러두자. 만약 그랬는데도 아이가 바로 커버를 찢어버린다면 아직 그 점을 충분히 이해할 준비가 되지 않은 것이다. 찢어진 커버를 치운 후 시간이 조금 지난 다음에 다시 시도해보자.

아이에게 물건을 소중하게 여기는 법을 가르치면 소유 의식과 책임감을 갖게 된다. 내가 아는 여덟 살짜리 아이는 가족과 함께 스키 여행을 갔다가 그만 렌터카 안에 스키복을 두고 내렸다. 꽤 고가의 스키복이어서 부모는 바로 새것을 마련해주는 대신 아이에게 '너는 스키복이 없기 때문에 다음에 가족들이 하루종일 스키를 타러 갈 때 따라갈 수 없다'고 말했다. 그 부모는 스키복을 챙기는 것이 아이의 책임이라는 점을 분명히 밝힌 것이다. 어른과 마찬가지로 아이들도 가끔씩 물건을 잃어버리기 마련이지만, 이 여덟 살짜리 아이가 마침내 새로운 스키복을 손에 넣게 되었을 때는 전보다 더 소중히 다루지 않았을까? 두말하면 잔소리다. 정반대의 사례로 노트북을 잃어버린 열두 살짜리 아이의 이야기를 소개해보겠다. 부모는 아이가 잃어버린 자신의 노트북을 미처 아쉬워하기도 전에 새 노트북을 마련해주었다. 마치 잃어버린 물건이 아무것도 아닌 양 부모가 바로 새 물건을 가져다주면, 아이는 소유한 물건들을 당연하게 여겨도 된다는 생각을 갖는다. 이 아이는 감사하는 마음을 갖거나 소유물을 더 소중히 다루는 법을 절대 배우지 못할 것이다.

☑ 아이가 또래와 함께 있을 때 얌전하게 행동합니까?

아이가 다른 아이들에게 고약하게 굴 때, 특히 때리거나 발로 차거나 무는 경우 언뜻 보고서 아이에게 공격성 문제가 있다고 진단하기 쉽다. 하지만 나는 아이가 다음을 깨닫게 하는 것이 더 중요하다고 생각한다.

1. 나는 세상의 중심이 아니다.
2. 다른 사람들도 상처를 받을 수 있는 신체와 감정을 지니고 있다.
3. 다른 사람들을 존중해야 한다.

아이가 때리고 발로 차는 행위를 단순히 아이의 공격성이 드러난 것으로만 생각한다면 핵심을 제대로 파악하지 못하고 있는 것이다. 공격성에 대한 조치만 취할 경우 아이가 신체적인 충동을 다스리는 법은 배우게 될지 몰라도, 왜 그런 충동을 다스려야 하는지 그 기저에 자리잡은 중요한 가치는 배울 수 없기 때문이다.

아이들은 장난감을 친구와 같이 가지고 노는 것이 예의바른 행동이며 친구가 집에 놀러올 경우 반드시 장난감을 공유해야 한다는 사실을 배워야 한다. 나는 항상 아이에게 친구와 같이 가지고 놀기 싫은 장난감을 하나 골라서 친구가 놀러오기 전에 벽장에 넣어두도록 허락한다. 하지만 나머지 장난감들은 같이 가지고 놀아야 한다. 아이는 친구에게 "우리집에 놀러와줘서 고마워"라고 말해야 하고, 반대로 친구 집에 놀러갈 경우에는 자신을 반갑게 맞아주고 장난감을 공유해준 친구에게 "고마워"라고 인사해야 한다.

아이에게 예의나 타인을 존중하는 마음이 부족한지 쉽게 파악할 수 있는 또다른 장소는 놀이터이다. 아이가 그네 탈 차례를 기다려야 할 때 화를 내는가? 장난감을 공유하는 것과 마찬가지로 차례를 기다리는 일은 예의와 관련하여 매우 중요한 행동이자 아이가 가장 먼저 배워야 할 덕목 중 하나이다. 놀이터가 마치 전쟁터를 방불케 한다면 이를 무시하거나 아이의 예의 없는 행동을 방치하지 말자. 충분한 시간을 들여 다른 아이들과 함께 놀이터에서 노는 법을 가르치고, 만약 버릇없게 군다면 즉시 놀이터에서 데리고 나오자.

☑ 아이가 형제자매를 소중하게 대합니까?

형제자매끼리는 가끔씩 싸우기 마련이며, 나는 대부분의 경우 아이들이 알아서 문제를 해결하도록 내버려두는 쪽을 옹호한다. 부모가 항상 심판 노릇을 하지 않아도 아이들 스스로 갈등을 해결하는 방법을 배워야만 하기 때문이다. 하지만 부득이하게 개입하는 경우도 있는데, 아이들 중 한 명이 아직 상당히 어려서 보호가 필요하거나 서로 욕하거나 그중 한 명이 무례한 말투를 사용하거나 신체적인 폭력이 일어날 때다. 이런 경우가 아니더라도 아이에게 항상 모든 가족 구성원을 존중하도록 일러야 한다. 아이들에게 각자의 공간과 몸을 소중히 여기는 법을 보여주고, 나머지는 형제자매끼리 알아서 해결하도록 내버려두자.

☑ 아이가 웃어른을 존중합니까?

내가 어린 시절을 보낸 1980년대와 1990년대의 영국에서는 어른이라면 마땅히 어떤 아이라도 꾸짖을 수 있었다. 선생님부터 친구의 부모님, 가게 주인까지 누구든 아이에게 훈계할 수 있었다. 그 결과 나는 어른은 권위를 가지고 있으며 존경해야 할 존재라는 생각을 갖게 되었다. 우리 엄마가 옆에 있든 없든 내 행동에 책임을 져야 한다는 의식이 있었던 것이다. 오늘날에는 미국과 영국 모두 개인주의 문화가 팽배해 있다. 아이가 공공장소에서 하는 행동도 어디까지나 아이 부모의 소관으로 생각한다. 나는 이것이 나쁜 경향이라고 단정할 수는 없지만, 그로 인해 몇 가지 부정적인 결과가 초래된다고 믿는다. 아이들이 어른들을 제대로 존중하지 않게 된 것이다.

과거 일부 영국 가정에서는 어른과 아이의 위계를 지나치게 엄격히 구분했고, 개인적으로 아이라고 해서 무조건 무시하는 것은 옳지 않다고 생각한다. 하지만 최근에 일부 아이들이 버스 운전사, 가게 주인, 선생님에게 경악스러울 정도로 무례한 말투를 사용하는 모습을 보면 분명 절충점을 찾아야 한다는 생각이 든다. 나는 아이들이 어른을 항상 '선생님' 등의 극존칭으로 불러야 한다고 생각할 만큼 구식은 아니지만, 만약 어른이 자기 자신을 "나는 스노 선생님이야" 하고 소개한다면 아이도 그에 맞게 선생님이라고 부르는 것이 옳다고 생각한다. 의사도 '아무개 의사 선생님'이라고 불러야 한다. 마찬가지로 자리가 하나밖에 없다면 어른이 먼저 그 자리에 앉아야 한다. 아이에게 필요한 것이 다른 모든 사람에게 필요한 것보다 우선시되는 오늘날, 어른에게 자리를 양보하도록 아이를 가르칠 수 있다면 그야말로 제대로 아이를 기르고 있다는 증거다.

영국 부부의 비밀

동화로 예절 교육하기

나는 동화책을 활용해서 아이들에게 예절을 가르친다. 그러면 내가 일일이 잔소리할 필요가 없기 때문이다! 『시골 토끼와 작은 황금 신발The Country Bunny and the Little Gold Shoes』은 아기 토끼들에게 집안일을 시키고 엄마를 위해 의자를 당겨주도록 가르치는 엄마 토끼 이야기다. 엄마 토끼는 이렇게 아기 토끼들을 가르쳐서 '현명하다'는 평가를 받고 부활절 토끼로 뽑힌다.

☑ 아이가 부모를 존경합니까?

내가 아는 한 소아과 의사는 부모와 함께 병원에 온 아이들이 자기 앞에서 "엄마, 시끄럽다고!" 같은 말을 아무렇지도 않게 하는 광경을 보고 분노하는 경우가 많다! 그러면 아이 엄마는 당황한 표정으로 의사를 바라보면서 어깨를 으쓱할 뿐이다. 그런 꼴을 그냥 보아넘기지 못하는 그 의사는 부모에게 아이를 다시 제대로 통제할 수 있도록 도와주기를 바라느냐고 묻는다. 엄마 아빠가 동의하면 우선 아이에게 부모를 존경하는 법부터 가르치라고 조언한다. 만약 네 살짜리 아이가 엄마에게 그런 식으로 말한다면 분명 문제가 있는 것이고, 그 문제는 아이가 자랄수록 더욱 심각해지기 마련이다. 아이가 부모는 물론 연장자나 어느 누구에게도 그런 식으로 말해서는 안 된다. 잠깐이라도 그런 언행은 용납하지 않도록 하자.

유머가 넘치는 배우 티나 페이는 딸을 위해 이렇게 기도한다고 한다. "언젠가 우리 딸이 화를 내며 옷가게 앞에서 저에게 못된 욕을 한다면, 주여, 제발 저에게 딸의 친구들이 보는 앞에서 아이를 질질 끌고 택시에 태울 수 있는 힘을 주소서. 저는 그런 싸가지 없는 행동은 절대 눈뜨고 볼 수 없기 때문입니다. 절대 안 되지요."5

티나를 본받아 절대 그런 싸가지 없는 행동을 용납하지 않겠다고 다짐하자('싸가지'가 고상한 표현은 아니지만 이 경우는 바람직한 언어 규범의 예외가 되어야 한다—199쪽 참조). 10대 청소년 자녀를 끌고 택시에 태우든 친구와 놀던 어린아이를 집으로 데려오든 간에, 무례한 행동을 하면 그만한 대가를 치러야 한다는 점을 아이에게 분명히 보여주자. 무례함을 용납하지 않는다는 것은 그만큼 아이에 대한 기대치를 높이는 일이다.

✅ 아이에게 누가 부모인지를 확실히 주지시킵니까?

이 질문은 바로 전의 질문과 상당히 밀접하게 연관되어 있다. 만약 당신이 항상 아이에게 친근하고 허물없이 대하려고 노력한다면, 아이는 당신에게 "시끄러워"라고 말할 것이다. 당신이 부모이며 권위 있는 존재라는 점을 아이에게 분명히 주지시키지 않았기 때문이다. 그렇다고 해서 당신이 아이에게 상냥한 친구, 현명한 조언자, 재미있는 놀이 상대가 될 수 없다는 의미는 아니다. 하지만 당신은 언제까지나, 항상, 부모다. 아이들이 항상 부모를 좋아하진 않을지도 모르지만, 그래도 상관없다. 사실 아이가 항상 부모를 좋아한다면 오히려 당신이 뭔가 상당히 잘못하고 있는 것이다. 내 말을 믿어도 좋다!

하루는 두 가족이 내 친구 홀리의 집에 저녁 초대를 받았다. 그중 한 가족에는 아홉 살짜리 남자아이가 있었는데, 그 아이는 음식이 나오자 짓궂은 장난을 쳤다. 소년의 아빠는 바로 옆에 앉아 있었고, 아이의 장난에 대해 어떤 태도를 취할지 선택할 수 있었다. 그런데 그 아빠는 따끔하게 아이의 무례한 행동을 고쳐주기는커녕 웃음을 터뜨렸다. 이는 권위 있는 존재보다는 아이와 허물없는 친구가 되고 싶어하는 아빠의 대표적인 사례. 이 경우 뭔가 변화가 일어나기 전까지는 아들이 아버지를 존경하지 않을 것이다. 이렇게 부모와 아이의 관계가 모호해지도록 내버려두어서는 안 된다. 아이들이 부모에게 잘 보이려고 해야지, 그 반대여서는 안 된다.

☑ 아이가 공공장소에서 얌전히 행동합니까?

나와 비슷한 시기에 영국에서 자란 아이들은 음식점이나 마트에 갈 때, 혹은 친구네 집에 저녁을 먹으러 갈 때도 항상 부모님과 함께였다. 우리는 예의바르게 행동할 수 있는 아이들로 여겨졌던 것이다. 부모님이 우리가 얌전하게 행동할 것이라 기대하고 있었기에 어떻게 행동해야 하는지도 잘 알고 있었다. 당신은 볼일을 보거나 저녁을 먹으러 갈 때 아이가 말썽을 부릴까봐 데려가기를 주저하는가? 아이를 데리고 외출하는 데 부담을 느낀다면 그 이유가 무엇인지 자세히 살펴볼 필요가 있다.

대부분의 아이들이 가끔씩 공공장소에서 떼를 쓰기 때문에 만약 당신의 아이가 이따금 말썽을 부린다 해도 그것만으로 무례하다고 단정짓기는 힘들다. 이런 질문을 한번 던져보자. 대체로 아이가 식당에서 얌전하게 앉아 있으며 부모가 자신에게 기대하는 행동방식을 이해하고 있는가? 아이가 식당에서 수저로 테이블을 두드리며 박자를 타고 시끄럽게 떠드는 것을 허용하는가? 아이가 주변에서 식사하는 다른 사람들을 의식하는가, 아니면 세상이 자신만을 중심으로 돈다고 생각하는가?

공공장소에서 말썽 부리는 성향을 고치기가 특히 까다로운 이유는 부모가 무슨 수를 써서라도 그러한 일을 사전에 방지하려고 하기 때문이다. 아이도 이 점을 잘 알고 있다. 만약 아이가 초콜릿 푸딩을 먹고 싶다면 식당에 갈 때까지 기다렸다가 푸딩을 사달라고 조를 것이다. 식당에 있다면 아이가 혹시 말썽이라도 피울까봐 부모가 푸딩을 먹으라고 허락할 가능성이 높다는 사실을 아이도 알고 있는 것이다. 아이가 떼쓰는 것을 두려워한 나머지 마음먹은 대로 훈육하지 못해서는 안 된다. 이 점에 대해서는 7장에서 보다 자세히 설명하겠지만, 여기서 핵심은 사람들 앞에서 망신당하는 것에 대한 두려움을 잠시 제쳐두고, 아무도 보지 않는 곳에 있는 것처럼 아이의 행동을 다스려야 한다는 점이다. 다른 부모들은 아이에 대한 단호한 태도를 보고 당신을 존중하게 될 것이고, 만약 그렇지 않다면 그 부모들도 문제에 일조하는 것이나 다름없다. 우리는 다른 부모들을 응원하고 도와주어야지 자신의 잣대를 들이대며 평가해서는 안 된다. 마트에서 아이가 떼를 쓸까봐 어쩔 수 없이 사탕을 물려주는 사람보다는 아이가 떼쓰도록 내버려두는 사람이 훨씬 좋은 부모다.

☑ 아이가 때와 장소에 맞는 복장을 하고 있습니까?

취업 면접을 보거나 근사한 파티에 참석해본 적이 있는 사람이라면 누구나 이해하겠지만 복장은 중요한 요소다. 나는 옷에 관해서는 아이들의 의견을 전적으로 존중하는 편이고, 외출할 때 아이가 직접 옷을 고르겠다고 하거나 물방울무늬와 체크무늬, 줄무늬 옷을 한꺼번에 같이 입겠다고 해도 전혀 개의치 않는다. 하지만 아이를 데리고 고급 레스토랑에 가야 할 경우에는 머리를 빗기고 깔끔한 옷을 입힌다. 아이가 원치 않는다면 굳이 양말과 치마의 색깔까지 맞출 필요는 없겠지만, 최소한 때와 장소에 맞는 차림을 해야 한다. 방문하는 장소의 규칙과 관행을 존중해야 하는 것이다. 나는 안전이나 상대에 대한 존중에 문제되는 행동이 아닌 한 아이에게 되도록 많은 재량권을 주는 것이 좋다고 생각하며, 실제로도 상당 부분 아이의 자율성을 존중한다. 하지만 예의와 규범을 중시해야 하는 부분도 분명 존재하며 때와 장소에 맞는 복장을 갖추는 것도 그중 하나다.

 영국 보모의 비밀

내성적인 아이를 위한 사회성 교육

내성적인 아이들은 어른들이 인사하며 말을 걸어올 때 어른의 눈을 똑바로 보면서 인사하기 어려워한다. 아이의 타고난 성격을 이해하고 존중하되, 그와 동시에 주변 사람들과 올바르게 상호작용하기 위해 필요한 자신감과 역량을 기를 수 있도록 도와주자. 아이가 원하지 않는다면 다른 사람들과 포옹이나 키스, 하이파이브까지는 하지 않아도 되지만, 일단 말할 수 있게 되면서부터는 누군가 말을 걸어오면 반드시 인사해야 한다. 부모가 바라는 대로 인사할 수 있게 되기까지는 여러 차례의 연습과 가르침이 필요할지도 모르지만 절대 포기하지 말자. 다른 사람들에게 예의바르게 인사한다고 해서 꼭 떠들썩하게 어울릴 필요는 없으며, 원한다면 타고난 성격대로 조용하게 지내도 된다는 사실을 아이에게 보여주자.

☑ 아이가 식사 예절을 지킵니까?

식사 예절에 대해서는 4장에서 다루었지만, 상당히 중요하면서도 많은 것을 함축하고 있는 몇몇 이야기들은 아직 소개하지 않았다. 어린 시절 우리 할머니가 저녁을 먹으러 왔을 때, 식사 후 어른들이 담소를 나누는 동안 아이들은 절대 식탁에서 일어설 수 없었다. (내가 요즘 느끼는 또하나의 불만거리다. 미국 아이들은 밥을 너무 빨리 먹고는 잽싸게 식탁에서 일어나 아이패드나 게임기를 가지고 놀거나, 설상가상으로 식탁에 아이패드를 들고 오기도 한다!) 지루했던 나는 버터로 요리한 완두콩을 조금 더 먹어야겠다고 생각하고 서빙용 큰 접시에 포크를 찔러넣었다. 그 순간 할머니가 내 손을 찰싹 때렸는데 하필이면 서빙용 스푼을 치는 바람에 완두콩이 사방으로 날아가고 말았다. 우리 가족은 모두 배꼽을 잡고 웃었지만 나는 할머니가 의도한 바를 알아차렸다. 개인용 포크로 서빙용 접시에 있는 음식을 먹는 것은 무례하고 용납할 수 없는 행동이라는 뜻이었다.

또 한번은 우리 남매가 저녁 식탁에서 버릇없이 굴자 엄마는 우리를 밖으로 내보내고는 테라스에 있는 정원용 식탁에서 밥을 먹게 했다. "너희가 동물처럼 버릇없이 행동할 생각이라면 밥도 밖에서 먹으렴." 엄마의 말이었다. 물론 아이가 말을 잘 듣지 않는다고 해서 밖으로 쫓아내라는 뜻은 아니지만, 그때 우리 엄마는 충분히 짚어볼 가치가 있는 문제를 제기했다. 당신의 아이는 어린 왕족처럼 행동하는가, 아니면 동물처럼 행동하는가? 아이들이 부모와 음식, 음식을 준비하기 위한 부모의 수고를 존중하는 태도를 보이는가? 식사 시간은 예절의 중요성을 가르치기 위한 절호의 기회이므로 절대 흘려넘기지 말자.

☑ 아이에게 공감하는 법을 가르칩니까?

아이가 다른 사람에게도 감정이 있다는 사실을 이해하게 하는 것은 타인에 대한 존중을 가르치는 중요한 디딤돌이 된다. 공감하는 법을 가르치는 최선의 방법은 어렸을 때부터 감정에 대한 이야기를 나누는 것이다. 대부분의 전문가들은 아이가 만 네 살이 될 때까지 공감능력이 발달하지 않는다고 하지만, 나는 심지어 만 두 살밖에 되지 않은 아이들도 울고 있는 다른 아이를 보고 다가가 안아주는 모습을 보아왔다.

어린아이들에게 책을 읽어줄 때는 이렇게 말해보자. "이 원숭이는 슬퍼 보이네, 그렇지? 불쌍한 원숭이! 네가 보기에는 엄마가 보고 싶어서 슬퍼하는 것 같니?" 또는 실제 상황에서 이렇게 말해보는 것은 어떨까. "톰이 슬퍼하네. 왜 슬퍼한다고 생각하니? 우리가 어떻게 하면 톰의 기분이 나아질까? 괜찮은지 물어볼까, 아니면 안아주는 게 좋을까?" 아이가 좀더 크면 친척들이 다 같이 모였을 때를 회상하면서 선물상자를 여는 할머니의 표정을 재현해보도록 시킨다. 우스꽝스럽고 과장될수록 더 좋다! 만 두 살에서 네 살 정도의 아이들이라면 이 놀이를 통해 감정을 나타내는 단어를 복습하고 감정과 관련된 표정을 익힐 수 있다. 이보다 약간 더 큰 아이들이라면 타인의 감정을 이해한다는 것에 대해 간단한 대화를 나눠볼 수 있다.

아이들에게 이런 질문을 던져보자. "할머니는 기분이 어떤 것 같니? 할머니에게 선물을 준 사람은 기분이 어떤 것 같아? 사랑하는 가족들이 그렇게 행복해하는 모습을 보면 너희는 어떤 기분이 드니? 다음에 선물 교환을 하게 되면 다른 가족들을 행복하게 해주기 위해 어떻게 할 생각이니?"

내 친구 제시카와 그녀의 남편은 최근에 다섯 살짜리 딸과 함께 슬픈 영화를 보았다. 영화를 보던 딸은 이렇게 말했다. "슬픈 얼굴을 보니까 저까지 슬퍼요. 왜 그런지 잘 모르겠어요." 제시카는 눈물을 글썽거리며 이렇게 대답했다. "그걸 공감이라고 하는 거란다." 제시카는 이것을 자신의 육아 인생에서 가장 자랑스러운 순간 중 하나로 꼽는다.

☑ 아이가 자신의 잘못을 이해하고 제대로 사과합니까?

예의와 존중에 대해 이야기하면서 "죄송합니다"라는 사과말을 언급하지 않을 수 없다. 아이가 버릇없게 행동하고 다른 아이를 때린다면 당연히 사과해야 한다. 그러나 사과만큼이나 중요한 것은 반드시 아이가 왜 미안한지, 자기가 어떻게 다른 사람에게 부정적인 영향을 미쳤는지 이해해야 한다는 점이다. 이렇게 말해보자. "네가 에릭을 때렸을 때 에릭의 기분이 어땠을까? ……맞아, 좋지 않았겠지. 그리고 너 때문에 많이 아팠을 거야. 그걸 생각하면 네 기분은 어때?" 이러한 대화는 단순히 기계적인 반성이 아닌 진심 어린 사과를 할 수 있는 기반을 닦아준다.

✅ 아이에게 단호하게 예절을 가르치고 있습니까?

퀴즈를 하나 내보겠다. 상황은 이렇다. 당신이 가장 친한 친구의 생일파티에 참석한 아이를 데리러 갔다. 아이는 엄마를 보자마자 친구의 가족에게 작별인사나 심지어 "감사합니다"라는 말도 하지 않고 달려나왔다. 당신이라면 어떻게 하겠는가?

1) 아이는 내버려두고 아이를 대신해서 그 집 부모와 생일을 맞은 아이에게 감사인사를 한다. 아이는 신이 난데다 단것을 잔뜩 먹어서 흥분한 상태이기 때문에 제대로 인사할 리가 없다.

2) 아이에게 고함을 질러서 작별인사를 하도록 이르고, 아이가 팔을 들어서 휘휘 저으면 인사한 것으로 친다.

3) 아이에게 다시 안으로 들어오도록 지시하고(아이를 따라 달려나가서 끌고 오는 한이 있더라도) 초대해준 가족에게 제대로 감사의 뜻을 전하고 작별인사를 하도록 시킨다.

올바른 대답은 물론 3번이다. 만약 당신이 1번이나 2번으로 답했다 해도 절망할 필요는 없다. ==누구나 예의를 제대로 지키지 못할 때가 있기 마련이며 예의범절을 철저히 교육하기에 너무 늦은 시기란 없다.==

예절 교육이 지루한 것은 사실이다. 어쩌면 아이가 올바른 방식으로 무언가를 부탁하지 않았을 때 "다시 말해봐"라거나 "이런, 중요한 말을 깜박 잊지 않았니?"라고 골백번 반복해야 할지도 모른다. 아이들에게 '마법의 단어'를 사용하도록 수시로 일깨워주고 "부탁합니다"라는 말과 함께 공손히 요청할 때까지는 아이가 원하는 것을 건네주지 마라. 외식을 하거나 다른 사람의 집에 저녁을 먹으러 가기 전에는 아이에게 어떤 예절을 기대하는지 다시 한번 확인하자. 아이들에게 음식이 마음에 들지 않더라도 나쁜 이야기를 해서는 안 된다고 미리 일러둔다. 또 아이가 네 살 이상이라면 별로 먹고 싶은 생각이 없더라도 차려진 음식을 몇 입 정도는 먹도록 가르치는 것이 좋다. 그리고 초대해준 사람에게 반드시 감사하다는 말을 해야 한다. 외출을 마친 후에는 실제로 예의바르게 행동했기 때문에 아이가 자랑스럽다는 말을 해준다.

내 친구 중 하나는 네 살짜리 딸아이 때문에 상당히 당황스러운 일을 겪은 적이 있다. 크리스마스 무렵 삼촌이 아이에게 책을 선물로 주었다. 아이는 선물 포장을 풀더니 울기 시작했다. 아이가 기대하던 책이 아니었고 마음에 들지도 않았기 때문에 그토록 떠들썩하게 불편한 심기를 표한 것이다. 몹시 당황한 내 친구는 아이를 데리고 방을 나갔다. 단둘이 있게 되자 엄마는 아이에게 네가 보인 행동은 옳지 않으며 너의 예의 없는 행동 때문에 삼촌이 상처를 받았다고 조용히 설명해주었다. "네가 다른 사람을 위해 정성 들여 선물을 골라서 주었는데, 상대방이 너처럼 반응하면 기분이 어떻겠니?" 아이는 한동안 골을 냈지만, 결국 다시 큰방으로 돌아와 삼촌에게 선물에 대한 감사인사를 했다. 그다음날 아이는 갑자기 이런 말을 했다. "엄마, 어제는 그런 말을 하면 안 된다는 걸 몰라서 그 책이 마음에 안 든다고 말했을 뿐이야." 결국 이 경험은 아이의 성격 형성과 발달에 매우 중요한 역할을 하게 되었다. 물론 선물을 받기 전에 그런 대화를 주고받았다면 더할 나위 없었겠지만, 다행히 적절한 기회를 잡아 엄마와 딸 모두 좋은 교훈을 얻을 수 있었다.

☑ 아이가 감사의 마음을 표현합니까?

"감사합니다"라고 말하고 감사카드를 보내는 것은 예의를 지키는 데 필수적인 요소다. 아이와 함께 재미있는 놀이를 하듯 감사를 표하는 법을 익혀보자. 아이가 아주 어리다면 당신이 감사카드를 적은 다음 아이가 장식을 해도 좋다. 서너 살 정도라면 아이가 제 이름 정도는 적을 수 있다. 그보다 더 큰 아이라면 옆에서 약간만 거들어주어도 혼자서 감사카드를 쓸 수 있다. 카드가 아니라 그냥 전화로 간단히 "감사합니다"라는 뜻만 전하는 한이 있어도 반드시 감사의 마음을 표시하는 일을 빼먹지 않도록 체크하여 아이에게 감사의 기분을 느끼고 표현하는 것이 얼마나 중요한지 보여준다. 단지 선물이나 파티를 재미있게 즐겼기 때문에 감사하는 것이 아니라 주변 사람들과 삶에서 경험하는 여러 가지 좋은 일에 대한 감사라는 점을 강조하자. 감사하는 마음을 갖게 되면 자신이 누리는 것들을 당연하게 여기지 않게 된다. 만사가 자기 덕분이라고 생각하지 않는 한 감사하는 마음을 가질 수밖에 없는 것이다.

 영국 보모의 비밀

감사상자

아이와 함께 생일파티에서 선물을 열어보는 흉내를 내는 게임을 해보자. 아이가 선물상자를 열 때마다 잠깐 동작을 멈추고 선물을 준 사람과 눈을 맞춘 다음, 감사를 표하는 연습을 할 수 있도록 도와주자.

감사카드 작성하는 일도 부담스럽게 여길 필요 없다. 마분지와 펜, 풀, 반짝이 등이 들어 있는 상자를 하나 만들고 '감사상자'라는 이름을 붙이자. 감사카드를 쓸 시간이 되면 아이가 신나서 그 상자를 꺼내올 것이다. 아이와 함께 책상에 앉아서 함께 감사카드를 쓰면서 그 과정에서 아이와 교감하는 시간을 보낸다. 단순히 "선물 주셔서 감사합니다"보다는 "레고가 너무 마음에 들어서 매일 아침마다 가지고 놀아요"가 훨씬 진심이 담긴 표현처럼 보이므로 감사카드는 최대한 구체적으로 작성하도록 지도하자. 하지만 정직함에 대해 잘못된 생각을 심어 줄 수 있기 때문에 감사하는 마음을 지나치게 과장하지는 않도록 가르쳐야 한다. 만약 별로 마음에 들지 않는 선물을 받았을 경우에는 이렇게 감사카드를 쓰면 된다. "레고를 주셔서 고맙습니다. 일부러 챙겨주셔서 무척 감사하고 직접 뵈어서 즐거웠습니다."

 영국 부부의 비밀

뽀뽀 카드

우리 아들은 감사카드 작성용 문구용품을 가지고 있어서 선물을 받을 때마다 감사카드를 보낸다. 아직 15개월밖에 되지 않았기 때문에 당연히 카드는 내가 쓰지만, 보내기 전에 아이가 카드에 뽀뽀한 다음 나와 함께 감사의 문장을 읽어본다.

✅ 아이가 사람을 만나면 바르게 인사하고 헤어질 때는 적절한 작별인사를 합니까(헤어질 때도 인사를 꼭 합니까)?

나와 함께 일했던 한 셰프는 "안녕히 계세요"라는 인사를 하지 않고 퇴근하는 직원들 때문에 항상 짜증을 냈다. 불만 사항은 이러했다. "하루 일과가 끝나면 도대체 누가 퇴근했는지 안 했는지 알 수가 없기 때문에 음식이 얼마나 필요한지 알 도리가 없어요." 유럽에서 자신의 습관이나 행동이 타인에게 미치는 영향을 훨씬 더 많이 의식하는 동료들과 함께 일하는 데 익숙해져 있던 그 셰프는 한마디 말도 없이 왔다가 가버리는 미국인 동료들 때문에 미쳐버릴 지경이었다.

아이들은 부모를 보고 배우며 자란다. 의외로 많은 어른들이 앞서 소개한 로렌이 돌보는 아이 롤라처럼 무례하게 행동한다. 사람을 만나거나 헤어질 때 그냥 간단히 "안녕"이라는 인사만 던지거나 심지어 아예 아무 인사조차 하지 않는 사람도 적지 않다. 나는 진심이 담긴 "안녕하세요"와 "안녕히 계세요"는 짧지만 강력한 힘을 가진 표현이라고 생각한다. 악수도 마찬가지다. 아이들이 어느 정도 크면(대략 만 네 살 정도) 어른들과 악수하는 법을 가르치되, 자신감 있게 상대방의 눈을 똑바로 바라보면서 힘차게 손을 쥐는 법을 배우도록 신경쓰자. 내가 면접을 본 취업 희망자들 중에는 만났을 때 내 눈을 똑바로 보지 않거나 악수를 피하는 사람들이 있었다. 자신감 결핍을 나타내는 이 작은 신호들은 이력서나 질문에 대한 대답만큼이나 그들에 대한 나의 평가에 상당한 영향을 미쳤다. 어쩌면 진짜 문제는 자신감이 아닐지도 모른다. 어쩌면 그들은 다른 행동방식을 아예 배운 적이 없을지도 모른다. 그러나 나는 그것을 자신감 문제로 받아들였으며, 취업 면접이 대개 그렇듯이 면접에서 가장 중요한 것은 면접관에게 주는 인상이다. 물론 당신의 여섯 살짜리 아이가 금세 취업 면접을 볼 리는 없겠지만, 이러한 습관은 일찍부터 형성된다는 점을 기억하자.

☑ 부모는 아이에게 모범이 되어줍니까?

나는 상냥한 말투를 사용하지 않고 서로 소리지르거나 비난하며, "부탁해"나 "고마워"라는 말 한마디 없이 서로에게 명령하듯 말하는 부모들을 자주 본다. 누구나 가끔씩 힘든 날은 있기 마련이고 화가 치밀거나 컨디션이 좋지 않을 때도 분명 있을 것이다. 그러나 부모가 전반적으로 주변 사람들을 예의바르게 대하지 않는다면 아이 역시 예의를 몸에 익힐 수 없다. 부모가 카페의 바리스타나 자동차 전용 창구에서 주문을 받는 직원에게 무례한 태도를 취할 경우, 아이가 타인을 대하는 올바른 방식이나 예의바르게 행동하고 이야기하는 법을 배울 수 있을 리 없다. 아이들은 모든 것을 모방하며, 의식적으로든 아니든 부모가 투영하는 이미지를 그대로 반영하기 마련이다.

이 항목에 확인 표시를 하고 자신은 항상 흠잡을 데 없는 행동을 한다며 자화자찬하기 전에, 내가 자주 목격해온 어른들의 무례한 행동들을 짚고 넘어가보자.

1) 통화중에 누군가가 당신을 위해 문을 열어준다면 통화를 잠시 중단하고 "감사합니다"라고 인사하는가?

2) 계산대에서 통화를 하는가? 일부 카페나 매장에는 손님에게 계산대 앞에서는 통화를 하지 않도록 당부하는 안내문이 붙어 있다. 나는 이것이 기본적인 예의를 잘 일깨워주는 안내문이라고 생각한다.

3) 배우자나 다른 사람이 당신에게 무언가를 말하면 귀기울여 듣고 있음을 보여주기 위해 상대방의 눈을 바라보는가?

4) 저녁 식탁에서 전자기기를 만지작거리거나 점심을 먹는 도중에 핸드폰을 확인하는가?

5) 운전중에 누군가가 당신의 차를 앞에 끼워주는 경우 감사하다는 표시로 손을 흔드는가? 운전할 때 다른 운전자에게 양보를 해주는가?

6) 습관처럼 "실례합니다"와 "감사합니다"라는 말을 하는가?

7) 입을 다물고 음식을 씹는가?

8) 입안에 음식물을 담고 이야기하는가?

9) 다른 사람들에게 공손한 말투로 이야기하는가?

10) 다른 사람들이 들어갈 수 있도록 문을 잡아주는가?

11) 초대를 받으면 참석 여부를 바로 통보하는가?

12) 다른 사람의 말을 가로막지는 않는가?

13) 다른 사람들을 위해 엘리베이터 문이 닫히지 않도록 열림 버튼을 누르고 있는가?

14) 동석한 사람이 주문한 음식이 다 나올 때까지 식사하지 않고 기다리는가?

당신이 완벽하게 예의를 차리지 못한다 해도 너무 걱정할 필요는 없다. 그렇다고 해서 내가 당신을 무슨 괴물처럼 생각하는 것은 아니니까! (주간 고속도로 제5호선에서 계속 1차선으로 달리지 않는 한 말이다. 그런 운전자들 때문에 정말 미쳐버릴 지경이다!) 깨달음이 반이나 다름없다. 지금부터라도 부족한 점을 확인하고 고쳐나가도록 노력해보자.

☑ 부모는 아이에게 예의를 지킵니까? 아이를 존중하며 이야기합니까?

잠시 생각해보자. 아이를 식탁으로 부를 때 뭐라고 말하는가? "식탁으로 와주지 않을래?"라고 말하는가, 아니면 "당장 식탁으로 와!"라고 말하는가? 아이의 손이 닿는 곳에 있는 물건을 건네달라고 부탁할 때 "미안하지만 그 가방 좀 이리 건네줄래?"라고 하는가, 아니면 "그 가방 줘" 또는 "거기 그 가방 내놔"라고 했는가? 아이가 접시에 음식을 남겼을 때 아무 말 없이 그냥 포크를 뻗어서 남은 음식을 대신 처리했는가, 아니면 먼저 아이에게 먹어도 되는지 물어보았는가? 예의를 갖춰 아이를 대할수록 아이는 부모의 예의바른 행동을 따라하게 된다. 너무나 간단한 이치가 아닌가.

☑ 아이의 몸을 존중합니까?

이 점에 대해서는 2장에서 간략하게 언급했지만, 아주 어린 아이들의 경우 몸을 존중한다는 것은 아이를 안아올릴 때 어떻게 할지를 미리 알려준다는 의미다. 아이가 좀더 크면 이렇게 물어본다. "엄마가 꺼안아줘도 될까?" "안아올릴 텐데 괜찮니?" 만약 아이가 "싫어요"라고 말한다면 아이의 뜻을 존중해야 한다. 아이는 자신에게 어느 정도 통제권이 있다고 느낄 수 있어야 하며, 부모가 안아줄지 여부도 본인이 결정할 수 있어야 한다. 형제자매가 있는 경우 서로에 대해서도 똑같은 태도를 취하도록 가르치는 것이 매우 중요하다.

내가 맡았던 한 가족의 예를 들어 가정에서 흔히 발생하는 상황을 소개해보겠다. 네 살짜리 언니 케리는 어린 여동생의 곁에 누워 안아주기를 좋아했다. 두 살 여동생 수지는 언니가 안아주는 것을 좋아할 때도 있었지만 가끔씩은 울기도 했다. 만약 내가 무조건 케리에게 동생을 안아주지 말라고 일렀다면 케리는 더이상 그런 행동을 하지 않았겠지만, 그 바탕에 깔린 동생을 향한 존중은 이해하지 못했을 것이다. 그래서 나는 이렇게 말했다. "동생을 안아주는 것은 정말 좋은 일이야. 하지만 동생의 생각도 들어봐야 해. 수지가 울고 있잖아. 지금 기분이 좋지 않다는 뜻이야. 수지의 몸도 생각해줘야 하거든. 수지는 지금 안아주는 게 싫대."

다음날에는 상황이 바뀌어 수지가 케리를 안으려 했지만, 이번에는 케리가 그럴 기분이 아니었다. "지금은 안기 싫어요." 케리가 말했다.

나는 상황을 원만히 해결하기 위해 케리를 살짝 밀면서 말했다. "동생을 가볍게 한 번만 안아주렴. 그러면 귀찮게 굴지 않을 거야."

"싫어요." 케리는 고집을 부렸다. "안기 싫다고요."

"알았다." 나는 이렇게 말했다. "수지, 케리 언니가 지금은 안기 싫대. 하지만 나는 안고 싶어. 이리로 와서 나를 안아주겠니?" 수지는 내 쪽으로 다가와서 나를 안아주었고 문제는 해결되었다. 비록 그날 하루에 불과했지만!

☑ 부모는 자신의 물건을 소중히 여깁니까?

당신은 자신의 물건을 잘 챙기는가? 책이 바닥에 여기저기 흩어져 있는가, 아니면 깔끔하게 한 줄로 서가에 꽂혀 있는가? 아이들이 물건을 맡기면 잘 간수하는가? 예를 들어 아이가 열심히 그린 그림을 아무렇게나 서랍 안에 넣어두는 것은 무심한 행동이다. 엄마를 위해 정성껏 만든 작품을 엄마가 밖에 꺼내놓지 않고 서랍에 넣어둔다며 상심하는 아이들을 나는 너무나 많이 보아왔다. 물론 아이들은 수많은 그림을 그리기 때문에 그 모든 작품을 소중하게 보관하는 것은 불가능하다. 하지만 최소한 아이가 앞에 있을 때는 아이가 만든 작품을 소중히 다룸으로써 존중하는 모습을 보여주자. 우리 엄마는 내 동생이 어렸을 때 만든 찰흙돼지를 그 오랜 세월 동안 선반에 보관해왔다. 완벽한 작품도 아니고 다른 장식품들과 그다지 잘 어울리지도 않지만, 엄마는 그것을 소중히 여기며 잘 보이는 장소에 전시해둔다.

☑ 아이에게 적절한 언어를 사용합니까?

당신은 욕을 하는가? 만약 그렇다면(물론 대부분의 사람들이 욕을 한다), 아이들 앞에서는 욕을 하지 않도록 각별히 신경쓰자. 나는 매우 엄격한 가정에서 자랐지만, 우리 엄마와 새아빠 사이에 아기가 태어났을 때 두 분이 약간 경계심을 늦춘 시기가 있었다. 만 두 살이 된 여동생이 식탁에 앉아서 다이제스티브 비스킷을 먹고 있었는데, 과자가 접시에서 바닥으로 떨어지고 말았다. 비스킷이 바닥에 닿는 순간 여동생은 작은 목소리로 소리쳤다. "제길!" 나는 눈을 휘둥그레 뜨고 내 쪽을 바라보던 우리 엄마의 표정을 절대 잊을 수 없을 것이다. 엄마는 어린 여동생에게 나쁜 말을 가르쳤다며 나를 추궁하는 것이 아니었다. 엄마가 절대 욕을 용납하지 않았기 때문에 내가 욕할 리 없다는 사실은 엄마가 더 잘 알고 있었다. 여동생은 다름 아닌 바로 엄마에게서 그 단어를 배운 것이었다. 그야말로 변명의 여지가 없는 상황이었다. 아주 엄격하게 아이들을 가르치는 영국 가정에서조차 아이들은 부모의 언행을 따라하기 마련이므로, 아이뿐만 아니라 스스로의 행동도 철저히 다스려야 한다.

☑ 아이의 행동에 관해 현실적인 기대치를 가지고 있습니까?

아이들은 밖에 나가 시끄럽게 떠들면서 놀 장소가 필요하다. 제대로 스트레스를 풀 기회도 없었는데 근엄한 레스토랑에 데려가서는 안 된다. 아이들은 항상 차분한 '실내용 목소리'를 유지할 수 없기 때문이다. 만 한 살짜리 아이가 레스토랑은커녕 부엌 식탁에서조차 조용하고 얌전하게 오랫동안 앉아 있으리라고 기대하지는 마라. 어린아이들, 특히 남자아이들은 트림이나 방귀 같은 것을 무척이나 재미있다고 생각하기 마련이므로 생리현상을 참아주기를 기대해서도 안 된다. 아들이 트림한 다음 웃음을 터뜨리면 지나치게 꾸짖지는 마라. 물론 식탁에서 트림하는 것은 좋지 않은 행동이지만, 어디까지나 생리적인 현상이라는 점을 설명해주자. 부모의 역할은 아이의 행동을 옳은 방향으로 인도하는 것이지만 아이들 역시 부모를 인도하는 역할을 하게 된다. 아이를 지나치게 몰아붙이고 있다면 아마 당신이 먼저 알아챌 가능성이 높다. 따라서 자신의 직감을 믿고 아이를 존중하자.

 영국 보모의 비밀

어른의 말버릇

배우자, 친구, 동료들 그리고 아이들에게 당신이 "부탁합니다" 또는 "감사합니다"라는 말을 사용하지 않을 때마다 지적해달라고 부탁해보자. 얼마나 자주 그런 말을 잊어버리는지 깨달으면 스스로 깜짝 놀랄지 모른다!

> Emma's TIP

볼썽사나운 인간이 되지 않기 위한 올바른 가정교육

예절이 얼마나 중요한지 잠시 생각해보자. 우리는 모임 때마다 다른 모든 사람들보다 반드시 한술 더 떠야 하는 말 많은 사람 한둘쯤은 알고 있다. 그 사람의 병은 항상 더 위중하고, 여행은 한층 더 신나며, 그 집 아이들은 항상 더 똑똑하다. 만약 자신의 이야기가 다른 사람들에게 어떤 식으로 들리는지 알게 된다면 그 말 많은 사람도 즉시 입을 다물 것이다. 하지만 그 사람은 깨닫지 못한다. 어쩌면 아무도 그 사람에게 그런 말을 해준 적이 없기 때문일 것이다. 아이에게 예절을 가르치고, 그렇게 볼썽사나운 사람이 되지 않도록 미리 예방주사를 놓아주자.

부모들은 내 아이가 자존감을 갖추고 무언가 일이 잘못되고 있을 때 소리 높여 의견을 개진할 수 있는 사람으로 성장하기를 바란다. 하지만 그와 동시에 특권의식을 갖는 것은 바라지 않는다. 내가 보기에 미국인들은 자존감이 무척 강하므로 영국인들이 그런 면에서 조금이나마 배울 점이 있을 것이다. 또한 믿거나 말거나지만 영국인들은 가끔씩 너무 극단적으로 예의를 지킨다. 줄 서는 것을 지나치게 신성시한 나머지 융통성을 발휘하지 않으며 진짜 사정이 급한 사람조차 좀처럼 끼워주지 않는다.

반면 영국인들은 선물을 받을 때 훨씬 겸허하고 감사히 여기는 태도를 보인다. 그러니 영국인들이여, 미국인들에게서 약간의 자존감을 배우자. 미국인들이여, 당신의 충만한 자존감을 보다 겸손한 태도로 다스리자. 두 문화의 장단점을 모두 보아온 사람으로서, 나는 양쪽 사람들이 딱 중간 지점인 대서양 한가운데 어디쯤에서 만나기를 바란다.

▬▬▬ 에마가 권장하는 필수 예절

예절에 대해서는 책 한 권을 써도 모자랄 정도다! 하지만 무슨 일이 있어도 절대 잊어서는 안 되며 아이들에게도 철저히 가르쳐야 할 몇 가지 필수 예절을 모아보았다.

1. 기본 예절
- "부탁합니다"와 "감사합니다"를 잊지 말자.
- 노약자나 임신부에게(기본적으로 나보다 좌석이 더 필요한 모든 사람에게) 자리를 양보하자.
- 상대의 눈을 보고 말하자.
- "안녕하세요" "안녕히 계세요"라고 인사하자.
- 기침이나 하품을 할 때는 입을 가리자.

2. 식사 예절
- 식탁에 올바른 자세로 앉자.
- 입을 다물고 음식을 먹자.
- 입에 음식을 넣고 말하지 말자.
- 식탁에 앉은 모든 사람에게 음식이 나올 때까지 기다렸다가 식사를 시작한다.
- 동굴에 사는 원시인이 아닌 문화인답게 수저와 포크를 올바르게 사용하자.

3. 절대 금기 사항
- 다른 사람의 말을 가로막지 않는다.
- 다른 사람이 말하고 있는데 그 위에 말을 얹지 않는다.
- 가구에 기어오르지 않는다.
- 줄을 섰을 때 끼어들지 않는다. 차례를 지킨다!

6장

아이의 삶에도 때와 장소는 중요하다
아이답게 살아가는 하루 만들어주기

•

"습관은 어리석은 사람이 진중한 삶을 영위하며
불행한 사람이 조용한 삶을 영위하도록 도와주는 유익한 도구다."
_조지 엘리엇(작가)

 *Checklist*

☐ 아이에게 주어진 일과가 있습니까?

☐ 아이가 일과의 내용을 잘 알고 있습니까?

☐ 아이가 규칙적인 간격으로 식사하고 잠을 잡니까?

☐ 아이가 집에서 충분한 시간을 보내되 지나치게 많은 시간을 보내지는 않습니까?

☐ 아이가 사물을 탐색하고 상상력과 창의력을 활용할 시간을 갖습니까?

☐ 부모가 항상 곁에 있어주기보다는 혼자서도 놀 수 있도록 장려합니까?

☐ 집중력을 필요로 하는 활동이 일과에 포함되어 있습니까?

☐ 실외에서 보내는 시간이 있습니까?

☐ 조용하게 보내는 시간이 일과에 포함되어 있습니까?

☐ 활발한 신체활동을 하는 시간이 일과에 포함되어 있습니까?

☐ 아이가 숙제처럼 꼭 해내야 할 일에 뛰어난 집중력을 발휘합니까?

☐ 일과를 전환할 때 아이에게 충분한 시간을 허락합니까?

☐ 할일을 마친 후에는 노는 시간과 보상을 제공합니까?

☐ 텔레비전 보는 시간을 제한합니까?

☐ 텔레비전을 포함하여 모든 전자기기 사용 시간을 제한합니까?

☐ 아이가 보거나 가지고 노는 것이 적절한 내용을 담고 있습니까?

☐ 필요한 경우 융통성을 발휘합니까?

☐ 아이가 옷을 더럽히거나 마음껏 탐험하거나 자유롭게 뛰어다녀도 괜찮습니까?(합당한 범위 내에서)

일과 계획은 수면 문제에 비해 딱히 까다롭거나 논쟁적인 주제는 아닌 것처럼 보인다. 그러나 내가 볼 때 부모들은 이 문제를 맞닥뜨리면 극명하게 두 부류로 나뉜다. 한쪽은 마치 입에 담을 수 없는 말이라도 되는 것처럼 '일과'라는 말에 강하게 반발한다(특히 아이가 매우 어릴 때 이런 경우가 많다). 아기의 낮잠 시간을 지키기 위해 부모의 삶을 완전히 포기하는 융통성 없는 부모가 되고 싶진 않은 것이다. 이들은 부모가 항상 가변적인 일과를 보내면 아이들도 덩달아 부모의 생활 패턴을 따라줄 것이라고 믿는다. 그 결과 큰 노력을 들이지 않아도 물 흐르는 대로 자연스럽게 살아가며, 시끌벅적한 유스호스텔에서도 집에서처럼 아이를 쉽게 재울 수 있을 것이라 생각한다. 반면 지나치게 빠듯한 일과를 짜는 부모들도 있다. "오늘은 화요일이니까 수영을 배우는 날이야." 아이를 위한 온갖 일정을 예약해두고 자유 시간이 지나치게 많아지면 부모와 아이 모두 당황해서 어쩔 줄 모르는 경우다.

  나는 이 문제에 대해 이렇게 극단적인 두 가지 성향이 나타나는 것이 그다지 놀랍다고 생각하지 않는다. 사실 하나의 육아 트렌드는 다른 육아 트렌드에 대한 반작용으로 등장하는 경향이 있기 때문이다. 과도한 일정을 짜는 부모들은 학교와 사회에 넘쳐나는 '할 일은 많을수록 더 좋다!'

는 주장을 따르는 셈이다. 그리고 이러한 분위기는 어디서나 찾아볼 수 있다. 최근 미국의 통신회사 AT&T는 '더 많은 것'이라는 주제에 대해 여섯 살짜리 아이들과 인터뷰하는 광고 시리즈를 제작했다. 아이들은 한 번에 두 가지 일을 하는 것이 한 가지 일을 하는 것보다 낫고, 많은 것이 적은 것보다 좋으며, 빠른 것이 느린 것보다 좋다고 단언했다. 이 광고는 웃음을 유발하기 위한 것이었지만 그 기저에는 두려운 현실이 자리잡고 있으며, 일부 부모들은 이 어두운 현실에 나름대로의 방식으로 적응해나가고 있다. 이들은 바쁜 일과를 보내는 주위 아이들과 거리를 두고, 우리 아이만은 다른 방식으로 키우겠다고 결심한다. 그리하여 하루를 온전히 자유로운 놀이에 할애하며 체계적으로 짜인 일과를 일종의 적으로 간주한다.

이러한 현상에 대해 나는 반드시 한쪽 트렌드를 선택할 필요는 없다고 말하고 싶다. 그저 예전부터 전해내려오는 평범한 상식만 있으면 충분하다. 오스카 와일드가 말했듯이 "만사에 적당해야 한다. 물론 적당함도 적당해야 한다". 나는 세심하게 짜인 일과를 적극적으로 지지하는 사람이다. 적당한 일정과 일과를 마련해주면 아이들은 활기찬 일상을 보내며 무럭무럭 잘 자란다. 그러나 동시에 지나치게 빡빡한 일정을 짜서는 안 된다. 나는 어느 정도의 융통성을 허용하지 않는 일과는 그다지 선호하지 않는다. ==혼란과 계획 변경은 엄연히 삶의 일부분이며, 그 사실을 우리에게 누구보다 뼈저리게 가르쳐주는 존재가 바로 아이들이다.==

내가 보다 편안한 삶을 원하는 부모라면 반드시 정해진 일과표를 마련해야 한다고 생각하는 여섯 가지 이유는 다음과 같다.

1. 정해진 일과는 혼란을 줄인다. 아이가 다음 일정이 무엇이고 어떤 일을 해야 하는지 알고 있다면 반항하기보다는 부모의 말을 잘 들을 가능성이 높다. 일과가 정해져 있으면 아이도 안정감을 느끼며, 하나의 일과에서 다음 일과로의 전환도 보다 수월해진다.

2. 일과는 아이들이 지켜야 하는 경계선을 명확히 규정하는 데 도움이 된다. 일과만 제대로 짜둔다면 부모가 아닌 시계가 규칙을 적용하는 역할을 맡게 된다.

3. 일과는 하루를 단순하게 만들어준다. 일과가 있으면 계획을 세우기가 용이하며, 문제가 발생했을 때 원인을 파악하기도 쉽다. 이는 사실 과학실험이나 다를 바 없다. 식사나 수면 등의 조건을 동일하게 유지하면 아이가 이상하게 행동하는 이유를 훨씬 잘 파악해낼 수 있다.

4. 잘 짜인 일과가 있으면 모든 사람이 자신의 책임을 다할 수 있다. 아이들은 강아지에게 밥을 줄 때까지 아침을 먹을 수 없다는 사실을 알기 때문에 일과가 하나의 습관으로 굳어진다. 자잘한 일을 모든 사람의 일과에 포함해두면 목소리를 높이지 않고도 보다 많은 집안일을 해낼 수 있다.

5. 잘 짜인 일과는 가족 관계를 개선시킨다. 가족들이 함께하는 일정을 마련해두면 형편에 따라 억지로 시간을 짜내는 것이 아니라 정기적으로 가족이 함께 시간을 보낼 수 있다.

6. 일과가 있으면 수면, 건강, 아이의 읽기 능력이 향상된다. 필라델피아 아동병원에서 실시한 연구에서는 취침 일정을 지킨 아이들이 그렇지 않은 아이들보다 잠을 더 많이 잤고, 그 엄마들도 마찬가지였다.[6] 오하이오

대의 연구에서는 일상적으로 부모와 함께 식사하는 아이들이 비만 아동이 될 가능성이 적다는 결과가 나오기도 했다.[7] 또한 네바다대와 미주리대의 연구에 따르면, 가정 내에 규칙적인 일과가 마련되어 있을수록 부모가 아이의 글 읽기 연습을 도와줄 가능성이 더 높았다.[8]

학술 연구 결과로 보나 실용성으로 보나 체계적인 일과가 엄청난 효과를 발휘한다는 사실이 분명하지 않은가. 아직도 믿기지 않는다면, 미국 전역의 부모들이 어린이집 선생님들의 능력에 얼마나 감탄하는지 생각해 보자. 그들은 열 명 이상의 미취학 아동들을 전부 조용히 시키고 동시에 낮잠을 재운다! 그 비결 중 하나는 앞서 이미 설명했던 '기대치'이지만, 정해진 일과의 도움이 크게 작용하는 것도 사실이다. 이를 약간만 변형하면 부모들도 충분히 가정 내 규칙적인 일과를 만들 수 있다.

☑ 아이에게 주어진 일과가 있습니까?

말썽 부리는 아이 때문에 가족 상담을 하러 가면, 나는 즉시 아이의 일과를 확인한다. 물론 부모에게 빈 종이를 들이밀고 "좋습니다, 여기 종이가 있으니 지금부터 아이의 일과표를 그려주시겠어요?"라고 말하는 것은 아니다. 그보다는 아이가 특정 시간에 정확히 무엇을 하는지에 대해 매일 기록을 남겨달라고 부탁한다. 엄마 아빠 입장에서는 상당히 번거롭게 느껴지겠지만 충분히 그만한 가치가 있는 일이다. 부모는 아이가 규칙적인 간격으로 먹고 자고 논다고 생각하지만, 기록을 마친 후 실제 일과를 보면 의외로 그렇지 않은 경우가 많다.

일정의 일관성 역시 중요한 문제다. 오늘은 아이가 낮 12시에 잠을 자고 내일은 3시에 잔다면? 취침 시간이 매일 크게 달라지는가? 하루는 오전 9시에 간식을 먹고 다음날은 오후 1시에 간식을 먹는가? 간식 시간은 얼마나 큰 차이가 나는가? 아이가 집에서 대부분의 시간을 보내든 어린이집에서 시간을 보내든 간에 일과는 있어야 한다. 일관성 없는 일상을 보내는 아이들은 다음에 어떤 일이 일어나고 무엇을 해야 하는지 알지 못한다. 그 결과 불편함과 불안감을 느낄 수밖에 없다. 첫 단계는 당신의 가족에게 알맞은 일과 계획을 세우고 모든 사람이 그것을 지키는 것이다.

일과는 특히 변화의 시기에 큰 힘을 발휘한다. 내가 가장 흔히 목격하는 가정 내의 변화는 새로운 남동생 또는 여동생이 태어나는 것이다. 엄마가 더 많은 시간을 집에서 보내게 되고, 아마 아빠도 마찬가지일 것이다. 할아버지 할머니도 항시 가까이 있게 될 가능성이 크다. 큰아이의 입장에서 보면 주변 환경과 세상이 송두리째 바뀌는 것이다. 얼마나 많은 변화를 감지하는지에 대해서는 그저 짐작만 할 뿐이지만, 아이의 마음속에는 불안이 가득차게 된다. 부모들은 큰아이의 기분을 배려하여 이런 변화의 시기에는 어린이집이나 학교에 보내지 않고 집에서 돌보기도 한다. 하지만 이것은 최악의 대처법이다. 아이를 평소처럼 학교에 보내라. 아이에게 가장 필요한 것은 불안한 마음을 달래주고 안정감을 줄 규칙적인 일과다. 아이를 평소보다 다정히 보살피되 일과까지 바꿈으로써 안 그래도 혼란스러운 아이의 삶에 더 많은 변화를 야기하는 것은 피하자.

또한 나는 부모가 일 때문에 바쁜 경우 일과가 잘 지켜지지 않는 현상을 자주 목격한다. 나를 보모로 고용했던 한 엄마는 마감 때문에 평소보다 훨씬 늦게 집에 들어오곤 했다. 마침내 집에 들어오면 아이와 같이 있어주지 못했다는 죄책감 때문에 아이에게 애정을 퍼붓고 늦게 자도록 내버려두며 아이의 나쁜 행동에 대해서도 단호한 태도를 취하지 않았다. 어린 아들은 점점 걷잡을 수 없이 버릇이 나빠지기 시작했다. 이유는 분명했다. 엄마가 집을 비우는 시간이 길어진 탓에 아이는 불안해졌고, 집에 돌아온 후에도 엄마는 평소와 다른 태도를 보였다. 하루 일과 전체가 무용지물이 되어버렸기 때문에 아이는 걷잡을 수 없는 혼란에 빠진 것이다. 아이는 집에 돌아온 엄마에게 더 많은 관심을 바랐지만, 그와 동시에 평소와 다름없는 엄마의 태도와 규칙적인 일과가 필요했다. 한마디로 말해 정해진 일과를 지키지 않을 경우 부모와 아이의 문제가 해결되기는커녕 혼란만 가중된다는 뜻이다!

☑ 아이가 일과의 내용을 잘 알고 있습니까?

매 장마다 모든 문제의 바탕이 되는 의사소통의 중요성을 강조하고 있지만, 일과와 관련해서는 소통이 특히 중요한 역할을 한다. 아무리 좋은 일과를 계획하더라도 아이가 일과에 대해 확실히 인지하지 못하면 아무런 소용이 없다. 비교적 큰 아이들의 경우 아이들이 볼 수 있도록 일과를 적어두자. 더 좋은 방법은 일과를 계획할 때 아이들을 참여시키는 것이다.

아이들은 자신이 통제권을 가지고 있다는 느낌을 받길 원한다. 아직 글자를 읽을 수 없는 어린아이들의 경우에는 말로 꾸준히 반복해서 일과를 주입시키자.

 영국 보모의 비밀

아이와 함께 계획 세우기
큰 아이들의 경우 일과 계획을 세울 때 동참하게 하자(온당한 범위 내에서). 이러면 아이들이 일과를 좀더 쉽게 납득하고 주인의식을 갖게 된다.

☑ **아이가 규칙적인 간격으로 식사하고 잠을 잡니까?**

대다수 아이들은 유치원에 갈 정도의 나이가 되면 더는 낮잠이 필요하지 않으며 음식을 먹지 않고도 꽤 오랜 시간을 버틸 수 있다. 하지만 이보다 어린 아이의 경우 규칙적인 휴식과 영양 공급이 필수적이다. 아이가 오후 2시 이후부터 아무것도 먹지 않았고 5시까지는 밥을 먹일 계획이 없는데 항상 4시쯤 떼를 쓴다면 간식이 필요할 가능성이 크다. 아이가 매일 밤 열세 시간씩 잠을 자지만 낮잠은 절대 자지 않는다면, 낮잠을 잘 수 있도록 일과와 아이를 재우는 방식을 조정하는 것이 좋다. 이 장의 끝부분인 235~238쪽에 실린 연령별 권장 일과를 참조하라.

☑ **아이가 집에서 충분한 시간을 보내되 지나치게 많은 시간을 보내지는 않습니까?**

이번 장의 체크리스트는 모두 균형과 중용을 바탕으로 하고 있다. 나는 아이가 집에서 보내는 시간이 거의 없는 일과가 바람직하다고 생각하지 않는다. 평일에는 학교에 갔다가 방과후 활동이나 운동을 하고는 잠자리에 들기 직전 집에 돌아온다. 주말에는 여행이나 친구들과의 놀이 등 다양한 활동으로 일정이 빡빡해서 자기 방에서 취침 이외의 다른 일을 하면서 딱 한 시간이라도 보낼 수 있으면 운이 좋은 편에 속하는 아이다. 물론 정해진 공식이 있는 것은 아니지만 균형 잡힌 일과가 좋은 것은 당연하다. 만약 아이가 축구부, 수영부, 하키부에 관심을 보이면 가입시켜라. 하지만 세 개 다는 안 된다! 일주일에 며칠 정도는 그냥 아이들답게 지낼 수 있어야 한다. 숙제하고, 가족과 저녁식사를 하고, 그냥 편안하게 쉴 시간과 공간이 필요한 것이다.

이와는 정반대의 극단적인 경우로 학교에 가지 않고 가정에서 교육을 받거나 주말에 대부분의 시간을 집에서 보내는 아이들을 보면 나는 마음이 편치 않다. 이 아이들은 충분히 세상을 경험하거나 세상과 소통하지 못하며 매우 중요한 사회성의 기술을 배우지 못한다. 대다수 부모들은 아이가 집에서 지나치게 많은 시간을 보내면 좋지 않다는 사실을 잘 알고 있다. 아이들이 온몸으로 항의하기 때문이다. 아이들이 좀이 쑤셔 어쩔 줄 몰라하면 엄마 아빠도 그렇게 되기 마련이고, 결국 모든 가족이 차에 몸을 싣거나 유모차를 끌고 외출하게 된다.

영국 부부의 비밀

일과와 배변 훈련

일과를 마련하기 전에는 만 세 살짜리 아이의 배변 훈련이 끔찍할 지경이었다. 화장실에 데려가려 할 때마다 아이가 매번 안 가겠다고 고집을 부렸기 때문에, 아예 화장실 가는 시간을 일과에 넣어버렸다. 아이가 일어나자마자 화장실에 가고 외출하기 전에도 반드시 화장실에 간다. 밖에 나갔다 돌아와도 곧장 화장실에 먼저 갔다. 일상 속에서 정해진 시간에 변기에 앉아 있는 것에 익숙해질수록 아이는 점점 더 거부감 없이 화장실을 사용하게 되었다.

☑ 아이가 사물을 탐색하고 상상력과 창의력을 활용할 시간을 갖습니까?

자기 주도적인 놀이는 아이에게 매우 중요하다. 기사와 공주가 잔뜩 등장하거나 공룡들이 활보하는 자신만의 세계에 완전히 몰두하여 혼잣말하는 아이의 목소리를 듣는 것은 더없이 흐뭇한 일이다. 또 이러한 놀이활동은 아이의 발달에 매우 중요한 역할을 한다는 사실도 밝혀졌다. 〈뉴욕타임스〉에 따르면 "연구 결과 안전한 환경에서 자유롭게 이루어지는 자기 주도적인 놀이는 회복력, 창의력, 융통성, 사회적 이해, 감정 및 인지적 자제력을 발달시킴은 물론, 스트레스, 우울, 불안에 대한 저항력을 길러준다는 사실이 밝혀졌다".[9] 이 기사에서는 어린아이들이 문제를 해결할 때 다양한 아이디어와 가능성, 사고방식에 열린 마음을 갖게 된다고 설명했다. 지극히 바람직한 특성이 아닌가! 하지만 이러한 특성은 아이가 대략 만 4~5세 정도가 될 때 정점에 이른다. 그다음에는 무슨 일이 일어날까?

곰곰이 생각해보자. 아이의 일상에서 본격적으로 과외활동이 시작되는 것은 보통 언제인가? 자유롭게 노는 시간이 줄어드는 것은 언제인가? 그렇다. 대략 아이가 학교에 들어갈 즈음이다.

따라서 나는 아이가 한 번에 몇 가지의 체계적인 활동에 참여하는지 뿐 아니라 그러한 활동에 얼마나 시간을 빼앗기는지도 자세히 살펴보길 권한다. 어느 부모가 나에게 "우리 딸은 학교랑 피아노 학원밖에 안 다녀요. 그게 전부지요"라고 말한다면, 언뜻 듣기에는 별로 많다는 생각이 들지 않는다. 하지만 실제로 적어놓은 일과를 보니 그 아이는 3시 반에 학교에서 돌아와 간식을 먹은 다음 저녁 시간까지 피아노 연습을 하고, 그 후에는 잠자리에 들 때까지 숙제를 한다는 사실을 알 수 있었다. 그렇다면 이 아이가 상상력과 창의력을 발휘할 시간은 어디 있단 말인가? 아이는 학교에서 하루종일 선생님의 지시에 따라야 한다. 그다음에는 피아노 레슨에서 악보와 체계를 따라야 하고, 그 이후에는 숙제의 지시 사항을 따라야 한다. 이런 아이에게 부엌 식탁에 앉아서 마음대로 그림 그릴 시간이 있을까? 춤추면서 익살을 부릴 시간은? 다른 사람의 말을 따르지 않고 자유롭게 생각하며 독창적인 아이디어를 내놓을 시간은? 요점은 아이들에게 자유 시간이 필요하다는 것이다!

☑ 부모가 항상 곁에 있어주기보다는 혼자서도 놀 수 있도록 장려합니까?

부모나 아이를 돌보는 사람이 한시도 떨어지지 않고 곁에서 돌보아준다면 아이는 결코 혼자 노는 법을 배울 수 없을 것이다. 또 어른의 도움 없이 마음껏 상상력을 발휘하는 데도 익숙해지지 못할 것이다. 부모가 곁에 없으면 어떤 일도 자신감 있게 해내지 못하게 되는 것이다. 따라서 일과에 아이가 혼자서 놀 수 있는 시간을 마련해두는 것이 중요하다. 처음에는 짧은 시간으로 시작해서 점점 시간을 늘려가도 좋다. 아이와 잠시 시간을 보낸 다음, 아이가 흥미를 보이는 놀이에 몰입할 수 있게 하자. 내가 추천하는 것은 레고나 장난감 블록을 마련하여 아이와 함께 무언가를 만드는 것이다. 한참 만들다가 이렇게 말한다. "엄마는 가서 빨래 좀 확인하고 오 분 뒤에 돌아올게." 그후 조금씩 자리 비우는 시간을 늘려나간다(물론 집에 위험한 물건이 없고 아기용 안전장치가 되어 있다는 전제하에). 때로는 아이가 당신이 어디 있는지 확인한 다음에야 다시 놀기 시작할 수도 있지만, 그래도 상관없다. 오 분이 비교적 익숙해지면 시간을 십 분으로 늘린다. 머지않아 당신은 차 한잔을 마시면서 편히 앉아 쉴 수 있게 될 것이고, 언젠가 아이에게 마사지를 부탁할 날을 꿈꿀 수도 있다. 이러한 독립성은 동생이 태어날 예정일 때 특히 중요하다. 아기를 보느라 큰아이에게 신경써줄 수 없을 때 큰아이가 부모의 관심을 바라는 경우가 있을 것이다. 만약 아이가 혼자 노는 법을 배우지 못했다면, 이러한 전환기를 견디기가 더욱 힘들 수밖에 없다.

영국 보모의 비밀

부모와 함께하는 소중한 시간
혼자 노는 시간을 마련하기 전에 먼저 아이에게 많은 관심을 주자. 양껏 관심을 받은 상태에서는 아이가 좀더 쉽게 혼자 놀 수 있게 된다. 퇴근 직후에는 당연히 아이가 당신의 관심을 끌려고 할 것이다. 하지만 당신은 저녁 준비를 하고, 개밥을 주어야 하며, 아이의 책가방도 열어보아야 하기 때문에 좀처럼 시간을 내기 어려울지도 모른다. 하지만 1. 저녁 준비를 하기 전에 딱 십 분만 시간을 내서 책을 읽어준다거나 간단한 게임을 하면서 아이와 소통하는 기회를 마련하거나, 2. 저녁 준비를 아이와 함께하면 큰 효과를 발휘한다. 특히 미리 만들어진 반죽을 사용한 홈메이드 피자는 어린아이와 함께 만들기 쉬운 음식이며 샐러드도 마찬가지다. 아이들은 양상추를 손으로 찢는 것을 무척 좋아한다.

☑ 집중력을 필요로 하는 활동이 일과에 포함되어 있습니까?

나는 오전 내내 정신없이 뛰어다니는 어린 세쌍둥이를 돌본 적이 있다. 이 세쌍둥이들은 무한 체력을 가지고 있는데다 에너지를 제대로 발산할 창구가 없어서 끊임없이 장난을 쳤다. 가정에서 아침 시간을 보낼 때는 자유로운 놀이 시간(되도록이면 실외가 좋다)을 사십오 분 정도 가진 후, 엄마 아빠와 함께 장난감 및 퍼즐을 가지고 노는 등 집중력을 필요로 하는 활동을 삼십 분 정도 이어가도록 구성하면 좋다. 집중력 놀이는 부모와 아이가 일대일로 시간을 보낼 수 있게 해주기 때문에 매우 유익하다. 또한 집중력을 요하는 놀이는 자제력을 키워주며 아이의 주의 집중 시간을 늘려준다. 그뿐만 아니라 대근육과 소근육 발달을 촉진시킨다.

> **━━ 에마가 권장하는 집중력 향상 놀이**
>
> 퍼즐
> 레고
> 과자 굽기
> 블록 만들기
> 색칠하기 또는 그림 그리기
> 정원 가꾸기
> 점토 놀이

✓ 실외에서 보내는 시간이 있습니까?

이런 경우를 생각해보자. 비가 온다, 오늘도. 비 오는 날 실내에서 할 수 있는 놀이는 이미 바닥났고, 아이는 좀이 쑤셔서 어쩔 줄 모른다. 물론 당신도 마찬가지다. 어떻게 하겠는가?

1) 따뜻한 코코아를 타서 하루 더 실내에서 버텨보기로 한다. 내일은 날씨가 개겠지.

2) 가족들을 모두 차에 태우고 쇼핑몰로 향한다. 최소한 볼일 한두 가지는 끝마칠 수 있을 테고, 어쨌든 집에서 벗어날 수 있으니까.

3) 우비와 장화를 꺼내 물웅덩이를 마음껏 밟고 다니며 놀게 한다. 그다음에 뜨거운 코코아와 따뜻한 목욕물을 즐기는 것이 어떨까?

두말할 것도 없이 3번이 가장 바람직한 대답이다. 내일이라고 날씨가 맑으리라는 보장은 없으며(내가 영국 출신이라는 점을 잊지 말라. 비에 대해서라면 일가견이 있다), 쇼핑몰에 간다 해도 당신의 체력만 바닥날 뿐이다. 신선한 공기는 마법과도 같은 힘을 발휘한다. 날씨가 다소 춥다 해도 상관없다. 아이들은 하루종일 실내에만 있다보면 좀이 쑤셔서 견디질 못하고, 집안에서 할 수 없는 여러 가지 일들도 실외에서는 충분히 할 수 있다. 공을 찰 수 있고 큰소리를 내거나 떠들어도 되며, 담아두었던 에너지를 분출하고 뛰어다니며 천방지축처럼 놀아도 된다. ==아이들이 몸을 가만히 두지 못하고 날뛴다면 현관문을 열고 뻥 차서 밖으로 놀러 보내자! (물론 실제로 발로 차라는 말은 아니다.)== 아이가 아직 어리다면 유모차에 태우고 밖으로 나가 기분을 전환할 수 있도록 해주는 것도 좋다.

나는 독일에 살 때 부모들이 아주 추운 날에도 아이들에게 두꺼운 옷을 잔뜩 입혀서 산책에 데려가는 모습을 보았다. 미국의 일부 지역에서는 부모들이 비바람 부는 날씨에 밖에 나가는 것을 꺼리는 편이다. 재미있게도 미국 서부 해안 쪽에서 이런 경향이 강하며 캘리포니아에 사는 가족들은 비 오는 날 좀처럼 외출하지 않는다. 반면 동부 보스턴의 아이들은 눈 속에서 뒹굴며 신나게 논다. 어떤 부모들은 추운 날 아이들을 실내 쇼핑몰에 데려가기도 한다. 물론 집밖으로 나온다는 점에서는 바람직하겠지만, 쇼핑몰보다는 실외로 나가는 편이 훨씬 좋다. 눈이 온다면 부츠를 신겨주자.

신선한 공기를 쐬면 짜증나는 기분이 풀리고 에너지를 발산할 수 있으며 잠도 보다 수월하게 온다. 내가 아는 한 가족은 해변으로 휴가를 떠나 매일같이 하루종일 실외에서 놀았다. 여행을 떠나기 전에 부모들은 어린아이들이 낯선 호텔방에서 가족들과 다 함께 침대를 써야 하기 때문에 제대로 잘 수 있을지 걱정했지만, 잠은 전혀 문제가 되지 않았다. 오히려 낮잠을 집에서보다 더 길게 잤고 밤에는 베개에 머리를 대는 순간 바로 곯아떨어졌으며, 열한 시간 동안 화장실 한 번 가지 않고 잠을 자기도 했다. 게다가 그 부모는 아이들이 먹는 음식의 양에 깜짝 놀라고 말았다. 집에서 온갖 까탈을 부리던 아이들이 배고프다고 아우성을 치며 눈에 보이는 것이라면 뭐든 게걸스럽게 먹어치웠다. 물론 우리가 365일 휴양지에서 살 수는 없지만, 이 이야기를 일종의 사례 연구로 생각해도 좋다. 일과에 실외활동을 더 많이 추가하고 어떤 변화가 일어나는지 살펴보자.

☑ 조용하게 보내는 시간이 일과에 포함되어 있습니까?

아이가 더이상 낮잠을 자지 않는 나이가 되면 조용히 쉬는 시간을 통해 몸과 마음을 회복하고 하루를 되돌아보게 된다. 부모에게도 조용한 시간은 필요하다. 만 3~5세의 아이들은 하루에 삼십 분에서 사십오 분 정도 자기 방에서 조용한 시간을 보내야 한다. 잠을 자도 좋고 침대에 누워 책을 읽거나 인형을 정리해도 상관없다. 자신만의 공간에서 조용히 보낼 수만 있으면 된다.

☑ 활발한 신체활동을 하는 시간이 일과에 포함되어 있습니까?

부모 생각에는 아이의 운동량이 충분한 것 같아도, 아이가 실제로 얼마나 운동하는지 자세히 살펴보는 것이 좋다. 최근 한 연구에 따르면 활발한 놀이와 신체활동이 단 두 세대 만에 영국에서는 20%, 미국에서는 32%, 중국에서는 45% 감소했다.[10] 그런데 운동은 아이가 스트레스에 대처하고 집중력을 키우며 더 잘 자고 잘 먹을 수 있도록 도와준다. 그렇다면 우리는 왜 운동을 장려하지 않는가? 그 이유는 그저 우리가 바쁜데다 넓은 뒷마당과 다양한 놀이 동무가 항상 준비되지 않은 한, 아이의 운동 시간을 별도로 확보하기 위해서는 어느 정도의 노력이 필요하기 때문이다. 많은 초등학교가 휴식과 체육 교육을 강조하고 있지만, 동시에 높은 시험 기준을 충족시켜야 한다는 부담감에 시달리기 때문에 아이들이 운동하고 자유롭게 놀 수 있는 시간은 넉넉하게 확보하기 힘들다. 그리고 너무 어두워서 할 수 있는 활동이 별로 없는 저녁때까지 부모가 아이들을 볼 시간이 없다면 아이의 운동량은 더욱 줄어들기 마련이다. 따라서 나는 이런 방법을 제안한다.

1. 아이가 부모와 떨어져 있는 시간에도 반드시 신체활동 일과를 마련하자. 휴식 시간을 철저히 지키는 학교와 그렇지 않은 학교가 있다면 전자를 선택하는 것이 좋다. 신체활동에 중점을 두는 어린이집과 그렇지 않은 어린이집이 있다면 역시 전자를 택하자.
2. 운동 시간을 충실하게 보내자. 일단 아이가 자유롭게 돌아다닐 수 있을 만큼 성장하면 주택 진입로에 농구대를 설치하거나 아파트 건물

앞에서 자전거를 태우자. 밖에서 운동하기가 어려운 환경이라면 콩주머니 던지기 게임이나 땅따먹기를 하거나 음악을 틀어놓고 댄스파티를 열어보자.

3. 집안일과 신체활동을 병행하자. 아이와 함께 가게에 가서 저녁으로 먹을 음식을 사온다(그 과정에서 아이와 교감하는 시간도 보낼 수 있다). 아이가 학교에서 귀가하면 뒷마당에서 강아지를 산책시키거나 낙엽을 갈퀴로 긁도록 지시한다. 꼭 운동을 해야만 몸을 움직일 수 있는 것은 아니며 단순히 삶을 활기차게 살아가는 것만으로도 충분한 신체활동 시간을 확보할 수 있다.

4. 부모가 운동의 모범을 보여라. 요가 스트레칭이나 윗몸 일으키기, 러닝이나 조깅을 하는 모습을 아이들에게 보여주는 것이 좋다. 아이들은 가족이 운동을 중시한다는 점을 이해하게 될 것이다.

☑ 아이가 숙제처럼 꼭 해내야 할 일에 뛰어난 집중력을 발휘합니까?

학부형들에게서 가장 자주 듣는 불만이 바로 숙제를 두고 벌이는 실랑이다. 하지만 잘 짜인 일과만 있으면 숙제를 두고 벌어지는 싸움이 사실상 사라져버리는 놀라운 효과를 경험할 수 있다. 내가 돌보았던 빌리라는 만 여섯 살짜리 아이는 좀처럼 숙제에 집중하지 못했다. 학교에서 돌아오면 바로 숙제를 하기 시작했고 엄마 아빠가 아이와 나란히 식탁에 앉아 숙제에 집중할 수 있도록 도와주었지만, 대부분의 경우 말다툼으로 이어졌다. 그러나 몇 가지 일정만 간단히 변경해주자 문제가 해결되었다. 우리가 취했던 조치는 다음과 같다.

1. 아이가 학교에서 막 귀가했을 때는 숙제를 하기에 적절한 시간이 아니다. 아이에게 아직 힘이 넘치기 때문이다! 에너지를 분출할 시간과 공간이 필요하므로 귀가 직후 밖에서 놀 수 있는 시간을 마련해주었다.
2. 아이에게는 건강한 간식이 필요했다. 어른들은 지금 배가 고파서 집중하기 힘들다는 사실을 쉽게 깨닫지만 아이들은 그런 연관성을 좀처럼 스스로 찾아내지 못하는 경우가 많다.
3. 빌리에게는 꾸준히 숙제를 할 장소, 즉 조명이 밝고 조용하며 공부에 집중할 수 있는 공간이 필요했다. 그래서 책상과 램프를 마련하여 조용한 장소에 놓아주었다.
4. 빌리에게는 바로 옆에 앉아서 일거수일투족을 지켜보는 엄마 아빠보다는 집중해서 빨리 숙제를 끝낼 수 있는 동기 부여가 필요했다. 그래서 숙제를 마치면 바로 텔레비전을 볼 수 있는 시간을 마련했다. 숙제를 빨리 끝내면 텔레비전 시청 시간을 더 확보할 수 있었다. 숙제를 하지 않아서 텔레비전을 보지 못한다면 그것도 빌리의 선택이었다. (엄마 아빠는 아이가 텔레비전을 보기 위해 숙제를 날림으로 한 것이 아니라 실제로 정성 들여 했는지 살펴보았다.) 중요한 것은 시간을 관리하는 것이 빌리 자신이었으며, 텔레비전 시청 여부도 본인에게 달려 있었다는 점이다.

일과를 정한 후 처음 하루이틀 정도는 아이와 옥신각신할지 모르지만,

한 주가 끝날 때쯤에는 자연스럽게 일과를 지키게 될 것이다. 이것은 마법이 아니라 일과의 힘이다.

 영국 보모의 비밀

육아엔 융통성이 필요해!
아이들에게는 성별뿐만 아니라 타고난 성격에 따른 차이도 분명히 존재한다. 당신의 딸아이가 학교에서 귀가하자마자 숙제를 마치는 편을 선호한다면, 더없이 반가운 일이다! 그 아이에게는 그런 방법이 맞는 것이므로 놀기 전에 숙제를 끝내고 싶어하는 아이에게 억지로 휴식을 강요할 필요는 없다. 부모의 직감을 믿는 것에 대해 이야기하면서 이 부분은 보다 자세히 다룰 예정이지만, 한 아이에게 통하는 방법이 반드시 다른 아이에게도 효과를 발휘하는 것은 아님을 기억해야 한다.

☑ **일과를 전환할 때 아이에게 충분한 시간을 허락합니까?**

최근에 한 엄마가 정신없이 흘러가는 아침 시간에 대해 불평하면서 나에게 도움을 청해왔다. 그 엄마의 만 네 살짜리 아들은 아침에 눈뜨는 순간부터 유치원에 가기 전까지 퉁명스럽게 굴었다. 엄마는 아침을 보다 순탄하게 보내고 싶었다. 그리고 엄마에게는 오직 아침과 저녁 시간만이 아들과 온전히 보낼 수 있는 시간이기 때문에 되도록이면 즐거운 시간으로 만들고 싶은 마음도 컸다. 이 가족의 아침 일과를 살펴보니 문제점이 분명하게 보였다. 엄마는 8시에 집을 나서야 하는데도 아들이 7시 반까지 자도록 내버려두었다. 물론 아이를 저녁 8시부터 일찌감치 재웠지만, 아이의 상태를 보니 지금보다 더 많은 수면 시간이 필요한 것이 분명했다. 또한 아침에 주어진 여유 시간 삼십 분은 수면 모드에서 어린이집 등교 모드로 전환하기에 턱없이 부족한 시간이다. 게다가 그 짧은 시간 내에 외출 준비를 위한 수많은 일들을 끝내야 했기 때문에, 아이는 분명 서두르라는 부모의 압박에 스트레스를 느끼고 있었을 가능성이 크다. 그래서 아이는 더욱 기분이 뚱해진 것이다. 나는 다음과 같이 일과를 조정해보도록 제안했다.

1. 전날 밤

자기 전 다음날 입을 옷을 골라둔다.
저녁 7:00 잠자리에 든다. 물론 꽤 이른 시각이기는 하지만 아이의 행동을 보니 더 많은 잠이 필요한 것이 분명했다.

2. 아침

오전 7:00~7:15 일어나서 옷을 입는다.
오전 7:30 아침을 먹는다.
오전 7:45 이를 닦고 신발을 신고 책가방을 챙긴다.
오전 7:50 엄마와 동화 한 편을 읽는다.
오전 8:00 어린이집에 간다.

나는 아이에게 아침 일과와 부모가 아이에게 기대하는 바를 확실히 숙지하도록 조언했다. 엄마는 일과를 적어서 아들에게 예쁘게 꾸미게 한 다음 냉장고에 붙여두었다. 일주일 동안 정해진 일과를 지켰는데도 아침 시간이 수월해지지 않는다면 아들을 위해 스티커표를 만들어보는 것도 좋겠다고 말해주었다. 야단법석을 부리지 않고 아침 일과를 따른 날에는 일과표에 붙일 스티커 한 장을 받게 되는 식이다.

✅ 할일을 마친 후에는 노는 시간과 보상을 제공합니까?

내가 방문한 가정들 중에도 아이들이 학교에 가기 전에 잠옷을 입고 아침을 먹으면서 만화를 보는 집이 믿을 수 없을 정도로 많았다. 엄마 아빠가 "학교 가게 옷 입으렴"이라고 말하면 아이는 "지금 텔레비전 보고 있잖아"라고 응수하는데, 그나마 대답을 하면 다행이다! ==아이가 할 일을 마치기 전에 보상(텔레비전 시청 시간)을 제공하면 부모의 삶은 더욱 힘들어질 뿐이다!== 어쩌면 이것은 그저 일종의 습관처럼 시작되었지만, 엄마 아빠가 좀처럼 고치지 못하고 있는지도 모른다. 습관을 고쳐라. 아이가 자신이 해야 할 일을 알고, 만화를 보거나 놀기 전에 할일을 끝마쳐야 한다는 점을 이해하고 있다면 매번 실랑이를 벌일 필요가 없다.

 영국 보모의 비밀

시계를 활용하자
아이가 늦잠을 자는 경우가 많다면, 아이의 방에 알람시계를 설치해주자. 아이

에게 시계 보는 법을 가르치고 숫자를 읽을 수 있다면 디지털시계를 사용해 일어나야 할 시간이 언제인지 알려주자. 어린아이들의 경우 해와 달이 그려진 시계를 보여주고 해님이 나타날 때까지 침대에 누워 있어야 한다고 말해준다. 이것은 아이에게 일과대로 움직일 수 있는 능력을 길러주는 좋은 방법이다.

☑ 텔레비전 보는 시간을 제한합니까?

나는 텔레비전을 좋아한다. 텔레비전과 관련된 어린 시절의 즐거운 추억도 있다. 금요일 밤이면 우리 가족은 근처의 튀김 전문점에서 피시 앤드 칩스를 사다놓고 다 함께 〈A 특공대 The A-Team〉를 보았다. 그 이후 텔레비전은 점점 진화했고, 지금은 방송국에서도 대체로 〈A 특공대〉보다는 교육적인 내용을 방송한다.

아이들에게 텔레비전을 적절하게 보여주면 어린이집이나 학교에서 쉬는 시간에 친구들이 하는 이야기를 보다 잘 이해할 수 있게 된다. 미디어를 예찬하며 군중심리에 영합하는 사람이라고 나를 비난하기 전에, 내가 비록 텔레비전 반대론자는 아니지만 텔레비전 시청 문제에 대해 충분히 합리적인 태도를 취할 수 있다는 점을 알아주기 바란다.

다시 한번 균형의 중요성을 강조할 수밖에 없다. 우선 아이가 만 두 살 미만이라면 텔레비전이 전혀 필요하지 않다. 어쩌면 아이도 별로 흥미를 보이지 않을지 모른다. 그냥 텔레비전을 꺼두자. 두번째로 아이가 하루종일 유치원이나 학교에 있다면, 저녁에 여유 시간 자체가 별로 많지 않을 것이다. 저녁 먹고 목욕하고 잠잘 시간이 필요하기 때문에, 만약 텔레비전 보는 시간을 규칙적인 일과에 포함시킨다면 가족들과 함께 보내는 귀중한 시간이나 상상력을 발휘할 수 있는 시간이 줄어든다. 그러나 당신과 함께 하루종일 집에 있는 만 세 살짜리 아이라면 저녁을 준비하는 동안 〈세서미 스트리트〉 같은 교육적인 프로그램을 이십오 분 정도 보게 해도 별문제가 되지 않는다. 텔레비전은 다른 많은 도구들과 마찬가지로 과도하게 사용하지만 않는다면 유용하고 효과적인 도구다. 텔레비전 시청을 특별한 이벤트로 활용하는 것도 좋은 방법이다. 예를 들어 주말에 팝콘을 튀겨놓고 온 가족이 텔레비전 앞에 둘러앉아 같은 프로그램을 보는 '영화의 밤' 이벤트를 마련하는 것이다. (개인적으로 나는 〈곰돌이 푸〉를 좋아한다. 아마도 영국인들은 〈곰돌이 푸〉를 좋아하는 유전자를 타고난 것 같다. 또한 큰 아이들과 어른이 모두 즐길 수 있는 〈마다가스카〉도 추천한다.)

☑ 텔레비전을 포함하여 모든 전자기기 사용 시간을 제한합니까?

요즘에는 교육과 오락의 경계가 모호해지고 있으며 어떤 의미에서 이는 매우 바람직한 일이다. 내가 아는 한 어린아이는 〈세서미 스트리트〉에서 배웠다며 '진동하다'의 의미를 상당히 정확하게 설명했다. 반면 어떤 엄마는 시어머니가 걸핏하면 손자들에게 아이패드로 수학 게임을 시킨다며 걱정을 늘어놓는다. 할머니가 "애들 교육에 좋아!"라는 주장을 펼친다는 것이다. 그럴지도 모르지만, 그래도 아이가 전자기기 화면을 들여다보고 있다는 사실은 변하지 않는다. 그 시간 동안 아이는 타인과 교감하거나 자신의 상상력을 활용하지 않는다. 물론 아이패드로 수학 게임을 하는 것은 뮤직비디오를 감상하는 것보다는 낫겠지만, 그래도 엄연히 전자기기 사용 시간에 포함된다. 하지만 기술이 점점 더 다양한 영역을 포괄하게 되면서 이 경계가 모호해지고 있는 것은 사실이다. 따라서 프로그램의 기능이 아이의 독창적이고 자유로운 사고를 촉진하는지 여부를 생각해보는 것도 좋은 방법이다. 일부 디지털 그림 그리기 프로그램은 종이와 크레용이 없을 때 간단하게 대체 역할을 할 수 있다. 화면 위에 그림을 그리는 것과 종이 위에 그림을 그리는 것의 차이점은 깜빡 잊고 집에 두고 왔거나 레스토랑에 놓여 있지 않은 '종이', 그뿐이다.

✓ 아이가 보거나 가지고 노는 것이 적절한 내용을 담고 있습니까?

아이는 실제 생활에서 부모의 행동을 모방하는 것처럼 텔레비전 내용도 모방한다. 그리고 유독 소리와 이미지에 민감하게 반응하는 아이들이 있다. 아이가 보는 내용을 항상 면밀히 확인하고 텔레비전 프로그램과 아이의 행동 변화 또는 잠을 잘 못 자는 증상 사이에 연관성이 있는지 주의깊게 살피자. ==아이들은 작은 스펀지와 같아서 부모가 생각하는 것보다 주변의 자극에 훨씬 민감하다는 점을 잊지 말자.== 내 친구의 아빠는 다섯 살 난 딸이 공포영화 〈폴터가이스트〉를 보도록 그냥 내버려두었다. 아빠는 무서운 이야기와 영상에 너무나 둔감해진 상태였기 때문에 그 영화가 딸에게 얼마나 많은 영향을 미칠지 잘 이해하지 못했다. 어린 시절 그 영화에서 받은 충격이 얼마나 끔찍했던지 내 친구는 다 큰 어른이 된 지금까지도 다른 공포영화를 한 번도 본 적이 없으며 앞으로도 절대 보지 않겠다고 한다. 나도 열세 살 때 친구네 집에서 〈나이트메어〉를 본 다음 비슷한 경험을 했다. 나는 너무나 겁에 질린 나머지 며칠 동안 잠을 자지 못했고, 우리 엄마는 그 영화를 보여준 친구의 부모님에게 크게 화를 냈다.

☑ 필요한 경우 융통성을 발휘합니까?

일과는 최대한 일관성 있게 따르되 약간의 변화를 줄 수 있는 융통성은 발휘하도록 하자. 저녁은 항상 가족이 함께 먹지만 정해진 식단을 돌아가면서 먹지는 않는다든지, 거실에서 피크닉처럼 저녁식사를 즐기거나 식탁에서 포장해온 음식을 먹을 수도 있다. 또한 약간의 시간 조정은 허용하자. 새로운 일과를 만드는 시기에는 예외를 두지 않는 것이 좋지만, 그렇다고 해서 절대 예외가 있으면 안 된다는 의미는 아니다. 어딘가에 가는 중이거나 학교에서 큰아이를 데려오는 동안 어린아이가 차 안에서 잠을 잘 수도 있다. 때로는 상황에 맞춰 일과를 조정해야 할 때도 있는 것이다.

내가 아는 한 가족은 휴가에서 돌아와 무척이나 고생을 하고 있었다. 부모는 밀린 업무를 처리하느라 정신없이 바빴고, 아이들은 일과가 엉망진창이 되어 혼란을 겪고 있었으며 그것이 아이들의 행동에서 고스란히 드러났다. 아이들이 말을 잘 듣지 않자 부모는 더욱 스트레스를 받고 녹초가 되었으며, 그 결과 아이들은 점점 더 심하게 말썽을 부렸다. 그야말로 악순환 그 자체였다. 이 가족, 그리고 똑같은 상황을 겪는 다른 수많은 가족들에게 나는 마음을 느긋하게 가지라고 조언하고 싶다. 때로는 이

==렇게 견디기 힘든 날들이 있기 마련이지만, 휴가도 갈 수 없을 정도로 지나치게 일정과 일과의 노예가 되어서는 안 된다.== 사실 부모가 자신들의 힘으로 어찌해볼 수 있는 것은 휴가에서 돌아온 그 주의 일정뿐이다. 복귀 후 일주일간은 친구들과 밤에 외출하거나 집에 손님을 초대하기에 좋은 시기가 아니다! 부모가 휴가에서 돌아온 직후 며칠 동안 자신의 스트레스 수준을 어떻게든 낮출 수만 있다면, (물론 힘들기는 하겠지만) 한 주를 훨씬 수월하게 보낼 수 있을 것이다. 무엇보다 중요한 것은 정신적인 대비다. ==다녀온 다음에는 틀림없이 힘들겠지만 그럼에도 휴가는 충분히 다녀올 가치가 있음을 기억하자. 즐거운 여행의 기억은 휴가 직후의 힘든 며칠에 대한 기억보다 훨씬 오래가는 법이니까.==

마지막으로 내 아이의 특성을 파악하고 그에 따라 융통성 있는 결정을 내리자. 어떤 아이들은 금요일이나 토요일 밤에 부모를 따라 저녁 파티에 가서 밤 10시까지 깨어 있다가 다음날 아침 늦잠을 잔 다음, 바로 그날 저녁부터 평소와 같은 시각에 잠자리에 든다. 반면 어떤 아이들은 평소 잠자는 시간에서 딱 한 시간만 모자라도 다음날 엄청나게 고생을 한다. 그렇다면 부모는 아이의 기질과 사안의 중요성을 저울질해보아야 한다. 만약 중요한 결혼식이라면 아이를 늦게까지 깨워둘 만한 가치가 있을지도 모른다. 그렇지만 다른 가족과의 저녁 외식 정도라면 꼭 그렇게까지 아이의 일과를 바꿀 필요는 없을 수도 있다. 또한 아이가 소란을 피울 가능성에 대비하고, 서둘러 가장 가까운 문으로 아이를 데리고 나가야 할 때를 파악하자. 만약 아이에게 다소 무리가 될 만한 일정을 소화하려 한다면 사전에 계획을 세워라. 초대해준 사람에게 미리 양해를 구하고, 식당에 도착하는 순간 바로 음식을 주문하거나 만약을 대비하여 차를 두 대 가지고 가자.

 영국 보모의 비밀

일과는 수학 교과서가 아니라 가이드북이다
아이의 요청에 귀기울이지 않을 정도로 일정에 집착하지는 마라. 아이가 일과보다 삼십 분 정도 빨리 배고프다고 한다면 밥을 먹여야 한다. 삼십 분가량 일과를 앞당겼다고 해서 큰 문제가 생기지는 않는다. 일정을 지나치게 철저히 지키기보다는 대략적인 지침으로 활용하자.

 영국 부부의 비밀

부모의 외출
우리는 친구네 집에서 저녁식사를 하게 되면 그 집에서 평소 일과대로 아이를 목욕시키고 잠옷으로 갈아입혀 집에 오자마자 쉽게 잠자리에 들 수 있도록 한다.

☑ **아이가 옷을 더럽히거나 마음껏 탐험하거나 자유롭게 뛰어다녀도 괜찮습니까?**(합당한 범위 내에서)

나는 매우 까다로운데다 완벽주의자다. 한번은 엄마가 우리집에 놀러왔을 때, 음료를 다 마셨건 아니건 관계없이 엄마가 컵을 내려놓는 순간 바로 식기세척기에 컵을 넣어버렸다. 나는 모든 일이 내가 선호하는 방식대로 흘러가는 것을 좋아하며, 나와 비슷한 생각을 가진 부모들에게 친근감을 느낀다. 그렇기에 아이들이 그토록 놀라운 존재인 것이다. 오랜 세월 동안 아이들과 함께 생활한 결과 나는 많은 것을 그냥 흘려보내는 법을 배우게 되었고, 보다 편안한 삶을 살게 되었다. 컵이 밖에 나와 있다 한들 어떻단 말인가? 그건 그렇게 중요한 문제가 아니다.

우리는 아이들에게 수도 없이 '무언가를 하지 말라'고 한다. 그렇다면 반대로 '무엇을 할 수 있다'는 말로 바꾸는 것은 어떨까? 시끄러운 장난감을 부엌에서 가지고 놀면 안 되지만, 밖으로 가지고 나가서 놀 수는 있다. 아이들이 아이들답게 행동할 수 있도록 해주자. 당연한 말처럼 들리지만 내가 끊임없이 부모들에게 일깨우는 부분이기도 하다. 나는 (나와 비슷한 성격을 가진) 엄마들에게 항상 이렇게 말한다. "내버려두세요. 옷을 더럽히건 집안을 어지르건 뭐 어때요? 나중에 애들이랑 같이 치우면 되지요." 일과가 지나치게 빠듯해서 좀처럼 청소할 시간조차 없다면 당신이 과도한 일정을 소화하고 있다는 징조다. 지나치게 바쁜 나머지 아이들이 자유롭게 아이들답게 행동하는 것을 막아서는 안 된다. 또한 아이들에게 마구 어지를 때가 있으면 정리할 때도 있다는 사실을 가르치는 것도 무척 중요한 일이다.

> **Emma's TIP**

이런 일정표도 있습니다!

이번 장에서 다룬 내용을 모두 활용하기에 가장 좋은 방법은 당연히 부모가 스스로 일정을 세워보는 것이다. 여기서는 아이의 연령대 및 환경별로 몇 가지 추천 일정을 소개한다. 이 일정은 글자 그대로 따라야 한다기보다는 하루의 일정을 어떻게 구성해야 하는지에 대한 참고자료로 활용하는 것이 좋다. 추천 일정을 지침으로 삼되 당신과 아이의 생활방식에 가장 적합한 일정을 수립하자.

6개월 아기

오전 6:00~7:00 기상

오전 7:00~7:15 우유 먹은 다음 이유식

오전 8:00~9:30 집에서 놀기

오전 9:30/10:00~11:30 첫번째 낮잠

오전 11:30 우유

오후 12:00 이유식

오후 12:30~2:00 집밖으로 외출: 어른의 일정 동행하기, 산책, 놀기

오후 2:00~3:30/4:00 두번째 낮잠

오후 3:30/4:00 우유

오후 4:00~5:30 바닥에서 놀기, 부모와 함께 책 읽기, 신선한 공기 마시기

오후 5:30 이유식

오후 5:45~6:45 놀이 시간: 까꿍 놀이, 부드러운 블록 놀이 등

오후 6:45 목욕

오후 7:00 우유/취침

유아원에 다니지 않는 만 2세 아동

오전 7:00 기상

오전 7:30~8:00 아침식사 및 하루의 준비

오전 9:00 공원까지 산책, 놀이

오전 10:00 간식

오전 10:00~11:00 그림 그리기, 부모와 함께 책 읽기

오전 11:00~11:30 혼자서 노는 시간(아이로 하여금 상상력을 활용해 자유롭게 혼자 놀도록 장려하는 시간)

오전 11:30 점심식사

오후 12:00~2:00 동화 읽어주기 및 낮잠

오후 2:00 간식

오후 2:30~4:00 어른과 외출: 심부름, 도서관, 친구와 놀기

오후 4:00~5:00 집에서 노는 시간: 일부는 부모와 함께, 일부는 혼자서

오후 5:00~5:30 저녁식사

오후 5:30~6:30 집에서 노는 시간: 일부는 부모와 함께, 일부는 혼자서

오후 6:30~7:00 정리 및 목욕 준비

오후 7:00~7:30 목욕, 잠옷 갈아입기, 책 읽기, 취침

어린이집에 다니는 만 4세 아동

오전 7:00 기상: 옷 입기, 강아지에게 밥 주기

오전 7:30 아침식사

오전 7:45 양치질, 신발 신기

오전 8:00 어린이집 가기

오전 8:30~오후 5:00 어린이집(조용하게 쉬는 시간 한 시간 반, 운동 시간, 집중력을 요하는 활동, 두 번의 간식 시간 포함)

오후 5:00~6:00 엄마를 도와 저녁을 준비하고(부모와 아이가 교감하는 시간) 저녁 먹기, 식탁 치우기

오후 6:00~6:45 자유 시간: 인형 옷 갈아입히기 놀이, 색칠 놀이, 인형·자동차·레고 가지고 놀기 등

오후 6:45~7:00 정리 및 목욕 준비

오후 7:00~7:30 목욕, 잠옷 갈아입기, 책 읽기

오후 7:30~7:45 불 끄기 전 침대에 누워서 조용히 혼자 책 보기

초등학교 1학년에 재학중인 아동

오전 7:00 기상, 옷 입기, 침대 정리하기

오전 7:30 강아지 밥 주기, 책가방 챙기기, 아침식사

오전 8:00~8:30 자유 시간

오전 9:00~오후 3:30 학교(운동 시간, 집중 학습 시간, 점심시간 포함)

오후 3:30 집에서 간식 먹기, 실외에서 노는 시간

오후 4:00~4:45 숙제(오후 4:00~7:00 일주일에 한두 번은 이 시간대에 수영, 축구, 어학, 음악 수업 등 방과후 활동을 할 수 있다.)

오후 4:45~5:30 자유 시간

오후 5:30 식탁 차리기, 가족과 함께 저녁식사

오후 6:15~7:00 부모와 함께 교감하는 시간: 보드게임, 농구, 가족 시간

오후 7:00~7:15 정리

오후 7:15~8:00 잠자리에 들 준비: 목욕, 잠옷 갈아입기, 책 읽기, 침대에 눕기

7장

엄마의 마지노선은 어디인가

경계선은 필요하다

•

"아기 포대기를 새총으로 바꾸고
당신이 더이상 곁에 머물러줄 수 없는 세상으로 쏘아올릴 아이에 대해 생각하라."
_니콜라 크라우스(작가), 〈허핑턴포스트〉

 *Checklist*

- ☐ 아이가 "안 돼"라는 말에 귀기울이고 그 뜻을 이해합니까?
- ☐ 아이가 자신의 행동이 어떤 결과를 가져올지에 대해 분명히 이해합니까?
- ☐ 아이에게 행동을 바로잡을 기회를 줍니까?
- ☐ 아이에게 단호한 태도를 취합니까? 말한 것은 끝까지 지킵니까?
- ☐ 아이가 떼쓰는 것을 당신의 문제가 아닌 아이의 문제로 대합니까?
- ☐ 아이의 문제행동을 벌할 때 포커페이스를 유지합니까?
- ☐ 아이가 화를 내도록 내버려둘 때가 있습니까?
- ☐ 아이가 합리적인 두려움을 느끼도록 내버려둘 생각이 있습니까?
- ☐ 선생님이나 다른 어른들이 아이에게 경계선을 정해주고 잘못된 행동을 벌할 때 이를 지지합니까?
- ☐ 경계선에 일관성이 있습니까?
- ☐ 아이에게 일관된 태도를 유지합니까?
- ☐ 아이가 눈에 보이지 않는 경계선을 지킬 것이라 믿습니까?
- ☐ 아이가 넘어졌을 때 스스로 일어나게 합니까?
- ☐ 아이가 자신의 행동에 책임을 지게 합니까?
- ☐ 아이와 논쟁하거나 협상하는 것을 피합니까?
- ☐ 아이에게 선택권을 줍니까?
- ☐ 아이에게 뇌물을 주지 않습니까?
- ☐ 상황에 따라 아이와 실랑이를 벌일지 말지를 선택합니까?

신발을 둘러싼 일화 하나를 들려주고 싶다.

어느 가정에서나 쉽게 볼 수 있는 광경이다. 엄마가 초등학생 딸을 데리고 놀이터에 가려고 외출 준비를 하고 있다. 기온이 섭씨 4도인데 딸은 샌들을 신겠다고 고집을 부린다. 엄마는 어떤 행동을 취해야 할까?

1) 아이에게 샌들은 오늘 날씨에 맞지 않으니 안 된다 말하고, 틀림없이 벌어질 실랑이에 대비해 마음을 굳게 먹는다.
2) 그렇게 하도록 허락하고, 아이가 상황을 잘못 판단했다는 사실을 깨달을 경우에 대비하여 배낭에 따뜻한 부츠와 양말을 챙겨간다.
3) 아이에게 선택권을 주고, 날씨가 추우니 샌들을 신으면 불편할 텐데 만약 발이 시리다고 해도 집에 돌아와 다른 신발을 가져가는 일은 없을 것이라고 말해준다.

이 질문에 대한 당신의 대답은 상당 부분 당신이 어디서 어떻게 자라났는지, 주위의 어른들이 이러한 상황에 어떻게 대처했는지를 비롯하여 수많은 문화적 요인에 따라 달라질 것이다. 내가 아는 대다수 부모들은 1번이나 2번을 선택할 것이다. 나라면 3번을 고르겠다. 미국 부모들은 아이들의 선택을 통제하거나(1번), 아이들이 선택의 결과로 고통받지 않도록 대비책을 마련해두는(2번) 경향이 있다. 동상에 걸릴 위험성이 있지 않는 한(실제로 동상에 걸릴 위험이 있다면 이것은 안전과 관련된 문제이기 때문에 부모의 뜻을 관철시켜야 한다), 나는 아이가 자신이 원하는 신발을 신고 다소 추위를 느끼게 해도 큰 문제가 없다고 본다. 이러면 아이가 다음 번에 현명한 선택을 할 가능성이 높아진다. 시린 발가락은 자율적인 선택에 대한 교훈을 얻기 위해 치러야 할 합당한 대가다.

스코틀랜드 출신의 내 친구 수전은 시카고에서 아이 몇 명을 돌보는 보모로 일했다. 아이들을 차에 태우고 학교에 갈 때, 대다수 부모들은 아이들과 함께 주차장을 가로질러 걸어갔다. 하지만 수전은 그러지 않았다. 다른 사람들과 같은 장소에 주차했지만, 아이들과 함께 주차장 주위의 보도를 따라 빙 둘러 걸어갔다. 비록 학교 정문까지 가는 데 남들보다 두 배의 시간이 걸렸지만, 수전은 아이들에게 지켜야 할 경계선과 교통안전, 규칙에 대한 중요한 가르침을 주고 있었던 것이다. 그러지 않는다면 아무리 주차장이라 해도 원칙을 무시해도 된다는 잘못된 생각을 아이들에게 심어줄 수밖에 없다고 생각했다.

이와 반대로 앞서 언급했던 세쌍둥이의 사례를 다시 한번 살펴보자. 안 그래도 미칠 듯이 바쁘고 만성 수면부족에 시달리는 세쌍둥이의 부모는 자신들이 집안 곳곳에 설치해놓은 수많은 아동용 안전문을 끊임없이 넘어다니느라 더욱 정신을 못 차릴 지경이었다. 텔레비전과 오디오 수납장 주변에 아동용 안전문, 부엌 찬장 주변에도 아동용 안전문. 한마디로 아이가 만지면 안 되는 물건 주변에는 전부 아동용 안전문을 설치해놓았다. 아이들에게 만져도 되는 물건과 안 되는 물건을 나누는 경계와 규칙을 제대로 가르쳐주고 그것을 적용하는 대신에 그저 집안 여기저기에 벽을 세워놓았던 것이다.

내가 두 가지 이야기를 연달아 소개하는 이유는 이 사례들이 경계선에 관하여 완전히 다른 두 가지 관점을 보여주기 때문이다. 영국 부모라면 추운 날 아이에게 샌들을 신겨 내보낼 가능성이 훨씬 높다. 또 영국 부모라면 아이가 어렸을 때부터 혼자서 집을 찾아오도록 허락할 가능성이 크다. 당신은 만 아홉 살짜리 아이가 혼자서 뉴욕 지하철을 타도록 내버려 두겠는가? 미국 출신의 작가이자 엄마인 리노어 스커네이지는 그렇게 했다가 엄청난 비난을 받았고, 언론에서는 리노어를 '세상에서 가장 형편없는 엄마'로 칭했다. 영국 부모들은 아이가 어렸을 때부터 혼자서 대중교통을 이용하게 한다. 만 아홉 살은 다소 이를지 모르지만 만 나이로 열 살, 열한 살 정도 된 아이들은 당연하다는 듯이 혼자서 지하철을 탄다.

목소리가 들리는 거리에 엄마가 있고 뒷마당이 안전하다면 아이를 혼자 밖에 내보내지 못할 이유가 있을까? 문제가 생기면 아이가 집안으로 들어와서 엄마를 찾으리라 믿고 그동안 앉아서 차 한잔을 즐기는 것은 어떨까?

여기저기 세워놓은 아동용 안전문, 쌀쌀한 날 샌들을 신도록 허락하지 않는 엄마의 이야기, 스커네이지에게 쏟아진 '세상에서 가장 형편없는 엄마'라는 비난에는 한 가지 공통점이 있다. ==바로 과잉보호다. 이것이 미국식 육아의 문제점이다. 부모들은 스스로에게 너무나 많은 부담을 지우고 지나치게 많은 것을 통제하려 한다.== 다른 부모나 보모들이 어딜 가든 아이들의 손을 잡고 걷는 모습을 보면서, 부주의하거나 사랑이 부족하다는 비난을 받지 않으려면 자신도 늘 아이의 손을 잡고 다녀야겠다고 생각한다.

과잉보호 현상이 나타나는 것은 우리가 삶의 다른 부분을 통제하는 데 익숙해져 있기 때문이다. 우리는 영화의 러닝타임을 분 단위로 알고 있으며, 특정 경로로 극장까지 가는 데 시간이 얼마나 걸리는지도 정확하게 파악하고 있다. 마음만 먹으면 시간에 관계없이 누구에게든 전화나 문자메시지로 연락을 취할 수 있다. 삶이 너무나 바쁘기 때문에 이러한 통제력과 정확한 정보가 필요한(또는 필요하다고 생각하는) 경우가 많다. 우리가 똑같은 원칙을 육아에 적용하는 것도 어쩌면 당연한 일이다.

과잉보호가 확산되는 데는 이미 이 책의 앞부분에서 다룬 또하나의 원인도 작용한다. 탄산음료의 사이즈 업그레이드에서부터 최신형 아이폰 구매, 아이에 대한 과잉보호에 이르기까지 수많은 미국 부모들이 더 많을수록 더 좋다는 생각을 가지고 있다. 이들은 아이가 항상 부모 가까이에 있어야 하며 아이의 요구에 부모는 즉시 응할 수 있어야 한다고 믿는다. 우리 스스로도 오늘날의 부모들이 육아에 관해서는 다소 지나치게 행동하는 경향이 있다는 사실을 알고 있다. 그렇기 때문에 새로운 육아 트렌드에 대한 데이비드 비엔나David Vienna의 블로그 포스트 'CTFD', 즉 '제기랄, 진정 좀 해Calm the F*** Down'가 인터넷에서 그토록 화제를 모은 것이다. 부모가 아이들의 보초를 설 필요는 없으며 올바른 가르침을 준 다음에는 아이들을 믿어야 한다. 아이들이 스스로 세상을 탐구하도록 허락한다고 해서 아이를 방치하는 부모가 되는 것은 아니다. 아이 일에 덜 간섭한다는 것은 부모가 통제권을 어느 정도 포기한다는 의미이며, 이것은 아이들에게도 좋고 우리 자신에게도 좋은 일이다.

부모들이 통제권을 좀처럼 포기하지 못하는 경향은 경계선을 정할 때뿐만 아니라 아이들의 행동에 대한 대가를 치르게 할 때도 나타난다. 나는 부모들이 떼쓰는 아이에게 다가가 억지로 아이를 달래려고 하는 장면을 자주 본다. "울음 뚝 그쳐" 또는 "당장 울음 그치고 사과해야 넘어갈 거야!"라고 말하는 것이다. 아이가 한창 떼쓰고 있는 와중에 의사소통을 시도하면 아이는 더 크게 울음을 터뜨릴 뿐이다. 이럴 때는 아이가 마음을 가라앉힐 수 있는 여유를 준 후 "진정하고 얌전하게 놀 준비가 되면 이쪽으로 와도 좋아"라고 설명해서 아이가 스스로 부모에게 다가오게 한다. 이 방법이 효과를 발휘하려면 반드시 이 말을 한 다음에 아이를 내버려두어야만 한다. 아이가 디저트를 먹지 못하거나 가족들끼리 노는 시간에 참여하지 못한다면 그것은 어디까지나 아이의 선택이기 때문에 그만한 대가를 치러야 한다. 앞서 소개한 바와 같이 아이가 추운 날에 샌들을 신으면 안 된다는 교훈을 얻기 위해서는 발이 시린 경험을 해보아야 하는 것처럼 말이다. ==부모는 매 순간 아이가 올바른 선택을 하도록 강요할 수는 없으며, 반드시 한 발짝 뒤로 물러서서 아이가 직접 경험해보고 그 결과를 감수하도록 해야 한다.==

☑ 아이가 "안 돼"라는 말에 귀기울이고 그 뜻을 이해합니까?

많은 사람들이 "안 돼"라는 말에 부정적인 인식을 가지고 있다. "안 돼"는 좋지 않은 말인데다 아이의 표현력과 창의력을 제한하며 심지어 효과적이지도 않다고 주장하는 전문가들이 있다. 그러나 가끔씩은 반드시 "안 돼"라는 말을 사용해야 하는 경우가 생긴다. "안 돼"는 강력하고 효과적인 도구이며 나는 미국 부모들도 다시 이 말을 사용하기 시작해야 한다고 생각한다. 가장 좋은 방법은 "안 돼"라는 말을 간략하고 이해하기 쉬운 설명과 함께 사용하는 것이다. 의사소통에 대해 다룬 2장에서 소개했듯이 "안 돼, 동생을 때리면 안 되지. 네가 때리면 동생이 아파하잖아" 정도면 효과적이다. 그러나 아이에게 규칙의 정당성을 설명하는 데 지나치게 집착할 필요는 없다. 나는 한 번, 많아야 두 번 정도만 설명한다. 그다음에도 같은 행동을 반복하면 그냥 짧고 단호하게 "안 돼"라고 말한 뒤 아이가 해당 행동을 하지 못하게 조치한다.

아이들이 바깥세상에 뛰어들면 "안 돼"라는 말을 거듭 듣게 될 것이다. 아이가 그 말을 들었을 때 대처할 수 있는 방법을 가르쳐주는 것이 부모인 당신의 임무다.

☑ 아이가 자신의 행동이 어떤 결과를 가져올지에 대해 분명히 이해합니까?

아이가 자신의 행동에 대한 부모의 기대치를 충분히 이해하는 것이 중요하다는 점은 2장에서 설명한 바 있다. 그런데 말을 듣지 않았을 때 뒤따르는 구체적인 결과를 이해하는 것도 그만큼 중요하다. 나는 가정 방문을 할 때 이 부분이 결여된 가족을 너무나 자주 접한다. 아이에게 점토를 정리하라고 했지만 좀처럼 말을 듣지 않는다. 부모는 이렇게 말한다. "정리하고 안으로 들어오라고 했지. 지금부터 셋을 셀 거야. 하나! 둘!" 하지만 이 경우, 아이는 그다음에 어떤 일이 일어날지 모르기 때문에 말을 듣지 않는다. 따라서 어떤 결과가 발생할지를 아이에게 분명히 말해주어야 한다. "엄마가 정리하고 들어오라고 했지. 셋까지 세는 동안 정리하지 않으면 오늘은 하루종일 점토를 가지고 놀 수 없어." 명확하고 구체적이다. 나는 부모들이 이 뒷부분을 덧붙이지 않는 이유는 부모 자신도 아이가 어떠한 대가를 치러야 할지 좀처럼 좋은 생각이 떠오르지 않기 때문이라고 생각한다! 특히 공공장소에 있거나 주의가 분산되어 있을 경우에 그렇다.

어떤 경우에도 아이에게 말뿐인 협박을 해서는 안 된다. 나는 부모들이 "계속 떼쓰면 여기에 놔두고 갈 거야"라고 말하는 것을 자주 듣는다. 하지만 부모가 절대 아이를 놔두고 갈 리가 없다는 사실을 아이가 잘 알고 있다면, 아이는 입 밖에 내서 말하지는 않더라도 온몸으로 '그래요? 어디 할 수 있으면 그렇게 해보시죠!'라는 뜻을 표시한다. 이렇게 말뿐인 협박은 부모와 부모가 하는 말의 위신을 떨어뜨릴 뿐이다. 물론 그렇다고 진짜로 아이를 내버려두고 가라는 말은 아니다. 다만 자신이 실천할 수 있는 것, 실천할 준비가 되어 있는 것만 입 밖에 내야 한다는 의미다.

절대로 건드려서는 안 될 부분도 있다. 잠자는 시간, 부모의 사랑 표현 방식, 아이가 좋아하는 담요, 학교 생활과 같은 정해진 일상은 아이가 치러야 할 대가에서 제외해야 한다. 이 역시 너무나 당연한 말처럼 들리겠지만, 화가 머리끝까지 난 부모들은 곧잘 이런 말을 해버리고 만다. "지금 당장 잠옷을 입고 시키는 대로 하지 않으면 네가 제일 좋아하는 담요를 빼앗을 테다." "이딴 식으로 하면 오늘은 안아주지 않을 거야." 이보다는 "얼른 잠옷을 입지 않으면 책 두 권이 아니라 한 권밖에 읽을 시간이 없을 거야"라고 말하자. 이는 아이를 협박하기보다 아이에게 선택권을 주는 것이다.

영국 보모의 비밀

"안 돼"를 더욱 효과적으로 사용하기 위한 세 가지 요령
1. 지나치게 자주 사용하지 않는다. 이 말을 지나치게 자주 듣게 되면 아이가 부모의 말을 무시하게 된다.
2. 왜 그 말을 하는지를 간략하게 설명한다. 예를 들어 아이가 오븐에 손을 뻗으면 이렇게 말하자. "안 돼. 오븐은 뜨거워서 손을 델 수도 있어."
3. 당신의 말이 진심이라는 점을 보디랭귀지와 어투를 통해 전달하자. 아이와 눈높이를 맞추고 팔을 잡은 후(부드럽게), 눈을 들여다보며 확신 있는 태도로 말하자.

아이에게 행동의 인과 관계 보여주는 법
아이가 어떤 행동을 할 때 항상 바로 그 자리에서 그 행동의 결과를 연결지어 설명해주자. 몇 가지 예를 들어보겠다.

1. 아이가 생일파티에 가기 전에 집에서 말썽을 부린다 ▶ "지금 당장 그만두지 않으면 생일파티에 못 가. 아무것도 안 하고 집에 있어야 해."
2. 아이가 놀이 친구를 만났는데 말썽을 부린다. ▶ "친구랑 놀러왔으니까 예의 바르고 얌전하게 놀아야 해. 그러지 않으면 집에 갈 거야. 이게 마지막 경고야. 한 번만 더 말썽을 부리면 집에 가는 거야."
3. 아이가 책을 던진다. ▶ "책을 한 번만 더 던지면 책을 빼앗아버릴 거야."
4. 아이가 저녁 식탁에서 음식을 던진다. ▶ "음식을 다시 한번 던지면 접시를 치워버릴 거야. 그럼 아무것도 못 먹을 줄 알아."

아이가 행동의 결과를 즉시 이해할 수 있게 하자.

☑ 아이에게 행동을 바로잡을 기회를 줍니까?

한번은 만 다섯 살짜리 남자아이가 어린 남동생과 심하게 싸우는 광경을 본 적이 있다. 보다 못한 아빠가 싸움에 끼어들어 형을 자기 방으로 보내버렸다. 아이에게는 자신의 행동을 바로잡을 기회가 주어지지 않았다. 다음번에 그 아이가 말썽을 부렸을 때도 역시 잘못된 행동을 고칠 기회는 없었고, 아이는 점점 더 비뚤어진 행동을 하게 되었다. 아이를 쉽사리 다른 방으로 보낼 수 없는 상황에서도 아이는 좀처럼 부모의 말을 듣지 않았다. 아이에게 그 자리에서 행동을 바로잡을 기회를 주면, 아이는 경계선과 행동의 결과에 대해 중요한 교훈을 얻게 된다. 또한 이를 통해 인생에서 더할 수 없이 소중한 자산인 자제력도 기를 수 있다. 그리고 잘 믿기지 않겠지만, 이렇게 하면 아이가 느끼는 좌절감도 적어지기 때문에 부모와 실랑이를 벌일 일도 줄어든다.

여기서 중요한 것은 '좌절감'이라는 단어다. 아이로 살아가는 것은 그야말로 좌절의 연속이다. 때로 아이들은 충동적인 반응을 보인다. 어떤 일이 생길지 사전에 제대로 생각해보지 않고 블록을 던지는 경우가 이에 해당한다. 아이에게 다른 사람이 다칠 수도 있기 때문에 블록을 던져서는 안 되며, 만약 다시 한번 블록을 던지면 치워버리겠다고 말해주자. 그 이후 블록을 계속 가지고 놀 수 있을지 여부는 어디까지나 아이의 선택에 달려 있다. 직장에서 비교적 사소한 실수를 했는데 상사가 개입하여 직접 경고하거나 당신에게 달려와서 그렇게밖에 못하느냐며 다른 방식으로 일을 처리하라고 강권한다면 어떻겠는가? 머리끝까지 화가 날 것이다. 아무런 경고 없이 벌을 받는 아이들도 똑같은 감정을 느낀다.

그러나 반드시 즉각적인 조치가 필요한 행동도 있다. 발로 차거나 때리거나 무는 행동은 사전에 따로 경고할 필요가 없다. 아이들은 아주 어렸을 때부터 이러한 행동이 잘못이라는 사실을 알아야 하며, 아이가 이런 행동을 보일 경우 즉시 그 상황에서 격리시켜야 아이가 실수의 심각성을 깨닫게 된다. 내가 돌보던 만 두 살짜리 남자아이가 이제 겨우 생후 4개월인 남동생에게 무거운 호박을 던지려 했을 때, 나는 아이를 옆으로 끌어내서 눈높이를 맞추고 양팔을 잡은 다음 단호하게 언성을 높였다. "동생에게 절대 물건을 던지면 안 돼. 호박은 던지는 물건이 아니야. 너 때문에 동생이 진짜 다칠 뻔했잖아. 앞으로는 호박을 가지고 놀 수 없어. 가서 호박을 줍고 당장 동생에게 사과해." 아이는 한동안 울었지만 울음이 잦아든 후 자기 기분에 대해 나와 이야기를 나누었고, 한 시간쯤 지나자 다시 웃으면서 놀기 시작했다. 그후 다시는 위험한 장난을 치지 않은 것은 물론이다.

 영국 부부의 비밀

아이에게 경고하는 법

예전에는 아이에게 경고할 때 좀처럼 실천하기 어려운 처벌을 언급했지만, 이제는 아들에게 행동의 결과를 설명하기 전에 내가 그 결과를 과연 실제 행동으로 옮길 수 있을지 충분히 생각해보고 확신할 수 있는 것만 이야기한다. 잠깐이라도 시간을 내서 그런 생각을 해보면 아들에게 행동의 결과를 설명할 때의 자신감이 완전히 달라진다! "계속 칭얼대면 오늘 저녁에 텔레비전을 한 번도 못 보게 될 거야"라고 말하면 아이는 내 목소리에 스민 일말의 머뭇거림을 기가 막히게 감지해내는 것 같다(내가 저녁식사 준비를 하려면 아이를 텔레비전 앞에 앉혀야 한다는 사실을 아이도 잘 알고 있기 때문이다!).

 영국 보모의 비밀

둘 하고 반? 반의 반?!

스스로 '숫자 세기', 즉 아이에게 숫자를 셋까지 셀 동안 시간을 주는 것은 아이의 행동을 바로잡으려 할 때 보편적으로 사용되는 방법이다. 나는 사실 이 숫자 세기를 자주 사용하지는 않지만, 두 가지 주의점만 지키면 매우 효과적인 방법이라고 생각한다. 우선 아이가 행동을 바로잡을 때까지 부모가 지나치게 오래 기다려서는 안 된다는 점이다. 다섯까지 세면 너무 길다. 아이는 계속 시간을 늘리고 싶어할 것이다. 두번째로 "셋 하고 반……" 하는 식으로 단위를 바꿔서는 안 된다. 이러면 아이는 숫자 세기에 협상이 가능하다고 생각하게 된다. 머지않아 "셋 하고 반의 반의 반……"이 나올 테고, 어느새 간단한 일을 시키거나 나쁜 행동을 바로잡기 위해 스무 번 가까이 수를 세는 자신을 발견하게 될 것이다. 물론 그렇게 하고 싶은 유혹이 얼마나 강한지는 충분히 이해한다! 당신은 갈림길에 서 있는 것이다. 아이가 거의 말을 듣기 직전이므로 딱 한 번만 더 숫자를 세어주면 기분좋게 놀이터에 갈 수 있겠지만, 그러지 않으면 아이가 한바탕 떼쓰는 광경을 지켜보아야 한다. 그렇기 때문에 '둘'이 너무나 쉽게 '둘 하고 반'으로 둔갑하고 만다. 마음을 굳게 먹자! 숫자 세기를 질질 끌 경우, 오늘은 조금 빨리 놀이터에 갈 수 있을지 몰라도 장기적으로 보면 숫자를 세고 아이를 설득하는 데 훨씬 더 많은 시간을 허비하게 될 것이다.

☑ 아이에게 단호한 태도를 취합니까? 말한 것은 끝까지 지킵니까?

나는 아이에게 경계선을 가르치는 문제와 관련하여 한 가족을 관찰해달라는 부탁을 받았고, 다음과 같은 대화를 기록했다.

엄마 지금 나갈 거야.
아이 싫어어어어어어!
엄마 지금부터 셋을 센다. 그다음에는 억지로 안고 나갈 거야.
나 (마음속으로) '잘한다, 엄마!'
엄마 하나…… 둘……
아이 싫어어어어! 나가기 싫단 말이야!
엄마 셋! 걸어서 나갈래, 아니면 엄마가 안고 나갈까?
나 (마음속으로) '이런…… 엄마의 권위가 땅에 떨어졌네.'

이러한 대화가 그야말로 영원처럼 느껴질 정도로 계속되었다! 그리고 마침내 아이를 자동차의 유아용 카시트에 앉힐 때도 똑같은 실랑이가 벌어졌다.

내가 볼 때 경계선 및 행동의 결과와 관련하여 문제가 발생하는 가장 큰 이유는 부모가 단호한 태도를 취하지 못하거나 아이에게 한 말을 끝까지 지키지 못하기 때문이다. 그리고 그 이유는 너무나 간단하다. 나는 집 안팎에서 죽도록 열심히 일하는 수많은 부모들을 만나왔다. 그중에서도 내가 한없이 연민을 느끼는 두 엄마가 떠오른다.

나디아는 두 명의 아들을 둔 싱글 워킹맘으로, 두 아이 때문에 항상 녹초 상태였다. 애들 아빠는 경제적으로나 다른 측면으로나 거의 도움이 되지 않았기 때문에 나디아는 엄청난 부담을 어깨에 지고 있었다. 나디아는 하루종일 두 아들에게 해도 되는 일과 그렇지 않은 일의 경계선을 주입하려고 노력했다. 소리지르면 안 된다, 음식을 다 먹은 뒤에 식탁에서 일어나야 한다, 형이나 동생을 때리면 안 된다 등등. 나디아는 두 아들에게 말을 듣지 않으면 각자의 방으로 보내버리겠다고 말했고 셋까지 숫자를 세어보기도 했으며, 일단 셋까지 가면 그것으로 끝나야 한다는 사실도 잘 이해하고 있었다. 하지만 셋까지 센 다음에도 아무런 조치를 취하지 않았다. 한마디로 아이들에게 예고한 벌을 실천에 옮길 기력이 남아있지 않았던 것이다. 아이들을 자기 방으로 보내려면 또 한바탕 싸움을 벌여야 했고, 벌을 준다 해도 금세 또다른 벌을 주어야 할 것이 틀림없었기 때문이다. 아이들은 너무나 많은 규칙을 어겼고, 나디아 역시 하루종일 교도관 노릇을 하고 싶은 생각은 없었다.

　소피아의 문제도 나디아와 비슷했다. 소피아에게는 딸이 둘 있었다. 남편은 집안일에 거의 관여하지 않고 육아의 대부분을 엄마에게 맡겼다. 소피아는 하루종일 일한 다음 매일 저녁마다 아이들을 돌보는 책임까지 혼자서 떠맡았다. 녹초가 된 소피아는 딸들을 재울 때가 되면 손가락 하나들 힘도 없을 정도였다. 딸아이들은 마치 이를 간파라도 한 듯이 잠잘 시간이 되면 유독 말을 듣지 않았다. 아이들은 배가 고프니까 간식을 달라고 했고 소피아는 안 된다고 말했다. 수도 없이 침대에서 기어나오고 칭얼대고 울고 소리지르는 아이들을 달래느라 한 시간 반이 흐르자 소피아는 더이상 버틸 수가 없었다. 어서 침대에 가서 눕고 싶은 생각이 간절했다. 한계에 다다른 것이다. "알았어!" 소피아가 마침내 말했다. "시리얼을 좀 줄 테니 얼른 먹고 자는 거야!" 아이들 2승, 부모 0승.

==아이를 돌보는 사람 중에 소피아나 나디아에게 공감할 수 없는 사람이 있을까? 우리는 모두 두 사람과 같은 입장에 처해보았고, 자포자기의 심정이 어떤 것인지 너무나 잘 알고 있다.== 조용히 쉴 수만 있다면 무슨 짓이든 하겠다! 이러한 경우 내 역할은 부모에게 좀더 장기적인 안목으로 육아를 바라보도록 조언하는 것이다. 물론 두 아들에게 벌을 주지 않으면 당장은 아이들의 울음소리를 덜 들어도 된다. 딸들에게 시리얼을 주면 오늘밤은 좀더 일찍 잘 수 있다. 하지만 내일 밤은 어떨까? 그다음날 밤은? 지금으로부터 5년 뒤 파티에 간 딸들이 집에 돌아오고 싶어하지 않는다면? 아이들이 성장할수록 '문제'는 더욱 심각해지기 마련이므로, 지금 제대로 통제하지 못한다면 향후 엄청나게 골머리를 앓을 것이 틀림없다.

아이들은 사실 부모가 경계선을 명확히 그어주기를 바란다. 제멋대로 행동할 자유가 주어지거나 누가 책임자인지 불확실한 경우 아이들은 불안감을 느끼기 마련이다. 엄마가 그만 놀라고 말해도 아이들은 계속 놀고 싶어하는 경우가 많기 때문에, 이 점을 알아채기는 쉽지 않다. 하지만 아이들에게는 분명 제약이 필요하다.

단호한 태도를 취하며 말한 내용을 끝까지 지키는 것은 아마도 부모가 시도할 수 있는 가장 큰 변화일 것이다. 물론 처음에는 많은 어려움이 따를 테고 부모도 대비해야 한다. 하지만 이 방법은 분명 효과를 거둘 것이고, 시간도 그리 오래 걸리지 않는다. 부모가 일단 말한 바는 꼭 지킨다는 사실을 아이들이 깨닫고, 여러 차례 그런 경험이 반복되면 아이들은 점차 부모가 정한 규칙을 받아들이고 부모를 더욱 존경하게 될 것이다. 아이에게 져주면 단기적인 측면에서는 더 수월할지 모르지만 장기적으로 보면 훨씬 더 힘들어진다.

 영국 보모의 비밀

영국식 육아 vs. 미국식 육아

단호한 모습과 다정한 모습 사이에 항상 적절한 균형을 유지하자. 훈육한 직후에 아이를 안아줄 필요는 없지만, 아이에게 자주 다정하고 따뜻한 태도를 보여줄 필요는 있다. 다음 장에서 살펴보겠지만, 나는 엄격한 규칙과 제약이 있을 뿐 좀처럼 사랑을 표현하지 않는 영국 가정이 육아의 정석이라고는 생각하지 않는다. 또한 아이들을 너무나 끔찍이 사랑하는 나머지 아이가 무슨 행동을 하든 전부 용서해주는 미국 가정들도 달갑지 않기는 마찬가지다. 무엇이든 중용이 관건이다.

☑ **아이가 떼쓰는 것을 당신의 문제가 아닌 아이의 문제로 대합니까?**

아이가 칭얼대거나 떼를 쓰는 가장 큰 이유는 부모의 관심을 끌기 위해서다. 아이들은 부정적이든 긍정적이든 관심을 받으려고 노력한다. 아이에게 분명히 밝혀두자. 계속 칭얼대고 싶다면 마음대로 해도 좋지만, (집에 있는 경우) 다른 방으로 보내거나 당신이 나가버리겠다고 말해야 한다. 여기서 관건은 한창 떼쓰는 아이를 논리적으로 설득하려 들지 않는 것이다. 동시에 "네가 떼쓰지 않고 차분히 이야기할 준비가 되면 엄마가 바로 다시 들어올게"라는 말로 아이에게 바람직한 행동 방향을 알려주어도 좋다. 이렇게 하면 세 가지 긍정적인 효과를 얻을 수 있다.

1. 아이에게 선택권을 줄 수 있다.
2. 아이가 관심을 얻으려는 행동에 더이상 흥미를 느끼지 않게 된다.
3. 부모 입장에서는 훌륭한 대응 방법이다. 다른 방으로 가면 아이가 칭얼거리는 소리를 들을 필요가 없으니까!

✓ 아이의 문제행동을 벌할 때 포커페이스를 유지합니까?

친척들이 음식점에 모여 밥 먹는 자리에서 아이가 떼를 쓰기 시작했다. 당신은 미리 아이에게 설명해두었던 벌을 주기 위해 아이를 데리고 음식점을 나와 주차된 자동차 안으로 들어갔다. 아무리 부모라 해도 맛있는 음식을 먹으며 친척들과 안부인사를 나누는 대신 소리지르며 우는 아이와 함께 차 안에 앉아 있어야 한다면 당연히 기분좋을 리 없다. 하지만 당신은 조금도 개의치 않는 것처럼 행동해야 한다. 당신이 화가 많이 난 것처럼 보일수록 아이는 더욱 응석을 부리고 싶어할 것이다. 자연스럽게 핸드폰을 확인하자. 자동차 매뉴얼을 읽어도 좋다. 기다리는 것이 전혀 대수롭지 않은 일인 것처럼 행동하자. 아이가 다시 음식점으로 들어가서 얌전하게 행동할 준비가 되었다고 이야기할 때까지는 아이에게 말을 걸거나 반응을 보이지 말자. 아이들은 지루한 것을 좋아하지 않으며, 당신과 실랑이를 벌일 수도 없고 심지어 당신이 아이의 행동에 관심조차 주지 않으면 지루해지기 마련이다. 결국 마음을 바꿔 말을 듣게 될 것이다.

아이들은 부모가 짜증이 나거나 마음이 약해졌을 때를 기막히게 감지해낸다. 부모의 심기를 건드려서 무언가를 모면하거나 작은 관심이라도 이끌어낼 수 있다면, 주저하지 않고 그렇게 할 것이다. 침착한 태도를 보일수록 당신의 뜻은 아이에게 분명히 전달된다. 말은 이렇게 하지만 절대 쉬운 일은 아니다! 언제나 침착함을 잃지 않는 나조차도 최근에 이와 관련하여 실수한 적이 있다. 나는 무척이나 피곤했고 내가 돌보고 있던 만 두 살짜리 아이는 도저히 손댈 수가 없을 정도로 떼를 썼다. 그렇게 된 이유는 첫째, 아이가 낮잠을 자지 않았고 둘째, 내가 침착함을 유지하지 못했기 때문이다. 내 얼굴에 감정이 드러나기 시작했다. 아이는 자신의 행동 때문에 내가 동요하고 있다는 사실을 깨닫자 더욱 말썽을 부렸다. 만약 내가 앞서 소개한 요령대로 아이를 다른 방에 데려다놓았다면, 침착함을 유지할 수 있었을 테고 아이가 아무리 제멋대로 말썽을 부린다 해도 화를 내는 일은 없었을 것이다.

☑ 아이가 화를 내도록 내버려둘 때가 있습니까?

자주 접하게 되는 상황을 소개하겠다. 당신은 아이 친구의 생일선물을 고르기 위해 아이와 함께 장난감 가게에 왔다. 아이는 자기 마음에 쏙 드는 인형을 발견하고는 그 인형을 사달라고 조른다. 당신은 어떻게 하겠는가.

1) 아이에게 이렇게 말한다. "안 돼. 오늘은 네 장난감을 사러 온 게 아니야. 네

친구 생일에 선물로 줄 장난감을 사러 왔잖니."
2) 아이가 빈손으로 장난감 가게를 나설 리가 없기 때문에 인형을 사준다.
3) 오늘은 살 수 없지만 아이가 원하는 생일선물 목록에 올려두거나 직접 돈을 모아서 사라고 말한다.

이 경우에는 1번이나 3번 모두 올바른 답이다. 1번 정도면 아주 충분하고 나 역시 이 대답을 가장 선호하지만, 때로는 장난감을 손에 넣을 수 있다는 가능성을 완전히 없애버리지 않는 편이 좋을 때도 있다. 특히 돈 벌기와 저축의 중요성을 알려줄 좋은 기회가 된다면 말이다. 아이가 특별한 날을 앞두고 있다면 아이에게 원하는 선물 목록을 만들게 해서 친척들에게 알려주어도 좋다. 하지만 너무나 많은 부모들이 2번을 선택하는데, 떼쓰는 아이를 달래고 싶지 않거나 아이가 화내는 것을 바라지 않기 때문이다. 어떤 부모는 아이가 그렇게 유혹에 시달릴 상황을 만든 것 자체가 잘못이라고 생각하며 스스로를 탓하기도 한다(사탕 가게에 데리고 가서 사탕을 못 먹게 하는 경우). 이러한 부모들은 그것이 절대 잘못이 아닐뿐더러 오히려 아이에게 원하는 것이나 요청하는 것을 모두 손에 넣을 순 없다는 중요한 교훈을 가르칠 절호의 기회가 된다는 사실을 좀처럼 깨닫지 못한다.

☑ **아이가 합리적인 두려움을 느끼도록 내버려둘 생각이 있습니까?**

부모는 부모답게 행동해야 하며 아이의 친구가 되어서는 안 된다. 부모

==가 아이를 두려워해서는 안 되며, 아이들은 부모에게 어느 정도 두려움을 느껴야 한다!== 아이가 반드시 부모를 무서워할 필요는 없지만, 최소한 자신의 행동에 대한 처벌은 두려워해야 한다. 처벌에 대한 두려움이 없다면 훗날 아이가 성장한 후 음주운전을 하려고 들 때 거리낄 것이 어디 있겠는가? 다른 불법 행위나 위험한 행동은? 처벌에는 어느 정도의 두려움이 따라야 하고, 부모는 아이를 처벌로부터 보호해주지 말아야 한다. 합리적인 두려움은 아이들을 안전하게 지켜주며 아이들이 독립적으로 올바른 선택을 할 수 있도록 도와줄 것이다.

영국 보모의 비밀

훈육자의 표정

나에겐 아이들을 돌볼 때 사용하는 특정한 '표정'이 있으며, 아이가 내 얼굴에서 그 표정을 발견하면 더이상의 말이 필요하지 않다. 아이는 도가 지나쳤음을 깨닫고 벌을 받을까 두려워 얼른 행동을 바로잡는다. 아이가 한눈에 알아채고 잘못된 행동을 했음을 깨달을 수 있는 표정은 일일이 말로 할 수 없는 상황에서 꼭 필요한 요소다.

☑ **선생님이나 다른 어른들이 아이에게 경계선을 정해주고 잘못된 행동을 벌할 때 이를 지지합니까?**

나를 보모로 고용했던 캐리라는 멋진 엄마는 아이들에게 무용을 가르치는 교사다. 캐리는 수업을 진행하다가 태도가 아주 좋지 않고 다른 아이들의 수업까지 방해하는 학생을 발견하고는 스튜디오 밖으로 내보냈다. 머지않아 그 학생의 아빠가 한걸음에 달려와서 불같이 화를 냈다. 캐리는 침착하게 말했다. "죄송합니다만, 저는 제가 가르치는 학생들이 제게 무례하게 행동하는 것을 절대 용납할 생각이 없고, 따님이 저나 다른 학생들에게 무례하게 행동하는 것을 내버려둘 생각도 없습니다." 안타깝게도 캐리처럼 이 문제에 대해 확고한 태도를 보이는 교사는 극히 드물다. 그 학생의 아빠가 캐리에게 화를 낸 것처럼 부모가 교사에게 거세게 항의하는 경우, 십중팔구 선생님들이 양보하고 만다.

여기에는 두 가지 문제점이 있다. 첫째, 이런 부모들은 도대체 왜 교사에게 항의하는가? 물론 선생님이 100% 옳다는 이야기는 아니지만, 교사는 한 학급을 책임지고 있는 사람으로서 그만한 권위를 가지고 있으므로 아이들도 그 점을 존중해야 한다. 부모가 교사의 권위를 존중하지 않는다면 아이들이 존중할 리가 있겠는가? 영국에서 교장으로 근무하고 있는 내 친한 친구는 미국 학교에서 예사롭게 일어나는 이러한 상황을 보고 경악했다. 영국에서는 아이들이 학교에서 문제를 일으킬 경우 크게 풀이 죽는다. 만약 부모가 그 사실을 알게 되는 날에는 더 큰 벌을 받기 때문이다. 미국에서는 교사가 학생을 훈육하려 할 때 아이가 "형편없는 선생님이 나한테 무슨 짓을 했는지 우리 엄마 아빠한테 이를 테니 두고 보세요!"라는 식으로 반응한다. 아이의 잘못을 좀처럼 인정하지 못하거나 단순히 자기 아이가 완벽하지 않다는 사실에 당황한 부모는 결국 교사에게 비난의 화살을 돌린다.

둘째, 선생님들은 왜 한 발짝 물러나는가? 그 이유는 더 간단하며 첫번째 문제와 밀접하게 연관되어 있다. 선생님들에게 예전 같은 권위가 없기 때문에 양보할 수밖에 없는 것이다. 오늘날 학교를 좌지우지하는 것은 학부모이며 이 학부모를 쥐락펴락하는 것은 바로 학생들이다. 이것이 하나의 문화로 정착되면서 선생님들이 매우 곤란한 상황에 처하게 되었다. 우리는 꼭 부모가 아니더라도 주위 어른들이 아이의 잘못을 꾸짖을 수 있는 사회로 돌아가야 한다.

☑ 경계선에 일관성이 있습니까?

장소에 따라 아이에게 다른 경계선을 적용해서는 안 된다. 그렇게 되면 아이들에게 근본적인 혼란을 야기하게 되고, 기껏 집에서 제대로 정해놓은 경계선이 무너지고 만다. 집에서나 바깥세상에서나 규칙은 동일해야 한다. 물론 거실에서는 공을 던질 수 없지만 실외에서는 가능한 것처럼 몇 가지 예외는 있다. 규칙에 관해서는 명확하고 일관된 태도를 취하는 것이 중요하며 여러 가지 다른 기대치를 적용하여 문제를 복잡하게 만들어서는 안 된다.

부모는 아이들이 공공장소와 사적인 공간의 차이를 이해하며, 집에서는 겨드랑이로 방귀 소리를 내도 그냥 내버려두지만, 식당에서는 그런 행동을 하면 안 된다는 사실을 당연히 알고 있으리라 기대하는 경우가 많다. 사실 우리도 직장에서는 입 밖에 낼 상상조차 못할 말을 집에서 배우자에게 하거나 전화로 친구들에게 하니까 말이다. 집에서는 밖에 있을 때와는 전혀 다르게 빈둥거리거나 제멋대로 행동하기도 한다. 우리는 아이들 역시 이렇게 때와 장소를 구분할 수 있다고 생각하며, 실제로 아이들도 어느 정도는 구분이 가능하다(예를 들어 욕실에서 엄마랑 같이 있을 때는 옷을 벗어도 되지만 밖에서는 안 된다). 그러나 아이들이 매번 상황에 맞춰 다른 규칙들을 적용하기는 어려우며 그렇게 할 수 있으리라 기대해서도 안 된다. 아이들의 입장에서는 무척이나 혼란스러운데다 제대로 효과를 발휘할 리도 없다.

집에서는 철저하게 규칙을 적용하지만 공공장소에서는 태도가 달라지는 부모들도 있다. 공공장소에서 시끄러워지는 것을 바라지 않는 엄마 아빠가 아이가 바라는 대로 해주는 경우다. 이것은 보기보다 훨씬 좋지 않은 영향을 미친다. 아이들은 영악하다. 담벼락에 난 구멍을 발견하면 점점 더 크게 벌릴 것이다. 공공장소에서 엄마 아빠가 제 말을 들어줄 가능성이 높다는 사실을 알게 되면 외출할 때까지 기다렸다가 떼쓰는 법을 배우게 된다. 언뜻 보아서는 알 수 없겠지만, 아이들은 분명 경계선과 일관성을 원한다. 경계선이 어디 있는지 확실히 알고 있으면 아이들은 안정감을 느끼고 안심하게 된다. 나는 아이들의 행동이 그토록 빨리 개선되는 가장 큰 이유가 근본적으로 아이들이 일관된 경계선을 필요로 하기 때문이라고 믿는다. 규칙을 바라기 때문에 일단 규칙이 정해지면 그대로 따르는 것이다.

☑ 아이에게 일관된 태도를 유지합니까?

내가 명품 가방을 공짜로 얻고 싶다고 생떼를 부리며 프라다에서 한바탕 소동을 부린다면 매장에서 쫓겨나는 것은 물론 경찰에 잡혀갈 수도 있다. 물론 나는 그 사실을 알기에 그런 행동을 하지 않는다. 그러나 만약 내가 프라다에서 '진상'을 부렸는데 매장 책임자가 나를 불쌍하게 여겨 명품 가방을 주었다면? 나는 울고불고 난리 치는 것이 목적을 달성하는 데 효과적인 방법이라는 사실을 배우게 될 것이다. 혹은 내가 프라다 매장에서 5일 동안 떼를 썼는데 5일째에 마침내 원하던 가방을 손에 넣었다면? 나는 매장 담당자들에게 일관성이 없다는 사실을 깨닫게 된다. 그러니까 공짜 가방을 받을 수 있는 운좋은 날에 대비해서 항상 소동을 부려야 한다는 결론에 도달한다. 그리고 만약 진짜 그렇다면 나는 틀림없이 프라다에 가서 매일 진상을 부리고 있을 것이다!

아이에게 일관되고 단호한 태도를 취해야 한다는 것은 지극히 상식적인 조언이다. 하지만 이를 실천하는 것은 믿을 수 없을 정도로 힘들다. 예전에 세 아이를 도저히 감당하지 못해서 너무나 힘들어하는 엄마를 도와준 적이 있다. 나는 그 가족과 며칠을 함께 보내며 엄마에게 내 체크리스트에서 소개한 방법들을 익히도록 했다. 더디기는 하지만 확실히 아이들의 태도가 달라지기 시작했다. 아이들은 엄마가 무언가를 지시할 때 말을 들었다. 말썽을 부리면 엄마가 확실하게 벌을 줄 것이라는 점을 알고 있었다. 그러다가 엄마가 시험대에 오르는 날이 왔다. 마트에 방문했는데 아이들 중 한 명이 위험한데도 불구하고 카트에 타고 싶다며 쇼핑하는 내내 소란을 피워 일행을 난처하게 만든 것이다. 엄마에게는 세 가지 선택지가 있었다.

1) 아이의 요청에 항복하여 자녀의 좋지 않은 행동을 부추긴다.
2) 저녁 준비에 필요한 식료품을 사지 않은 채 즉시 아이들을 다시 차에 태운다 (만약 떼쓰는 아이의 목적이 가게에서 나가는 것이었다면, 이는 엄마가 또다른 형태로 아이에게 항복한 셈이다).
3) 아이가 매장 통로를 지날 때마다 소리지르며 우는 가운데 다른 손님들의 날카로운 시선을 견뎌낸다.

당신이라면 어떻게 하겠는가? 셋 중 마음에 드는 것은 하나도 없다, 그렇지 않은가? 하지만 그나마 나은 답은 있다. 바로 3번이다. 쇼핑하는 손님들의 따가운 시선을 견뎌내는 것은 물론 무척이나 힘든 일이며, 그렇기 때문에 일관성을 유지하기가 그토록 어려운 것이다. 그러나 일단 그렇게 해두면 십중팔구 그러한 상황은 다시 일어나지 않을 것이며, 설사 일어난다 해도 그만큼 오래 지속되지 않을 것이다. 만약 여기서 엄마가 아이에게 항복한다면 집에서 아이와 실랑이하며 확보한 권위를 전부 잃어버리게 된다. 아이는 자신이 떼를 쓰건 안 쓰건 엄마가 쇼핑을 계속할 것이며, 엄마는 자신에게 항상 특정한 행동 기준을 기대한다는 점을 깨달아야 한다. 다음번에 아이를 가게에 데리고 가도 엄마는 똑같이 행동해야 한다. 만약 엄마가 항복해서 아이를 카트에 태우면, 지난번에 견뎌냈던 그 모든 부끄러움이 수포로 돌아간다. 앞서 설명한 프라다의 예와 같다. 다섯 번 소동을 부려서 공짜로 프라다 가방 하나를 얻을 수 있다면 당연히 그렇게 하고말고! 또한 엄마가 아닌 아빠나 할머니가 아이를 데리고 마트에 간다 해도 마찬가지로 아이를 카트에 태워서는 안 된다.

일관성은 경계선을 정하고 행동에 대한 결과를 이행하는 데 너무나 중요한 요소이다. 아이를 돌보는 다른 사람들과의 의사소통이 그토록 중요한 이유 중 하나도 바로 이것이다. 2장에서 다루었듯이 나는 부모가 마주보고 앉아서 아이의 문제행동과 자신들의 기대치에 대해 대화를 나누길 권한다. 허용되는 행동과 그렇지 않은 행동은 무엇인가? 목록을 만들어봐도 좋고, 만든 후에는 그 목록을 함께 살펴보라. 엄마 아빠는 집중할 부분에 대해 의견을 모으고, 해당 영역을 아이에게 집중적으로 교육시키며, 일관된 방법을 사용해야 한다.

☑ 아이가 눈에 보이지 않는 경계선을 지킬 것이라 믿습니까?

앞서 언급한 세쌍둥이의 경우, 나는 아늑한 집을 요새로 만들어버린 아동용 안전문을 치우라고 부모를 설득했다. 물론 아이들은 바로 값비싼 텔레비전과 오디오 장비 쪽으로 다가가서 만지려 했다. 우리는 이렇게 설명했다. "안 돼. 너희들이 만지면 안 되는 물건이야." 장비를 등지도록 아이들을 돌려세운 뒤, 가지고 놀 수 있는 장난감을 주었다. 아이들은 그다음에도 몇 번 더 텔레비전 쪽으로 다가갔지만 그때마다 우리는 "안 돼"라는 이야기를 반복했다. 그게 끝이었다. 텔레비전이나 오디오는 가지고 노는 물건이 아니며, 만약 장난을 친다면 텔레비전 앞에서 쫓겨나게 된다는 점을 아이들이 이해한 것이다. 이런 식으로 경계선을 설정하면 처음엔 아이가 떼를 쓰는 경우도 있는데, 그래도 상관없다. 아이를 안전한 장소에 데려다놓고 진정시키자. 하지만 경계선에 대해서는 단호한 태도를 유지하자.

때로는 보이지 않는 경계선을 설정하기 위해 더 많은 노력이 필요한 경우도 있다. 아이가 호기심으로든 또는 부모가 보지 않는 틈을 노려서든 출입금지 구역에 다가가는 것을 방지하기 위해 일정 기간 동안은 부모가 촉각을 곤두세워야 할 수도 있다. 걸핏하면 골목길에서 대로로 달려나가는 딸아이를 둔 가족을 기억하는가? 집 주위에 3m 높이의 담장을 세우면 부모 입장에서는 훨씬 안심이 되고, 그렇게까지 아이의 일거수일투족에 신경쓸 필요도 없었을 것이다. 하지만 그 부모는 딸아이의 행동을 전혀 통제하지 못하고 있었기 때문에 대책을 마련해야 했다. 어차피 아이가 가는 곳마다 담장을 세워줄 수는 없는 법이니까. 그래서 부모는 아이에게 경계선이 어디인지, 그리고 만약 아이가 그 경계선을 지키지 않을 경우 어떤 대가를 치러야 하는지 가르쳐주었다.

무엇보다 중요한 것은 단호함이다. 경계선을 세우는 일은 충분히 시간을 투자할 가치가 있다. 일단 당신의 태도가 진지하다는 사실을 깨닫게 되면 아이는 경계선에 대해 더이상 칭얼대지 않을 것이다. 생각하는 것만큼 많은 시간이 필요한 일도 아니지만, 그에 따르는 보상은 엄청나다. 단순히 아동용 안전문만 치우게 되는 것이 아니라 아이에게 자제력도 길러줄 수 있게 된다. 아이는 만사를 제멋대로 할 수는 없다는 점을 이해해야 한다.

☑ 아이가 넘어졌을 때 스스로 일어나게 합니까?

많은 아이들이 걸음마나 달리기를 배울 때 상당히 자주 넘어진다. 나는 아이들이 넘어질 때마다 상황을 유심히 살핀다. 만약 아이가 다쳤다면 항상, 당연히, 아이에게 달려가야 한다. 하지만 18개월짜리가 가만히 서 있다가 여러 번 넘어지는 것은 드문 일이 아니며, 그 정도로 어린아이라면 어차피 몸집과 키가 크지 않으므로 방 한가운데서 넘어졌다고 해서 크게 다칠 가능성은 적다. 하지만 아이가 넘어졌을 때 부모가 보이는 반응은 많은 것을 시사한다. 아이가 넘어지자마자 엄마 아빠가 달려간다면, 아이는 앞으로도 당연히 그것을 기대하게 된다. 울음을 터뜨리면 엄마 아빠가 달려와서 안아줄 텐데 뭐하러 혼자 일어서겠는가? 누군가 다른 사람이 다시 일어서도록 도와준다면 훨씬 기분좋고 힘도 덜 드는데 말이다. 하지만 매사 이런 식이라면 아이는 어떤 교훈을 얻게 될까?

 영국 부부의 비밀

아이의 제멋대로 게임을 끝내는 법

생후 15개월 정도 되었을 때, 첫아이가 아기용 의자에서 계속 우유병을 바닥으로 던지더니 나에게 주워달라고 울었다. 나는 식사 시간에 끊임없이 허리를 숙이고 우유병을 주워야 했다. 나보다 큰 아이를 키우고 있는 친구가 놀러와서 그 광경을 보더니, 우리 딸에게 단호하고 침착한 말투로 다시 한번 우유병을 던지면 빼앗아버리겠다고 말했다. 그러자 놀랍게도 '게임'이 끝나버렸다. 나는 어린 딸아이가 그런 식으로 자기 행동의 결과를 이해하고 그에 대응할 수 있다는 사실을 알지 못했으며, 그 일로 인해 아이에게 경계선을 가르치기 위한 접근방식 전체를 바꾸게 되었다!

☑ 아이가 자신의 행동에 책임을 지게 합니까?

좀더 큰 아이들의 경우, '넘어진다'는 것이 꼭 신체적으로 고꾸라지는 일을 의미하는 것은 아니다. 만 일곱 살짜리 아이가 집에 과제물을 두고 갈 때마다 매번 엄마가 학교에 가져다준다면 아이는 책임감을 배우지 못한다. 부모가 항상 달려와서 도와주는데 굳이 잊지 않고 챙길 필요가 있겠는가? 이럴 때는 아이에게 다음번에 과제물을 잊어버리고 가면 가져다주지 않겠다고 말하고, 실제로도 가져다주지 말아야 한다. 아이가 선생님에게 벌을 받도록 내버려두자. 부모가 처벌을 자꾸 막아줄수록 아이들은 부정적인 결과가 뒤따른다는 사실을 잘 이해하지 못하게 되며 책임감도 없어지기 마련이다.

☑ 아이와 논쟁하거나 협상하는 것을 피합니까?

대부분의 아이들은 마지막에 한마디 더 보태기를 좋아한다. "근데 나 진짜 진짜 영화 보고 싶어, 엄마! 오늘 말 잘 들었잖아. 학습용 영화로 볼게. 테리는 매일 영화 본단 말이야." 아이들이 하고 싶은 말을 다 하도록 내버려두어라. 당신의 화를 돋우지 못한다면 아이는 지루함을 느끼기 때문에 금세 당신과 실랑이를 벌이려는 시도를 포기할 것이다. 아이에게 이유를 딱 한 번 설명해준 다음 더이상 왈가왈부하지 말자. 아이들이 고장 난 레코드처럼 똑같은 말을 반복할지도 모르지만 부모가 아이의 장단에 맞춰줄 필요는 없다. 부모는 외교관이 아니기 때문에 아이와 협상하거나 아이의 기분에 대해 긴 대화를 나눌 필요도 없다. 때로는 그냥 "안 돼"라는 말 한마디만 하고 더이상 언급하지 않는 것이 좋다.

☑ 아이에게 선택권을 줍니까?

어느 날 아침 밀러 가족에게 문제가 생겼다. 그 전날 저녁에 가족끼리 외식을 했는데, 만 여덟 살짜리 아들 트레버가 디저트를 다 먹지 못해서 나중에 먹으려고 포장해왔다. 아침에 일어난 트레버는 그 디저트를 먹고 싶다고 했다. 어제 포장해온 디저트가 아니면 아무것도 먹지 않겠다고 고집을 부렸고, 금세라도 한바탕 떼를 쓸 기세였다. 온 가족이 학교에 가거나 출근해야 하는 상황에서 트레버는 평화로운 아침 분위기를 엉망으로 만들고 있었다.

이때 엄마와 아빠가 보여주어야 할 가장 바람직한 행동은 트레버에게 선택권을 주는 것이다. "트레버, 학교 갔다 와서 디저트를 먹든지, 아니면 지금 엄마가 디저트를 쓰레기통에 버릴 거야. 어떻게 할래?" 아이가 단식 투쟁을 불사하며 디저트가 아니면 아침에 아무것도 먹지 않겠다고 고집을 부린다면 그냥 내버려두자. 아이가 굶는 쪽을 선택했다면 굶는 수밖에. 배가 좀 고프겠지만 그렇다고 큰 문제가 생기지는 않는다. 그리고 다음날에는 엄마가 한 번 입 밖에 낸 말은 끝까지 지키며, 엄마의 말을 듣지 않으면 그만한 대가를 치러야 한다는 사실을 깨닫게 될 것이다.

여기서 중요한 점은 트레버에게 선택권을 주어야 한다는 것이다. 선택권은 아이에게 권한을 부여해주며, 아이가 가장 원하는 것 중 하나가 바로 자신의 삶에 대한 통제권을 가지고 있다는 기분이다. 물론 궁극적으로는 부모인 당신이 통제권을 가지고 있다. 아이가 고를 수 있는 선택지를 정하는 것은 당신이니까. 하지만 이때 아이가 어떤 쪽을 선택하더라도 주저 없이 행동할 수 있어야 한다. 디저트를 쓰레기통에 버려야 한다면 과감하게 버리자. 아이가 올바른 선택을 하도록 유도하여 잘못된 선택의 대가를 치를 필요가 없게끔 도와주고 싶은 부모들이 너무나도 많은데, 이런 행동은 모두에게 악영향을 미칠 뿐이다!

 영국 보모의 비밀

오늘 뭐 입지?

옷장 앞에서 실랑이를 벌일 때는 특히 '선택'이 매우 중요한 역할을 한다. 게다가 어린 여자아이들이라면 더 말할 것도 없다. 선택지가 너무 많아도 아이가 혼란스러워하므로, 옷 두 벌을 보여주고 그중에서 어떤 옷을 입을지 고르게 하자. 그래도 좀처럼 선택하지 못한다면 "네가 못 고르겠으면 엄마 아빠가 골라줄게"라고 말하자. 머지않아 아이는 옷을 직접 고르고 싶다면 엄마가 보여주는 옷들 중에서 얼른 하나를 선택해야 한다는 사실을 깨달을 것이다.

☑ 아이에게 뇌물을 주지 않습니까?

주변에서 아주 흔하게 볼 수 있는 나쁜 습관 중 하나는 아이가 마땅히 해야 할 행동을 하는데도 보상해주는 것이다. 나는 스테이시라는 엄마의 자녀들이 보상을 약속받지 않으면 털끝만큼도 말을 듣지 않는 광경을 지켜보았다. 스테이시는 아이들을 차에 태우기 위해 뇌물을 바쳤다. 앉는

위치에 대해서도 일일이 실랑이를 벌였다. 이러니 기진맥진할 수밖에! 스테이시는 그냥 이렇게 말해야 했다. "얼른 차 안으로 들어가. 들어가지 않으면 엄마가 너를 들어서 차에 태울 거야." 아이가 하는 대부분의 행동은 칭찬 스티커나 간식 등의 보상이 없어도 당연히 해야 하는 것들이다. 물론 "얌전히 기다려줘서 고마워" 등의 말로 아이의 바람직한 행동을 인정해주는 것은 중요하다. 그러나 좋은 행동을 인정하는 것과 참을성 있게 기다린 대가로 보상을 제공하는 것은 전혀 다르다.

영국 보모의 비밀

용돈 활용법

부모들은 나에게 용돈을 주는 문제에 대해 어떻게 생각하는지 자주 묻는다. 아이가 만 여덟 살 정도가 되고 아이에게 돈 관리하는 법을 가르치려 한다면, 집안일을 도와준 대가로 약간씩 용돈을 주는 것도 나쁘지 않다. 하지만 자기 방을 청소하고, 식탁에서 얌전하게 행동하고, 침대를 정리하고, 개밥을 주는 일은 용돈이 없어도 아이가 당연히 해야 할 일들이다. 반면 아이가 뒷마당에서 강아지 배설물을 치운다면 이것은 보상해줄 만한 일로 간주해도 좋다. 또한 용돈은 아이가 가지고 싶어하는 장난감이 있을 때 허락해줄 수 있는 유용한 방법이기도 하다. 장난감 가게에서 아이가 〈토이 스토리〉의 버즈 인형을 발견하고 사달라고 조른다면 이렇게 말해보자. "좋아. 네가 집안일을 도우면서 충분히 돈을 모으면 다시 여기로 데려올 테니 그때 사도록 해."

☑ 상황에 따라 아이와 실랑이를 벌일지 말지를 선택합니까?

나디아의 사례에서 살펴보았듯이 가끔은 아이들에게 규칙을 강요하기가 너무나 힘든 경우도 있다. 나디아는 하루종일 아이들의 행동을 일일이 바로잡으려 했기 때문에 제대로 효과가 나타날 리 없었다. 누구에게나 꾸지람을 듣지 않고 가족들과 재미있게 보낼 수 있는 시간이 필요하다. 유난히 힘든 날이나 아이가 일부러 말을 듣지 않는 것 같을 때는 상황에 따라 아이와 실랑이를 벌일지 말지를 선택하자.

내가 아는 한 엄마는 아주 고집이 센 세 살짜리 딸을 키우고 있었다. 어느 날 아침, 엄마는 아이에게 애원하는 동시에 잔소리를 잔뜩 퍼부었다. "주스를 다 마셔. 아니야, 여기서 마시면 안 돼. 두 손을 써야지. 지금 당장 화장실에 가서 앉아. 도망가면 안 돼. 나가기 전에 장난감을 치워……" 끝이 없었다. 놀이터에 가기로 결정한 뒤, 엄마는 아이에게 두꺼운 스웨터를 입히려고 실랑이를 벌이기 시작했다. 아이는 마침내 폭발해서 소리를 지르고 도망 다니며 절대 스웨터를 입지 않겠다고 버텼다. 이런 경우에는 엄마가 그냥 아이를 내버려두는 것이 좋다. 바깥 날씨는 그다지 춥지 않았고, 설령 춥다 해도 추운 날씨만으로 아이가 병에 걸리지는 않는다(저체온증에 걸릴 정도로 혹한의 날씨가 아닌 이상). 건강이나 안전과 직결된 문제가 아니었기 때문에 최악의 상황이라고 해봤자 아이가 추위를 느끼는 정도였다. 아침 내내 수없이 아이와 싸웠기 때문에 이것은 굳이 실랑이를 벌일 가치조차 없는 일이었다.

물론 아이에게 항복하라는 의미는 아니다. 그리고 실제로 이 스웨터 소동의 사례에서는 아이에게 스웨터를 안 입을 생각이면 그냥 들고 가라고 말하는 등의 적절한 절충안을 찾아낼 수 있었다. 때로는 규칙의 가짓수를 줄이되 정해진 규칙은 철저히 지키는 것이 최선의 방법일지도 모른다.

영국 보모의 비밀

타협하지 말아야 할 절대 가치
과연 아이와 실랑이를 벌일 가치가 있는 일인지를 가늠할 수 있는 좋은 방법은 스스로에게 물어보는 것이다. 이번 일을 그냥 넘겨버리면 어떤 결과가 발생하는가? 만약 안전이나 타인에 대한 존중이 걸린 문제라면 아이와 싸울 가치가 충분하다. 그러나 피상적인 일이거나 그보다 사소한 문제라면, 그냥 흘려보내는 것이 최선일 수도 있다.

Emma's TIP

묘목 지탱하기

나는 경계선과 행동의 결과에 대해 생각할 때 어린 묘목을 자주 떠올린다. 묘목을 심은 다음에는 막대기와 끈으로 지지대를 만들어서 잘 자랄 수 있도록 방향을 잡아주어야 한다. 나무가 아주 어릴 때는 든든히 뿌리를 내리고 자랄 수 있도록 이렇게 지지해주는 것이 필수적이다. 묘목이 점차 성장하면 주기적으로 조금씩 끈을 느슨하게 하여 나무가 스스로 지탱할 수 있는 힘을 길러주고, 결국 홀로 설 수 있게 되면 막대기와 끈을 치워서 나무가 자유로운 방향으로 성장하고 번성할 수 있도록 하는 것이다. 끈을 너무 일찍 풀어서 나무가 잘못된 방향과 각도로 자라기 시작할 때도 있다. 이런 경우에는 그냥 다시 끈을 단단하게 조여서 올바른 방향을 잡아주면 된다. 하지만 끈을 느슨하게 풀어주는 일을 절대 게을리해서는 안 된다. 내가 볼 때 육아에서 가장 자주 발생하는 실수 중 하나는 이러한 끈, 즉 '목줄'을 좀처럼 느슨하게 풀지 못하고 아이가 나쁜 행동에 대한 대가를 치르도록 내버려두지 않는 것이다.

다시 한번 강조하겠다. 경계선과 행동의 결과와 관련하여 미리 조치를 취해두면 훗날에 훨씬 편해진다. 하지만 그전에 충분한 노력을 기울이는 것이 우선이다. 마음 같아서는 피로에 찌든 모든 엄마 아빠의 곁에 앉아 언젠가는 보람을 느끼게 될 것이라며 안심시키고 싶다. 스트레스로 가득찬 가정마다 직접 찾아가서 응원하고, 부모가 더욱 단호하고 일관된 태도를 취하도록 도와줄 수 있다면 얼마나 좋을까. 하지만 그것은 현실적으로 불가능하기 때문에 이 지면을 빌려 장담한다. 시간이 지나면 분명 수월해진다. 확실한 차이를 느낄 수 있을 것이다. 물론 쉽지는 않지만, 당신이 생각하는 것만큼 힘들지도 않다. 그런 의미에서 보면 육아는 다이어트와도 비슷하다. 가끔씩 새로운 다이어트 방법이나 약이 등장해 유행하면 사람들은 혁신적인 다이어트 방식이라며 환호한다! 그러나 사실 다이어트하는 방법은 지극히 간단하다. 섭취하는 것보다 많은 칼로리를 소비하면 체중이 자연스럽게 줄어든다. 경계선과 행동의 결과도 마찬가지다. 아이들에게 이를 가르치는 것은 힘든 일이며, 가끔은 의지가 약해지거나 일관성을 유지하기 힘들 때가 있을 것이고, 마법 같은 해결책이 있었으면 하는 생각이 들기도 할 것이다. 하지만 단호한 태도와 분명한 방침을 세우고 말한 바를 철저히 실천하면 분명 효과를 거둘 수 있다. 내 말을 믿어라. 그리고 머지않아 아이들을 데리고 학교 주차장이나 다른 어떤 장소에 가든, 당신이 굳이 이끌어주지 않아도 아이들이 올바른 선택을 하리라고 믿게 될 것이다.

8장

아이의 자존감에 물 주기

부모와 아이의 자존감은 연결되어 있다

•

"나는 이런 자동차 범퍼 스티커를 보고 싶다.
'우리는 자부심이 충만한 아이를 둔 자랑스러운 부모이므로
아이가 학교에서 거둔 사소한 성과를
굳이 자동차 뒤쪽에 걸어놓고 자랑할 필요가 없습니다.'"
_조지 칼린(배우)

 *Checklist*

☐ 아이가 들러붙는 행동을 하지 못하게 제지합니까?

☐ 아이에게 꼬리표를 달지 않습니까?

☐ 아이에게 친구가 있습니까? 아이가 친구 집에 놀러가거나 생일파티에 초대를 받습니까?

☐ 아이가 비난에 대처할 수 있습니까?

☐ 아이가 있는 그대로 행동합니까? 당신이 보기에 그것으로 충분합니까?

☐ 선생님이 아이를 예뻐합니까? 아이가 선생님과 좋은 관계를 유지하고 있습니까?

☐ 아이가 자신의 장점과 단점을 찾을 수 있도록 도와줍니까?

☐ 아이가 손톱을 물어뜯거나 이를 가는 등 신경질적인 습관을 가지고 있거나 자주 복통을 호소합니까?

☐ 아이가 우울해하거나 내성적입니까?

☐ 아이가 왕따를 당하고 있습니까?

☐ 아이가 자신의 능력에 맞는 집안일이나 책임을 맡고 있습니까?

☐ 불완전하더라도 아이 혼자서 일을 끝마칠 수 있도록 합니까?

☐ 아이를 꾸짖기보다 칭찬하는 일이 많습니까? 아이가 무언가를 잘해냈을 때 인정해줍니까?

☐ 아이 앞에서 아이의 잘못에 대해 반복적으로 언급하지 않습니까?

☐ 편애하지 않으려고 노력합니까?

☐ 부모가 먼저 긍정적이고 건전한 자존감의 모범을 보여줍니까?

☐ 일상적으로 아이에게 사랑과 애정을 표현합니까?

☐ 아이가 실망하거나 좌절했을 때 적절하게 반응합니까?

영화 〈체인지 업The Change-Up〉에서는 한 여학생이 부모에게 자기가 쓴 시가 가장 좋은 평가를 받지 못했다며 불평하는 장면이 나온다. 아빠(사실은 아빠의 몸에 빙의된 아빠의 절친한 친구다)는 이렇게 말한다. "네가 쓴 시를 본 적은 없지만 다른 아이의 시보다는 훨씬 낫겠지. 물론 다른 아이의 시도 못 읽어봤다만." 여기서 핵심은 오늘날의 부모들이 채택하고 있는 육아방식의 모순은 타인의 몸 안에 들어간 사람의 눈을 통해 가장 정확하게 보인다는 것이다. 내 생각에는 보모도 마찬가지다.

  자존감은 미국에서 매우 복잡한 감정을 이끌어내는 주제이며, 나는 자존감에 그토록 초점을 맞추는 것이 아이에게나 부모에게 별로 도움이 되지 않는다고 생각한다. 요즘 부모들은 마치 20년 후에 심리치료를 받는 아이들을 상상하며 누군지도 모르는 미래의 심리치료사에게 좋은 평가를 받고 싶어하는 사람처럼 아이들을 키운다. 비록 농담이기는 했지만(그랬기를 바란다!), 배우 미셸 파이퍼도 이런 생각을 구체적으로 표현한 적이 있다. "남편과 저는 그저 최선을 다한 다음 숨을 멈추고 기다리면서 저희가 아이의 심리치료비를 감당할 충분한 돈을 마련해두었기를 바랄 뿐입니다." 이런 걱정 때문에 부모들은 칭찬을 남발하며, 아이가 조금이라도 후회하면 너무 쉽게 용서해주고, 아이의 승패에 상관없이 즉시 메달을 목에 걸어준다. 가끔씩 찾아오는 후회는 아이가 성장하는 과정의 일부다. 가끔씩 패배하는 일도 아이가 자라면서 어쩔 수 없이 겪어야 하는 통과의례다. 자존감을 길러준다는 것은 아이가 졌을 때도 마음을 추스를 수 있도록 도와주는 것이지 이겼다는 착각을 심어주는 것이 아니다.

나는 최근에 한 중학교를 방문하여 선생님들이 학생들의 농구 경기를 준비하는 모습을 지켜보았다. 어디에도 점수판이 눈에 띄지 않기에 이유를 물어보았다. "경기중에 경쟁이 심해지면 기분 나빠하는 아이들이 있거든요." 한 선생님이 설명해주었다. 나는 도무지 이해할 수가 없었다. 경기란 근본적으로 서로 경쟁하는 것이 아닌가? 나는 수영 코치를 하는 친구 바브에게 이 이야기를 꺼냈고, 바브 역시 자신의 '점수판 일화'를 들려주었다. 수영 코치들이 흔히 그러듯이 바브는 실력이 비슷한 학생들끼리 연습할 수 있도록 아이들을 'A'와 'B'의 계주팀으로 나누어 훈련을 시켰다. 하지만 한 학생의 엄마가 여기에 이의를 제기했다. 그 엄마는 수업이 끝난 후 바브에게 다가와서 'A팀'과 'A¯팀'으로 팀 이름을 바꿔달라고 부탁했다. 'B'라는 이름이 붙은 팀에 소속되면 딸아이가 상처받을까봐 걱정된다는 것이 요지였다.

바브는 말 그대로 기절초풍하지 않을 수 없었다. 바브가 처음 수영을 가르치기 시작했던(그리고 내가 처음 보모 일을 시작했던) 15년 전만 해도 아이의 성격이 예민하기 때문에 팀 이름을 보다 중립적인 것으로 조정해주면 안 되겠느냐 부탁하는 부모는 이상한 사람으로 간주되었고, 설사 그런 요청을 받는다고 해도 선생님들은 눈썹을 치켜세우고 딱 잘라서 "안 됩니다"라고 말할 뿐이었다. 그로부터 한 세대도 지나지 않은 지금, 바브와 나는 어딜 가나 그런 부모를 쉽게 만날 수 있다는 사실에 놀랄 뿐이다.

지난 15년간 부모들은 규칙이란 다른 사람의 아이들에게나 적용되는 것이며, 일시적으로 규칙을 입맛에 맞게 바꾸어 아이들을 편하게 해주는 것은 좋은 일이라는 생각을 점차 보편적으로 받아들이게 되었다. ==그러나 좋은 부모가 된다는 것은 아이들을 항상 기분좋게 해준다는 뜻이 아니다. 좋은 부모가 된다는 것은 아이들을 건강하고 독립적이며 품위 있고 긍정적인 성인으로 키운다는 의미다.== 어느 날 불시에 현실을 깨닫고 큰 충격을 받게 하는 것이 아니라 아이들이 훗날 성공할 수 있도록 차근차근 준비를 시킨다는 의미이기도 하다. 단기적인 행복과 장기적인 행복이 상충되는 것처럼 보일 때, 어느 쪽을 선택해야 하는지는 굳이 말할 필요도 없을 것이다.

수영을 배우는 아이의 엄마처럼 과잉보호하는 부모는 극단적인 부류에 해당할 것이다. 그러나 이와 정반대의 극단적인 부류, 즉 아이들을 좀처럼 칭찬하지 않는 부모들도 있다. 나는 영국 부모들이 특히 칭찬에 인색하다고 생각한다. 영국 사람들은 겸손을 미덕으로 여기며 휴 그랜트처럼 자기 비하를 하는 경우도 흔하다. 일각에서는 그것이 영국인들의 매력 중 하나라고 하지만, 나는 그것이 영국의 문제라고 여긴다. 이 점에서 영국인들은 미국인들에게 제대로 한 수 배워야 한다. 어디까지나 균형이 중요하다. 아이가 수학 시험에서 좋은 성적을 받았다면 등을 두드려주며 아이를 칭찬해야 하는 것이다!

이번 장의 체크리스트를 통해 대서양의 양쪽에서 아이들과 함께 살고 돌보면서 내가 발견한 것이 당신의 눈에도 보이기를 간절히 바란다. 다른 말로 하자면 나는 당신이 마법과도 같은 균형점을 찾게 되기를 바란다. 아이가 자신감 있게 자랄 수 있도록 격려와 칭찬을 아끼지 않는 동시에, 인생에서 불가피하게 겪게 될 실망과 역경을 헤쳐나갈 수 있는 능력을 갖추게 해주는 것이다.

☑ 아이가 들러붙는 행동을 하지 못하게 제지합니까?

공공장소에서 엄마에게 붙어서 떨어지지 않으며 엄마 아빠가 방에서 나가거나 시야에서 사라지면 소란을 피우는 것은 분리불안의 전형적인 증상이다. 어떤 아이들의 경우 이는 하나의 성장 과정에 불과하며 아동기 전체에 걸쳐 어느 시기나, 심지어 몇 번씩 나타날 수도 있다. 그러나 진짜 문제가 되는 심각한 분리불안은 비교적 쉽게 구분할 수 있으며 반드시 해결해야 한다. 만약 만 다섯 살짜리 아이가 매일 어린이집에 데려다줄 때마다 울음을 터뜨린다면 이는 분명 큰 문제다. 걸음마를 시작한 아이가 당신이 집안을 돌아다닐 때 걸핏하면 안아달라 하고 엄마가 화장실에 갈 때마다 자지러진다면 이것도 문제다. 이러한 아이들은 곁에 부모가 없을 경우 집밖에서 제 몫을 다할 수 없기 때문에 이를 심각한 문제로 여겨야 한다. 분리불안 문제를 해결하려면 다음 세 가지 지침을 따르도록 하자.

1. 앞 장에서도 적었듯이, 아이가 조금씩 더 긴 시간을 혼자서 보낼 수 있도록 키워라. 아이와 함께 블록 놀이를 하다가 빨래를 하거나 이메일을 써야 하기 때문에 잠깐 자리를 비운다고 설명하자. 아이가 한 번에

삼십 분 정도 또는 아이가 크다면 그보다 오랫동안 아무렇지 않게 혼자 놀 수 있을 때까지 자리 비우는 시간을 조금씩 늘리자.

2. 아이가 가족들이 다 있는 가운데 호텔방에 들어오는 청소부나 지나가는 소방차의 시끄러운 소음에 지나치게 깜짝 놀란다면, 아이에게 아무런 일도 아니라고 안심시키되 과도하게 달래줄 필요는 없다. 실제로는 전혀 두려워할 필요가 없는 상황인데도 지나치게 응석을 받아주면 아이는 두려워하는 것이 당연하다는 생각을 하게 된다. "깜짝 놀랐니? 놀랄 필요 없어. 청소하는 분이니까 괜찮아"라고 말해주자. 아이가 계속해서 달래달라고 보채면 부드럽게 아이를 떼어놓으면서 용기를 북돋아주자. 아이의 공포심을 인정하면서도 괜찮다는 사실을 알려주는 것이다.

3. 아이에게 엄마 없이 지낼 수 있는 기회를 주자. 아이는 부모 없는 상황에 적응하는 법도 배워야 하며, 그러지 않으면 당신은 질식해버리고 말 것이다. 내가 상담했던 한 가족의 엄마는 세 아이들을 두고 절대 아무데도 갈 수 없다고 생각했다. 아이들을 아빠에게 맡기고 엄마 혼자 볼일을 보러 외출하면 아이들은 엄마가 집에 없는 내내 소리를 지르면서 보챘다. 아빠에게는 아무 문제가 없었지만, 아이들은 단지 아빠랑 함께 시간을 보내는 데 익숙하지 않았고, 부모 역시 그런 상황에 대비한 적이 없었다. 그야말로 난감한 상황이 아닐 수 없었다. 엄마는 집밖에서 친구를 만나거나 혼자 외출하는 것은 꿈도 꾸지 못했고, 아빠는 자신이 부족하고 무기력하다는 생각을 했으며, 아이들은 불안해했다. 엄마는 아이들에게 백기를 들고 그냥 항상 아이들과 함께 집에 있는

편이 모두를 위해 더 낫다는 생각을 버릴 필요가 있었다. 엄마 아빠는 아이들에게 앞으로 일어날 일과 아이들에게 기대하는 행동을 명확히 전달하고, 동시에 엄마가 자리를 비우는 것에 대한 불안감을 덜어주어야 했다. "오늘은 아빠랑 같이 놀 텐데 아주 재미있을 거야! 나중에 엄마가 집에 오면 다 같이 게임을 하자꾸나." 이런 경우 최악의 방법은 엄마가 외출을 포기하고 아이들과 함께 집에 눌러앉거나 집을 나서기 전에 과도하게 아이들의 응석을 받아주는 것이다. 지나치게 응석을 받아주면 아이들은 오히려 앞으로 힘든 일이 닥칠 것이라고 지레 겁먹게 된다. 따라서 아이에게 힘을 주고 격려하며 아이를 안심시키자.

영국 부부의 비밀

"잘 있어, 조지!"

우리 부부는 아이를 낳기 전에 강아지를 키우고 있었다. 어느 날 남편과 나는 강아지를 애견 훈련센터에 데리고 갔다. 훈련사는 강아지를 집에 두고 출근하기 전에 강아지를 야단스럽게 달래기보다 활기차게 "잘 있어, 조지!"라고 인사해주면 강아지가 주인과 떨어질 때 불안감을 덜 느낀다고 설명해주었다. (조지는 우리 강아지의 이름이 아니라 강사가 예를 들기 위해 사용한 이름이었다.) 아이를 낳은 후, 우리는 집을 나설 때 아이들이 칭얼거리면 "잘 있어, 조지!"라고 말하는 습관을 들였다. 활기찬 어투는 아이에게도 도움이 되었고, 이 말은 이제 우리집에서 엄마 아빠가 지금은 외출하지만 이내 다시 돌아올 것이라는 의미를 담은 특별한 신호가 되었다. 우리 부부는 이를 통해 애견 훈련센터에서 배운 내용이 효과가 있음을 확신했다. 딸아이는 처음엔 조지가 도대체 누구인지 몰라 약간 어리둥절해했지만, 결국에는 그냥 엄마 아빠가 재미있는 말을 한다고 생각하게 되었다.

☑ 아이에게 꼬리표를 달지 않습니까?

아이에게 꼬리표를 다는 부모만큼 나를 화나게 하는 존재는 없다. 이 문제와 관련해서는 최근에 내가 돌보는 아이를 데려갔던 수영교실 이야기를 하지 않을 수 없다. 그 수영교실에는 만 다섯 살짜리 쌍둥이 남자아이가 있었다. 쌍둥이 중 한 명의 이름은 윌이었는데, 수영 선생님, 아이의 보모, 심지어 부모를 포함한 모든 어른들이 그 아이에게 문제아라는 낙인을 찍고 있었다. "윌은 오늘 어땠어요?" "어휴, 하루종일 형편없었죠." "뭐, 윌은 항상 그러잖아요."

나는 윌이 시무룩한 얼굴로 돌아다니는 모습을 지켜보았다. 항상 짜증을 부리고 우울한 얼굴을 하고 있는 윌은 고작 만 다섯 살이었다! 나는 그 아이를 보며 가슴이 아팠다. 물론 윌이 말을 잘 듣지 않는 아이라는 데는 추호의 의심도 없다. 내 눈으로 직접 목격하기도 했으니까. 하지만 그것은 윌보다 윌을 돌보는 사람들에게 문제가 있기 때문이었다. 윌은 아기 때 많이 우는 편이었거나 훈육을 하고 경계선을 정할 때 쌍둥이 형제보다 말을 잘 듣지 않았을 가능성이 높다. 그리고 그 시점부터 윌에게는 '다루기 힘든 아이'라는 낙인이 찍힌 것이다. 윌을 돌보는 사람들은 윌을 저버렸고 그런 꼬리표를 붙임으로써 향후에 그대로 이루어질 예언을 한 것이나 다름없었다. 아이들은 자신에게 찍힌 낙인에 맞는 사람으로 성장하는 경우가 많기 때문이다.

아이에게 섣불리 꼬리표를 붙이는 일의 위험성에 대해 나에게 가장 큰 교훈을 준 사람은 나를 고용했던 에밀리라는 여성이었다. 에밀리의 아들 중 두 명은 고등학교에서 행동장애 진단을 받았고, 심지어 한 명은 몇 주

동안 약물치료를 받았다. 하지만 에밀리는 아들들에게 꼬리표를 붙이는 것이 썩 내키지 않았다. 자녀들이 남보다 특별히 뛰어나다고 생각해본 적은 없지만, 그렇다고 심각한 문제가 있는 것도 아니라는 직감이 들었다. 물론 완벽한 아이들은 아니었지만 그렇다고 해서 학교 전담 정신과 의사들의 진단대로 주의력결핍 과잉행동장애ADHD나 투렛 증후군●을 앓는 정도는 아니라고 생각했다. 에밀리는 우선 더 많은 휴식과 운동, 영양 많은 식사부터 제공하고, 미봉책으로 대처하기보다는 문제의 근본 원인을 짚어야 한다고 생각했다. 학교 정신과 의사들은 이런 견해에 동의하지 않았고 에밀리에게도 그렇게 조언했다.

에밀리가 겪고 있는 어려움은 결코 드문 것이 아니다. ADHD 진단을 받는 아이들의 수는 지난 10년간 41%나 증가했으며, 나 자신을 포함하여 아이를 돌보는 사람들의 상당수는 이를 과도한 진단이라고 여긴다.[11] 평범하게 아이들다운 행동을 했다는 이유로 갖가지 병명을 붙여놓는 현실이 그야말로 우스꽝스러울 뿐이다. 내 친구는 이런 현상을 "증상을 교정받는 것이 아니라 약에 취하는 것"이라고 말한 적이 있다. 하버드 의대 교수이자 『닥터스 씽킹How Doctors Think』의 저자인 제롬 그루프먼 박사도 나와 같은 생각을 가지고 있다. 그루프먼은 〈뉴욕 타임스〉 인터뷰에서 이렇게 말했다. "책상에 조용히 앉아 있지 않는 등 아이의 행동이 조금만 정상에서 벗어나도 아이다운 것이 아니라 병으로 취급해버리는 경향이 너무나 팽배합니다."[12]

● 신경장애로 인해 자신도 모르게 자꾸 몸에 경련을 일으키거나 소리를 내는 증상.

에밀리의 대응방식은 존경할 만한 것이었다. 전문의들의 진단과 부모로서의 직감 사이에서 갈팡질팡하는 것은 무척이나 힘든 일이다. 두 아들은 실제로 정상이었고, 에밀리는 학교에서 아이들에게 비정상이라는 낙인을 찍도록 절대 용납하지 않았으며, 아이들이 조금 더 성장하자 행동상의 문제점은 금세 사라졌다. 하지만 장남의 경우 3주간의 약물치료 때문에 훗날 큰 낭패를 겪게 되었다. 장남은 커가면서 조종사가 되고 싶다는 간절한 꿈을 품었고 수많은 비행 훈련에 참가했다. 하지만 항공학교 측이 장남의 의료 기록에서 각성제인 애더럴Adderall 처방 이력을 확인하자, 조종사가 되겠다는 아이의 꿈은 박살나고 말았다. 꼬리표는 평생 아이를 따라다닌다. 아이의 선택에 영향을 미치고 선택지를 제한하는 결과를 가져올 수 있는 것이다.

나는 미국만큼 쉽게 약물 처방을 하는 곳을 본 적이 없다. 나는 이 점에 분노를 금할 수 없다. 과잉 처방은 아이들을 너무나 쉽게 텔레비전 앞에 앉혀놓거나 조금만 조르면 금세 사탕을 건네주는 것과 비슷한 병폐다. 약물치료는 일시적인 조치에 불과하며 진정한 해결책이 아니다. 우리는 소매를 걷어붙이고 문제의 근원이 무엇인지 파악해야 한다. 아이가 불안해하는데 다른 어떤 방법도 효과가 없다면 물론 약물치료를 해야 한다. 그러나 동시에 아이가 왜 불안감을 느끼는지 자세히 살펴보자. 너무 바빠서 좀처럼 시간을 낼 수 없다면 좀더 여유를 가져야 한다는 분명한 신호다.

영국 보모의 비밀

남의 말 걸러 듣기

낯선 사람이나 친척들이 아이에 대해, 또는 아이에게 대놓고 부모 입장에서는 달갑지 않은 말을 하는 경우가 있다. 물론 할아버지가 걸음마하는 아이를 앞에 두고 '쌈닭'이라 부른다 해서 아이가 커서 진짜 싸움꾼이 되지 않을까 걱정할 필요는 없다. 이런 식으로 아이를 평가하는 이야기가 나오는 것은 어느 정도 자연스러운 일이라는 점을 이해하자. 사람들은 형제들의 기질을 비교하길 좋아하며, 한부모 사이에서 태어난 아이들이 어쩜 그렇게 다른지 신기하다는 말도 자주 꺼낸다. 이러한 이야기는 대부분 별다른 악영향을 미치지 않는다. 더불어 일단 이런 이야기들에 세심하게 귀기울이기 시작하면, 지나치게 평가의 빈도가 잦아지거나 아이에게 실제로 영향을 미칠 위험이 있는 말이 나올 경우 쉽게 알아차릴 수 있다.

☑ **아이에게 친구가 있습니까? 아이가 친구 집에 놀러가거나 생일파티에 초대를 받습니까?**

우정을 비롯한 친밀한 관계는 아이의 자존감 형성에 매우 중요하다. 아이가 가끔씩 집단에서 소외되는 정도가 아니라 항상 무리에 끼지 못한다면 그 이유를 자세히 살펴볼 필요가 있다. "아, 그냥 수줍음이 많을 뿐이에요. 크면 나아지겠지요"는 다소 무책임한 말이다. 부모는 아이가 건전한 우정을 쌓는 법을 배울 수 있도록 도와주어야 한다. 이는 나중에 어른이 되었을 때 필요한 기술일 뿐만 아니라 당장 현재의 행복을 위해서도 중요하다. 못되게 행동하고 말썽을 부리거나 무례하게 굴고 남을 괴롭히는 아이는 친구들과 노는 자리나 생일파티에 초대받지 못한다. 내 아이가 제멋대로 행동하는 아이와 어울리기를 바라는 부모는 없다. 이는 아이의 기분을 상하지 않게 하려고 지나치게 노력하는 부모가 오히려 아이에게 큰 해악을 끼치는 좋은 사례다. 아이가 원하는 것은 무엇이든 가져다주면서 그것이 아이를 가장 위하는 길이라고 생각할지 모르겠지만, 그렇게 하면 아이는 제대로 사회성을 기를 수 없다. 어울리기 힘든 성격 때문에 친구 한 명 없는 사람으로 자라기를 바라는 것은 아니지 않은가.

또한 친한 친구를 열 명씩 둘 필요는 없다는 점을 기억하자. 많은 아이들이(물론 어른들도) 수많은 친구들을 거느리고 다니는 것보다는 한두 명의 가까운 친구를 두는 것을 더 편하게 여긴다. 그리고 사실 한두 명의 진실한 친구들만 있으면 충분하다.

영국 보모의 비밀

친구의 생일파티에 초대받지 못한 아이에게

생일파티에 한 번도 초대받지 못하면 아이의 자존감에 큰 상처가 된다는 말에는 나도 동의하지만, 그렇다고 해서 항상 초대받아야 한다고는 생각하지 않는다. 나는 한 아이가 생일파티를 열게 되면 반드시 반 친구들을 전부 초대해야 한다는 몇몇 학교의 정책에 강력히 반대한다. 이는 생일을 맞은 아이에게 부당한 일일 뿐만 아니라 파티를 준비하는 부모에게도 부담이 되는 일이다. 그보다는 생일파티와 초대 여부를 사회성을 가르치기 위한 좋은 수단으로 활용해야 한다. 파티를 여는 아이에게는 신중하게 행동하여 초대받지 못한 아이들에게 상처를 주지 않도록 가르친다. 당신의 아이가 파티에 초대받지 못해 풀죽어 있다면, 가끔씩은 그런 일도 생기는 법이며 다른 파티에는 초대받을 수 있을 것이라고 달래준다. 또한 이번 파티에 초대받지 못했다고 해서 아이가 나쁜 사람이라는 뜻은 아님을 알려주자. 기분이 상하는 것은 당연하지만 지나치게 의기소침할 필요까지는 없다고 격려하자. 이것은 장기적인 관점의 접근 방식이다. 유치원 생일 때는 아들이 상처받지 않도록 보호해줄 수 있을지 모르지만, 12년 후에 아들이 좋아하는 여자의 졸업무도회 파트너가 되도록 부모가 도와줄 수는 없으니까 말이다. 어렸을 때부터 힘든 일을 극복하는 능력을 길러주기 시작한다면 아이는 상황에 적응하는 법을 배우게 될 것이다.

☑ 아이가 비난에 대처할 수 있습니까?

아이들은 본질적으로 부모를 기쁘게 하고 싶어하는데, 이는 무척 사랑스러운 일이다. 예를 들어 아이가 거짓말을 했다거나 실수로 귀한 접시를 깨뜨린 후 죄책감을 느끼는 모습을 보면 부모로서는 안심이 된다. 하지만 아이가 무언가를 지적당할 때마다 지나치게 심한 상처를 받는다면 아이의 낯짝을 좀 두껍게 해줄 필요가 있다. 힘든 일이 생겨서 속상해할 때마다 아이의 응석을 다 받아줄 수는 없는데다 그래봤자 아이는 점점 더 의기소침해지기 때문이다.

　당신이 아이에게 바라는 행동을 직접 보여주자. 당신이 실수했을 때 그 점을 고백하고, 가끔은 엄마도 이렇게 일을 엉망으로 망칠 수도 있으며 그렇다고 해서 나쁜 사람이 되는 것은 아님을 아이에게 확실하게 알려주자. 실수를 통해 교훈을 얻고 극복하는 법을 보여주면 아이의 미래에 큰 도움이 된다.

　나는 미국인들이 지나치게 민감하다고 생각하는 경우가 많다. 그리고 이는 근본적으로 부모가 아주 어렸을 때부터 모든 것을 지나치게 포장해주는 데서 기인한다고 믿는다. 직장에서 고성이 난무하고 스트레스가 극도로 심하다면(예를 들면 의료나 법률 분야) 끔찍한 일이겠지만, 그렇다고 해서 지나치게 반대급부를 추구한 나머지 업무 평가를 하거나 대화를 나누면서 건설적인 비판을 제시할 때마다 휴지를 꺼내야 하는 상황이 되어서는 안 된다.

✅ 아이가 있는 그대로 행동합니까? 당신이 보기에 그것으로 충분합니까?

아인슈타인은 이렇게 말했다. "모든 사람은 천재다. 하지만 물고기를 나무 타는 능력으로 평가한다면, 그 물고기는 평생 자기가 형편없다고 생각하며 살아갈 것이다." 부모의 욕심이나 일반적인 기준을 아이에게 적용하는 것은 가장 삼가야 할 일 중 하나다.

내 친구 메리의 아들 앤드루는 더없이 행동이 바른 아이다. 영국인인데다 보모 전문 교육까지 받은 메리는 아들의 행동에 대해 무척 높은 기대치를 설정해놓았고, 앤드루는 그 모든 기대치를 문제없이 충족했다. 하지만 아이가 커가면서 메리는 앤드루에 대한 다른 사람들의 기대 때문에 고민하게 되었다. 앤드루의 아빠는 NBA 스타이기 때문에 가까이 지내는 지인들은 앤드루 역시 걸출한 농구 선수가 될 것이라고 생각했다. 물론 앤드루도 농구 경기장에 가서 아빠가 경기하는 모습을 지켜보는 것을 좋아했지만, 사실 앤드루는 농구를 잘하는 편이 아니었다. 앤드루는 농구 코트에서 자신을 지켜본 사람들의 평가에 특히 민감하게 반응했다. 아들에게는 '천부적인 재능'이 없는 것 같다며 실망감을 표하는 사람들의 말이 귀에 들어왔던 것이다. 앤드루는 점점 더 농구에 흥미를 잃기 시작했다. 축구에 관심이 생긴 후에는 축구만 했다. 앤드루의 부모는 절대 농구를 강요하지 않았다. 그러나 최근 앤드루는 갑자기 다시 농구를 해보고 싶다며 코치가 필요할 것 같다고 말했다. 부모는 농구 코치를 찾아주었고, 앤드루는 농구에 재미를 붙이더니 실력이 몰라보게 늘었다. 앤드루는 결코 아빠처럼 뛰어난 선수가 되지는 못할지도 모르지만, 농구를 할 것인지 아닌지 여부는 전적으로 본인에게 달려 있으며 앤드루 자신이 원하는 바에 따라 결정될 것이다. 이 이야기에서 얻을 수 있는 교훈은 앤드루는 앤드루일 뿐, 다른 누구와도 비교해서는 안 된다는 것이다.

☑ 선생님이 아이를 예뻐합니까? 아이가 선생님과 좋은 관계를 유지하고 있습니까?

만약 아이가 선생님에 대해 부정적으로 이야기하거나 선생님이 자기를 좋아하지 않는다고 불평한다면, 그냥 애가 하는 말이라고 지나쳐버리지 말자. 이것은 너무나도 중요한 문제다. 아이가 학생회장으로 뽑힐 정도로 총애를 받을 필요까지는 없지만, 선생님은 분명 아이에게 엄청난 권위를 행사하며 상당한 영향을 미치는 존재다. 이런 사람이 자신을 무시하고 미워한다고 아이가 느낀다면 이는 반드시 주의를 기울여야 하는 위험신호다. 아이는 선생님과의 관계에서 느끼는 실망감을 가슴 깊이 새길 수도 있으며, 이렇게 되면 아이가 자기 자신과 학교에 대해 품는 감정에까지 영향을 미칠 수 있다. 이런 경우에는 적극 개입하자. 선생님을 찾아가서 "우리 딸이 좀더 자신감을 갖게 해주세요!"라고 요구하기보다는 선생님과의 관계를 개선할 수 있도록 뒷받침해주자. 예를 들어 아이에 대한 선생님의 판단을 존중하되 아이가 선생님과 긍정적으로 접촉할 수 있는 기회를 만들어주는 것이다.

혹시 선생님이 당신의 자녀에게 꼬리표를 붙이지는 않았는지 확인해보자. 1960년대의 유명한 연구에서 심리학자 로버트 로즌솔과 리노어 제이컵슨은 교사들이 특정 학생에게 뛰어난 성적을 거둘 잠재력이 많다는 사실을 깨닫게 되면 그 기대치에 따라 학생들을 대하고, 실제로도 해당 학생들이 시험에서 더 좋은 성적을 올린다는 결과를 보여주었다.13 그렇다면 선생님이 아이에게 꼬리표를 붙이는지 여부는 어떻게 파악할 수 있으며 그 문제에 대해 어떤 행동을 취해야 할까?

선생님이 아이에게 낙인을 찍은 경우, 분명하게 눈에 보일 때가 많다. 선생님은 노골적으로 당신의 아이가 큰 골칫거리라고 말하거나 그보다는 다소 완곡하게 돌려 말할 것이다. 하지만 가끔씩은 보다 세심하게 살펴야 할 때가 있다. 운동이든 수학이든 수업 시간에 말을 잘 듣는 일이든 간에, 대부분의 아이들은 무언가에서 뛰어난 모습을 보인다. 선생님이 아이에 대해 지속적으로, 그리고 전반적으로 부정적인 이야기만 한다면 그 이유를 물어보아야 한다. 문제를 해결하기 위해 적극적으로 개입하고, 질문을 던지고, 최대한 자주 선생님과 만날 기회를 갖자. 만약 부모가 선생님에게서 자녀에 대해 그토록 부정적인 평가를 듣는다면, 아이 본인은 그것을 세 배쯤 크게 느낀다고 보면 된다. 그럴 경우 아이를 다른 학급으로 옮겨서 새로운 선생님과 새 출발을 할 수 있도록 해주거나 다른 모든 방법이 효과가 없다면 아이에게 보다 긍정적인 영향과 피드백을 줄 수 있는 코치나 가정교사 등 권위 있는 인물을 찾아 인연을 맺어주자.

나에게는 남학생 전용 기숙학교를 운영하는 좋은 친구가 있다. 이 학교의 학생들은 기숙학교에 오기 전에 전부 문제아라는 낙인이 찍힌 아이들이었으며, 내 친구는 그때까지 살아온 대부분의 기간 동안 이 아이들을 믿어준 사람이 아무도 없었다는 사실을 알게 되었다. 부모들은 그들이 형편없는 아이들이라 생각했고, 선생님들도 그에 동의했으며, 이 아이들에게는 사실상 제대로 된 기회조차 주어지지 않았다. 그러나 매우 엄격하지만 사랑이 넘치고 학생들을 지지하며 격려해주는 선생님들로 구성된 이 기숙학교에 온 다음부터 이 아이들은 몰라보게 성장하기 시작했다. 학생들 중 상당수가 집에서 등하교할 수 있는 학교로 돌아갔으며 표정부터 전반적인 삶까지 완전히 달라졌다. 이 이야기는 기대치라는 것이 매우 강력한 힘을 가지고 있으며, 부정적인 기대를 긍정적인 것으로 바꾸기에 너무 늦은 시기란 없다는 사실을 보여준다.

✅ 아이가 자신의 장점과 단점을 찾을 수 있도록 도와줍니까?

가끔은 아이가 한 일을 보고 정말 훌륭하다고 감탄하고 있는데, 아이가 어깨를 으쓱하며 시선을 내리깔고는 "음, 나쁘진 않은 것 같아요……"라고 말할 때가 있다. 아이는 도대체 어디서 이런 걸 배웠을까? 본인이 생각해냈을 리는 없다. 아이가 스스로 잘하는 일이나 제대로 하는 일이 하나도 없다고 생각한다면, 자신의 장점을 깨닫고 단점을 인정할 수 있도록 도와주어야 한다. 우선 간접적으로라도 부모가 그런 인상을 심어주지 않도록 주의하자. 부모가 자신에게 매우 엄격하게 구는 모습을 보이면 아이도 부모의 행동을 따라하게 된다. 만약 아이가 보기에 자신이 끊임없이 부모의 기준에 미치지 못한다면 자기가 잘하는 일은 하나도 없다고 믿어버리게 된다. 이 경우에는 부모의 기대치가 너무 높게 설정되어 아이가 충족감을 느낄 수 없는 것이다.

이와는 반대로 아이가 야구를 하고 싶어하지만 연습해본 결과 별로 소질이 없다면, 야구를 정말 잘한다고 이야기해주어서는 안 된다. 이렇게 되면 처음 타석에 설 때 다른 사람들 앞에서 창피를 당하게 된다. 이 세상 누군가는 아이에게 솔직한 이야기를 해줄 텐데, 그렇다면 차라리 부모의 입으로 말해주는 편이 낫다. 그렇다고 해서 "빌리, 너 진짜 야구 못한다"라고 말하라는 뜻은 아니다. 아이의 눈을 바라보며 이렇게 말해주자. "공 치는 건 네 장기가 아닌 것 같은데 실력을 키우려면 어떻게 해야 할까? 네가 진짜 야구를 하고 싶다면 연습 계획을 짜보자. 야구를 계속 할 생각이 없다면 네가 진짜 잘할 수 있는 다른 일을 찾아보면 돼."

영국 보모의 비밀

'실패해도 괜찮아' 게임
나는 자존감이 낮아서 어려움을 겪고 있는 아이들을 위해 게임을 즐겨 한다. 아이가 한 지점에서 다른 지점까지 스케이트로 혹은 달리기나 점프로 도달하는 시간을 재는 것이다. 이 게임의 목적은 아이들이 스스로의 기록을 넘어서게 하는 것이다. 본인의 기록을 경신하지 못하면 아이들은 내 눈치를 보고 그래도 괜찮은지 살피는 경우가 많다. 여기서 핵심은 긍정적인 분위기를 유지하며 아이가 최고 점수를 깨지 못했다는 사실을 대수롭지 않게 여기는 것이다. 이 게임은 스트레스가 심한 아이의 긴장을 풀어주는 데 놀랄 만한 효과를 발휘한다. 아이들이 실수를 받아들이고 결과보다는 노력하는 과정에 관심을 집중하도록 하는 게임이다.

☑ 아이가 손톱을 물어뜯거나 이를 가는 등 신경질적인 습관을 가지고 있거나 자주 복통을 호소합니까?

아이가 손톱을 물어뜯거나 이를 갈거나 복통을 호소하는 일이 잦다면 아마도 스트레스를 받고 있을 가능성이 크다. 어떤 아이든 가끔씩 배앓이 때문에 학교에 못 가겠다고 하는 날이 있으므로 그런 일이 벌어져도 지나치게 조바심을 낼 필요는 없다. 하지만 그런 일이 자주 발생한다면 걱정해야 할 만한 상황이다. 특히 아이의 음식, 일과, 잠에 신경을 쓰고 아이와 더 많은 시간을 보내면서 해결해야 할 문제가 있는지 살핀다.

☑ 아이가 우울해하거나 내성적입니까?

나는 걸핏하면 우울해하는 아이를 보면 마음이 좋지 않다. 아이들은 천성적으로 내성적인 존재가 아니며 후천적으로 그렇게 되어서도 안 된다. 물론 모든 아이가 분위기 메이커 역할을 할 필요는 없지만, 아이가 대부분의 시간 동안 자신만의 세계 안에 웅크리고 있다면 지체 없이 관심을 쏟아주고 염려해야 한다.

☑ 아이가 왕따를 당하고 있습니까?

나는 만 여덟 살짜리 남자아이가 끊임없이 어린 여동생들을 못살게 구는 문제로 찾아온 가족을 상담한 적이 있다. 아이는 재미로 하는 일이었고 악의도 없었지만 "싫어!"라는 말을 들어도 좀처럼 개의치 않았으며 여동생들을 너무 과격하게 다루었다. 나는 부모에게 혹시 학교에서 아이가 왕따를 당했느냐고 물어보았고, 아니나 다를까 그게 사실이었다. "왕따에 대해 아이에게 어떻게 설명하셨나요?" 나는 물었다. "우리는 아이에게 맞서 싸우라고 가르쳤습니다." 부모의 대답이었다. 실제로 아이의 아빠는 밖으로 나가 아이와 몸싸움까지 벌이며 아이가 왕따에 대처할 수 있도록 했다. 부모는 왕따에 대한 이러한 가르침과 아들이 집에서 여동생들을 괴롭히는 문제와의 연관성을 전혀 깨닫지 못했다.

아이들은 더없이 사랑스럽지만 그와 동시에 서로에게 충분히 잔인한 행동을 할 수 있는 존재이기도 하다. 당신의 아이가 아직 왕따를 당한 적이 없다고 해도 언젠가 왕따를 당할 가능성은 충분하다. 아이에게 당당히 맞서도록 이르되, 이런 문제에는 올바른 대처법이 있으며 신체적으로 맞서 싸우는 것은 좋은 방식이 아님을 가르치자. 아주 어린 아이에게도 "네가 나를 때리는 게 싫어" 또는 "내 장난감 돌려줘. 장난감을 가져가도 되냐고 물어보지도 않았잖아. 그리고 내가 아직 그 장난감을 가지고 놀고 있단 말이야"라고 말하도록 가르쳐야 한다. 앞서 소개한 남자아이처럼 아이가 좀더 크면 당당한 자세로 부당한 대접을 받지 않겠다는 의사 표시를 하도록 가르치자. 만약 상황이 악화되면 선생님을 개입시키는 등 다른 대처법을 찾도록 도와주어야 한다.

아들에게 주먹을 사용하도록 독려한 이 부모들과 정반대의 극단적인 사례도 있다. 왕따의 징조가 털끝만큼만 보여도 과도하게 반응하는 부모들이다. 내가 아는 한 남자아이는 어느 날 놀이터에서 "바보"라는 소리를 들었다. 격분한 아이 엄마는 학교로 쳐들어가서 격렬하게 항의했고, 한바탕 소동이 벌어졌다. 관심을 받으려는 아이의 전략이 먹혀들어간 셈이었다. 부모가 이렇게 대응하면 아이는 당당하게 맞서는 법을 배우지 못하며, 상처를 극복하고 대수롭지 않은 일은 그냥 넘겨버리는 법("몽둥이와 돌멩이가 내 뼈를 부러뜨릴지언정 말로는 나에게 상처를 입히지 못할 것이다")을 배우지 못하고, 또래 친구들과 잘 어울리는 방법도 익히지 못한다. 아이는 오직 그 일이 실제로 걱정할 만한 사건이었으며, 기분이 나쁠 때면 엄마에게 달려가서 도움을 요청해야 한다는 교훈을 얻을 뿐이다.

오늘날 왕따는 심각한 사회적 문제로 떠오르고 있다. 나는 왕따가 미치는 영향에 대한 경각심을 높여주는 댄 새비지Dan Savage(왕따 방지 캠페인 '앞으로 괜찮아질 거야It Gets Better'의 공동 발안자)나 리 허시Lee Hirsch(다큐멘터리 영화 〈불리Bully〉의 감독) 같은 사람들의 노력에 박수를 보낸다. 또 학생들에게 공감하는 법을 가르치고 왕따를 반대하는 메시지를 전달하는 학교 프로그램들도 매우 긍정적으로 생각한다. 너무나 많은 아이들이 만성적인 왕따에 깊은 상처를 받는다. 아이가 학교에 갈 때마다 몸이 여기저기 아프거나 학교에서도 숨어 지내야 한다면 비극적인 일이 아닐 수 없다.

그와 동시에 바보라는 말을 딱 한 번 들었던 아이의 엄마처럼 지나치게 과도한 반응을 보이지는 않도록 주의해야 한다. 학교에서는 항상 어느 정도 따돌림이 일어나기 마련이며, 아이들 역시 그에 대처해야 하고 그 과정에서 어려움을 극복하는 방법 등 중요한 교훈을 얻을 수 있다. 아이를 소중하게 보호하고 싶은 마음은 충분히 이해하지만, 부모가 개입해야 하는 시기와 멀리서 아이에게 조언하는 편이 더 나은 시기를 적절히 파악하는 것이 무엇보다 중요하다.

 영국 보모의 비밀

모든 아이에겐 특기와 재능이 있다

아이에게 친구들을 도와줄 수 있는 기회를 주면 자존감을 끌어올리는 데 매우 효과적이다. 아이가 운동은 잘 못하지만 공부는 잘한다면 다른 아이들의 공부를 가르쳐주는 일에 나서도록 격려하자. 아이가 섬세하고 다정하다면 친구들의 고민 상담 역할을 자처하도록 장려하자. 재능을 친구들과 나눔으로써 아이가 빛날 수 있는 기회를 주고, 베풀 줄 알고 사랑 넘치는 사람이 되도록 가르치자. 그 자체만으로도 아이는 사기가 올라가고 스스로를 더욱 가치 있는 사람이라고 여기게 된다.

☑ 아이가 자신의 능력에 맞는 집안일이나 책임을 맡고 있습니까?

아이에게 집안일을 시키거나 책임을 맡기는 것은 건전한 자존감의 핵심 요소인 자립심을 기를 수 있도록 도와주는 중요한 단계다. 만 다섯 살 때 빨래 개기를 시킨다면 만 여덟 살 때는 저녁 준비를 도울 수 있을 것이다.

그다음은 어떻게 될까? 만 열 살이 되면 컴퓨터를 조립하거나 욕실용 장식품을 디자인할 수 있을지도 모른다! 하지만 지나치게 앞서가지는 말자!

핵심은 서서히 시작하는 것이다. 우선 아이에게 집안일하는 법을 가르쳐주고 아이와 함께 해보자. 너무 어려운 일을 시킨다면 아이는 어쩔 줄 몰라하면서 제대로 시도조차 하지 않거나 절반쯤 하다가 포기하고 좌절감을 느낄지도 모른다. 부모가 시킨 일을 아이가 한 번도 제대로 끝낸 적이 없다면 당신이 지나치게 많은 것을 요구하고 있을 가능성이 높다. 내 아이의 역량을 제대로 파악하는 일은 엄청나게 중요하지만, 보편적인 기준은 존재한다. 예를 들어 만 한 살짜리 아이에게 가지고 놀던 블록을 전부 치우라고 한다면 제대로 해내지 못할 것이다. 하지만 블록 한 개라면 쉽게 치울 수 있다. 만 두 살짜리는 블록 다섯 개를 치울 수 있다. 만 세 살짜리는 블록을 전부 치울 수 있다. 일반적인 기준으로 삼을 수 있는 연령별 기대치를 소개한다.

14~18개월	• 책 한 권을 치운다. • 블록 2~3개를 치운다. • 옷 하나를 빨래 바구니에 넣는다. • 포크를 든다. • 접시를 치운다. • "감사합니다"라고 말하며 감사의 표시를 한다.
만 2세	• 책 서너 권을 치운다. • 블록을 절반 정도 치운다. • 자기 옷을 전부 빨래 바구니에 넣는다. • 식사 후 남은 음식을 접시에서 긁어낸다. • 무언가를 쏟았을 때 닦아내는 것을 돕는다.

만 3~4세	• 블록을 전부 치운다. • 장난감과 책 정리를 돕는다. • 반려동물에게 먹이 주는 일을 돕는다. • 혼자서 옷을 입는다. • "저녁 맛있었어요. 감사합니다"라고 인사한다. • 옷을 벗은 후 빨래 바구니에 넣는다. • 포크와 숟가락을 편하게 사용하고 나이프를 사용하기 시작한다.
만 5~8세	• 신발과 책가방을 챙긴다. • 자기 방을 청소한다. • 식기세척기에 접시를 넣고 설거지가 끝나면 접시를 정리한다. • 옷을 벗은 후 빨래 바구니에 넣는다. • 혼자서 취침 준비를 한다. • 시선을 마주치면서 "저녁 맛있었어요. 감사합니다"라고 말한다.

☑ 불완전하더라도 아이 혼자서 일을 끝마칠 수 있도록 합니까?

만 네 살짜리 아이에게 침대 정리를 시켰다고 가정해보자. 아이는 지시에 따라서(엄마에게 1점!) 시트와 담요를 잡아당기고 베개와 곰인형을 머리맡에 올려놓는다. 하지만 저런, 침대 위 여기저기에 이불이 뭉쳐 있는데다 당신이 보기에는 아직 엉망이다. 이럴 경우 어떻게 하겠는가?

1) 침대를 직접 다시 정리하여 아이가 제대로 정리하는 법을 볼 수 있도록 한다.
2) 아이를 학교에 보내고 난 뒤 나중에 다시 정리하여 당신이 침대 정리하는 모습을 아이가 보지 못하게 한다.
3) 엄마가 시킨 대로 침대를 정리했다는 점을 칭찬해주고 이불이 뭉쳐 있는 침대는 그냥 내버려둔다.

여기서 올바른 답은 3번이다. 물론 아이에게 앞으로 침대를 더 잘 정리하는 방법을 가르쳐주지 말라는 뜻은 아니다. 그러나 최소한 아이가 최선을 다해 침대를 정리하고 뿌듯함을 느끼고 있는 오늘은 침대 정리법을 가르쳐주기에 적당한 시점이 아니다. 다음날쯤 이렇게 말해보는 것은 어떨까? "오늘은 엄마랑 같이 침대를 정리해볼까? 할머니가 침대 정리하는 신기한 방법을 몇 가지 가르쳐주셨는데 네가 충분히 컸으니까 보여줘도 괜찮을 것 같아." 아이가 싫다고 하면 그냥 내버려두어라. 아이가 자신의 자립심과 능력을 한껏 음미하고 있는 중이므로 지금으로서는 침대를 반듯하게 정리하는 것보다 그쪽이 훨씬 중요하다.

마찬가지로 아이에게 배변 훈련을 시킬 때는 아이가 혼자 속옷을 입다가 뒤집어 입었다고 해도 그냥 내버려두자. 다음날쯤 아이에게 상표가 어느 쪽에 붙어 있고 그게 어떤 의미인지 가르쳐주어도 좋겠지만, 아이가 자신의 노력을 너무나 자랑스럽게 여기고 있는 지금 당장은 그 점을 지적하지 말자. 또 한 가지 흔히 발생하는 상황은 아이가 혼자서 신발을 신는 경우다. 상당한 빈도로, 특히 처음에는 아이가 양쪽 신발을 바꿔 신을 가능성이 높다. "이런, 또 신발을 바꿔 신었구나!"라고 말하기보다는 "신발 신은 발을 보니 뭔가 이상하지 않니?"라고 물어보자. 아이가 무엇이든 솔선해서 할 수 있는 환경을 만들어주면 아이의 독립심과 자존감이 크게 향상된다.

 영국 보모의 비밀

부모는 아이의 일을 대신하는 사람이 아니다

아이가 제대로 해내지 못하는 일을 바로잡고 싶다는 생각뿐만 아니라 아이가 혼자 할 수 있는 일을 대신 해주고 싶은 충동도 최대한 억제하자. 나는 낮잠 잘 때 양말을 신기 싫어하는 18개월짜리 아이를 돌본 적이 있다. 아이의 양말을 벗겨주면 훨씬 간단했겠지만 나는 부러 아이에게 직접 양말을 벗게 했다. 물론 양말을 당기는 일을 약간 도와주기는 했지만 최소한 아이는 스스로 양말을 벗으려 노력했다. 아이가 혼자 힘으로 어느 정도까지 할 수 있는지에 따라 적당히 도와주되 부모의 역할은 어디까지나 아이를 인도하는 것이지 아이의 일을 대신해주는 것이 아님을 항상 염두에 두자. 시간이 지남에 따라 점점 손이 덜 가게 되면 부모도 편해지고, 아이에게는 자립심이라는 긍정적인 덕목까지 길러줄 수 있을 것이다.

☑ **아이를 꾸짖기보다 칭찬하는 일이 많습니까? 아이가 무언가를 잘해냈을 때 인정해줍니까?**

아이의 예절이나 행동을 바로잡아주는 일에 너무 집착하다보면 칭찬과 인정의 중요성을 잊어버리는 경우가 많다. 아이는 부모를 기쁘게 하고 싶어하며 부모가 좋아하는 행동을 반복하려고 노력한다는 점을 기억하자. 아이가 예쁜 그림을 그리거나 동생에게 친절하게 대했을 때는 칭찬해주자. 특정한 행동을 하지 말아야 하는 이유를 설명할 때와 마찬가지로, 칭찬할 때도 어떤 점을 잘했는지 구체적으로 말해주자. "잘했어"라는 형식적인 칭찬보다는 "앤이 놀러왔을 때 잘 지내느냐고 인사한 건 정말 잘했어. 예의바르게 행동해줘서 얼마나 고마운지 몰라"라는 칭찬이 아이에게 훨씬 큰 영향을 미친다. 아이의 올바른 행동을 인정해주지 않으면 아이는 다음번에 굳이 그런 행동을 하려고 들지 않는다. 나쁜 행동을 할 때만 부모가 인지한다고 생각할 것이다.

또한 칭찬과 인정 사이에는 분명한 차이가 있다는 점을 기억하자. 앞서 설명한 사례는 지나치게 아이를 칭찬하기보다는 아이의 올바른 행동을 인정해주는 것이다("예의바르게 행동해줘서 얼마나 고마운지 몰라"). "완전히 금메달감이야!!"라고 말하는 것과 "오늘 거기서 얌전하게 행동해줘서 정말 고마웠어"라고 말하는 것은 전혀 다르다.

영국 부부의 비밀

아이에게 부탁하기

남편과 나는 아들에게 되도록 많은 도움을 받으려고 애쓴다. "리엄, 아빠 신발 좀 가져다줄 수 있을까?" 아들은 본인이 우리에게 도움이 된다고 생각하고 그 점에 대해 무척 자랑스럽게 여기며, 우리가 "~를 부탁해"라고 말하는 것을 들으면서 자연히 예의바르게 부탁하는 법을 배우게 된다.

✅ **아이 앞에서 아이의 잘못에 대해 반복적으로 언급하지 않습니까?**

당신이 직장에서 실수를 했다고 가정해보자. 상사가 당신을 불러서 실수에 대해 이야기하고, 당신은 그에 대한 대가를 치른다. 그리고 나서 상사가 구내식당에서 당신의 실수를 동료들에게 떠벌리는 동안 내내 그 옆에 서 있어야 한다면 기분이 어떻겠는가? 말도 안 되게 부당한 일이라는 생각이 들 것이다. 이미 실수에 대한 대가는 치렀는데 왜 그런 모욕을 또 당해야 하는가? 저 멍청이 같은 상사는 그냥 좀 흘려보낼 수 없는 건가? 당신은 절대 이렇게 멍청이 상사 같은 사람이 되어서는 안 된다. 아이가 잘못을 저질러서 이미 그 대가를 치르고 사과했다면 아이 앞에서 다시는 같은 실수를 언급하지 말자. 아이를 돌보는 다른 사람에게 처벌에 대해 설명해야 할 때 정도는 예외일지 모른다. "로라는 오늘 엄마 말을 잘 안 들었기 때문에 디저트를 먹이면 안 돼." 하지만 만약 몹시 화가 났고 배우자와 함께 대책을 논의해야 할 경우에는 아이 앞에서 이야기하는 것을 피하자. 아이의 입장에서 그것이 어떤 기분일지 헤아려보자. 또한 아이의 이해력을 과소평가해서는 안 된다. 남편에게 아이의 행동에 대한 불만을 털어놓을 때 아이가 관심을 두지 않고 있다거나 어른들이 하는 말을 제대로 이해하지 못할 거라고 생각하겠지만, 아이들은 보기보다 상당히 똑똑하다. 어떤 식으로든 아이가 알아들을 수 있다고 가정하고, 그러한 대화를 언제 어디서 나눌 것인지 보다 신중하게 생각하자.

☑ 편애하지 않으려고 노력합니까?

부모의 편애는 논쟁적인, 심지어 금기시까지 되는 주제이다. 그러나 당신은 내가 수도 없이 편애를 목격한다는 사실에 깜짝 놀랄지도 모른다. 부모들은 절대 한 아이를 다른 아이보다 편애한다는 이야기를 하지 않는다. 아니, 자기가 한 아이를 다른 아이보다 편애한다는 사실 자체를 깨닫지 못하는 부모가 많다. 하지만 실제로는 분명히 편애가 일어나며 그 결과는 끔찍하기 짝이 없다.

부모가 아이마다 아끼는 개성이나 장점은 다르다. 이는 당연한 일인데다 하등 문제되지 않는다. 하지만 결국 아이들은 동등하게 키워야 한다. 예를 들어 당신이 스포츠에 상당히 관심이 많은데 아들은 모든 운동에 만능이고 딸은 음악 쪽에 소질이 있다면, 아무래도 아들의 스포츠 행사 쪽으로 마음이 기울어 자주 참석하고 질문도 많이 던지고 아이와 공을 던지는 연습도 하게 될 것이다. 이러한 일들에는 전부 참여하되 딸에게도 똑같이 대하자. 아들의 경기만큼 딸의 발표회에도 자주 참석하자. 딸아이의 취미에 대해 이것저것 물어보고 진지한 호기심을 보이며 이해하려고 노력하자. 딸아이와 함께 음악 공연을 보러 가서 둘만의 특별한 시간을 보내자. 스포츠만큼 음악을 즐길 수는 없을지 몰라도 부모가 공평한 관심을 주지 않으면 그것이 아이에게 영향을 미친다는 점을 기억하자. 가슴에 손을 얹고 솔직하게 아이들마다 관심을 다르게 주고 있진 않은지 생각해보자. 당신이 음악보다는 스포츠를 좋아한다는 사실을 딸이 이해해주기를 바랄 수는 없으며, 결국 딸아이는 당신이 자신보다 오빠나 남동생을 더 사랑한다고 믿게 될지도 모른다.

한번은 딸아이 때문에 어려움을 겪고 있는 부모와 상담한 적이 있다. 그 딸아이는 오만하고 기분 나쁘게 행동했으며 친구들은 아무도 그 아이를 가까이하려 하지 않았다. 이 여자아이에게는 언뜻 보기에 평생 부모님의 속 한 번 썩이지 않았을 것 같은 착한 남동생이 있었다. 이 가족과 시간을 보내다보니 편애가 문제의 원인이라는 사실이 분명히 드러났다. 특히 아빠는 아들에게 주는 사랑과 관심을 딸에게 전혀 보이지 않았으며,

딸은 매 순간 아빠의 관심을 갈구하고 있었다. 부모에게 당신이 지금 한 아이를 편애하고 있다고 설명하는 것은 무척 어려운 일이다. 부모들은 결코 그런 말을 듣고 싶어하지 않으며 실제로 그 아빠도 버럭 화를 냈다. 사실상 아빠가 이 악순환을 더욱 심화시키고 있었기에 안타까운 일이었다. 딸은 아빠가 자신을 무시한다고 생각하여 아빠의 관심을 끌기 위해 말썽을 부렸다. 부모는 딸아이가 골칫거리라고 생각했고, 딸은 그 생각대로 그만 골칫거리가 되어버린 셈이었다.

☑ 부모가 먼저 긍정적이고 건전한 자존감의 모범을 보여줍니까?

엄마 아빠가 스스로 자존감이 부족한 경우 금세 알아챌 수 있다. 옷 입는 방식, 집안을 관리하는 방식을 보면 분명히 드러난다. 만사를 비판적으로 생각하고 스스로를 무기력한 희생자라고 생각하는 부모는 그러한 세계관을 아이들에게 물려주게 된다. 인생에서 겪게 될 일은 무엇이든 헤쳐나갈 수 있다고 가르치는 대신 무기력감과 절망만을 가르치는 것이다. 만약 당신이 이러한 부류에 속한다고 생각한다면 최선의 대응책은 친구나 전문가의 도움을 받는 것이다. 도움을 받을 생각이 없거나 현실적으로 불가능한 경우, 자신이 아이에게 어떤 메시지를 전달하는지 면밀히 파악하고 주의를 기울이자. 아이들에게 인생이란 즐거울 때도 있고 힘들 때도 있는 법이지만, 결국 사람은 스스로를 신뢰할 때 가장 큰 힘을 발휘할 수 있다는 사실을 보여주자.

☑ 일상적으로 아이에게 사랑과 애정을 표현합니까?

영국인들은 포옹을 자주 하지 않는다. 그냥 원래부터 그런 사람들이다. 나는 미국으로 건너올 때까지 다정하고 의미 있는 포옹을 하는 법을 배우지 못했다(재미있게도 나에게 포옹하는 법을 가르쳐준 사람은 페루 출신 친구였다!). 지금은 나도 다정한 포옹을 즐긴다. 이것은 따뜻함과 호의, 인간애를 나타내는 행위이며, 나의 모국인 영국 사람들도 조금만 경계를 낮추고 포옹에 활짝 마음을 열었으면 한다. 이러한 문화적 특징은 각국의 육아방식에서도 드러난다. 영국식 육아는 미국만큼 다정하거나 애정이 넘치지 않으며 나는 이에 대해 깊은 유감을 품고 있다.

그러나 심지어 미국에서도 아이들과 제대로 스킨십을 하지 않는 가족들을 자주 본다. 안아주고 쓰다듬고 간질이고 뽀뽀하는 것은 모두 엄연히 육아에 해당하며 아이들에게는 이러한 스킨십이 필요하다. "기분이 어때?"라고 물어보는 것은 다른 사람의 안녕에 대한 관심을 보여주는 좋은 방식이다. 부모님이 당신을 자주 안아주면서 기르지 않았다면 잦은 스킨십에 익숙해지기가 다소 어려울지도 모른다. 하지만 조금 어색하더라도 적극적으로 스킨십을 시도하자. 아이에게는 그것이 필요하니까!

일각에서는 그러한 사랑과 애정 표현을 자제하는 것이 아이들에게 유익하다고 주장하기도 한다. 호랑이 같은 엄마들은 애정 표현을 아끼는 것이 아이의 성취욕을 높이고, 그 자체로 기대치를 높이 설정하는 효과를 낸다고 생각한다. 심지어 이러한 부모 슬하에서 자란 사람들 중에는 극도로 엄격한 부모에게서 인정받겠다는 강렬한 욕구가 자신이 거둔 성공의 원동력이 되었다고 주장하는 이들도 있다. 물론 실제로 그런 사람들이 있을지는 모르지만, 그들이 과연 정서적으로 건강한 사람들일까? 그들은 인생에서 성공을 거둔 사람들인가, 아니면 사업이나 경제적인 측면에서만 성공을 거둔 사람들인가? 앞서 언급한 대로 아이들은 선천적으로 부모에게 자랑스러운 존재가 되고자 하는 욕구를 가지고 있다. 굳이 아이들을 윽박질러서 그런 생각을 불어넣을 필요는 없다.

☑ 아이가 실망하거나 좌절했을 때 적절하게 반응합니까?

아이가 시험을 앞두고 무척 열심히 공부했다고 가정해보자. 시간 날 때마다 공부에 열중했고 당신 역시 아이가 최선을 다했다는 사실을 알고 있지만 결국 아이는 B를 받았다. 당신은 어떻게 반응하겠는가.

> 1) "와, 좋은 점수 받았네. 축하해!"
> 2) "엄마는 네가 정말 자랑스러워. 진짜 열심히 공부한 거 잘 알고 있단다. 네가 바라던 A는 아니지만 B도 충분히 좋은 점수야."
> 3) "진짜 실망했어. 너 진짜 머리 좋잖니. A를 받았어야지."

여기서 올바른 답은 2번이지만, 부모들이 잘못된 대응을 하는 빈도는 생각보다 훨씬 더 높다! 나는 힘든 시간을 보내고 있던 만 열 살짜리 딸 매기의 일과 관련하여 한 가족과 상담한 적이 있다. 매기는 무척이나 불안해하고 초조해했으며, 나는 그 이유가 무엇인지 살펴봐달라는 부탁을 받았다. 하루는 내가 그 가정을 방문했을 때, 매기가 집에 돌아와서 엄마에게 학교 연극에서 자신이 원하던 역을 맡지 못했다고 털어놓았다. 매기는 잔뜩 실망한 표정이었고 엄마도 마찬가지였다. 엄마는 무척이나 실망한 나머지 "도대체 왜?"와 "말도 안 돼!"를 필요 이상으로 남발하고 있었다. 나는 그 엄마가 매기의 입장에서 실망한 것인지, 아니면 매기 본인에게 실망한 것인지 구분할 수가 없었다.

물론 실망감 자체를 부정하는 것은 좋지 않으며, 그 엄마가 "그렇구나! 그냥 연극인데 뭐. 어차피 끝난 일이니까 다른 걸 하면 되지"라고 말했다면 매기에게 전혀 도움이 되지 않았을 것이다. 이렇게 반응하면 엄마가 매기의 실망감을 불필요한 것으로 간주해버리는 셈이기 때문에 매기가 자신의 감정을 추스를 수 없을 뿐만 아니라 스스로에게 더욱 실망하게 될 수도 있다.

여기서도 역시 중용을 택하는 것이 올바른 길이다.

엄마는 이야기를 듣고 일단 매기가 느끼는 감정에 공감해주고, 그다음에 매기가 자신의 노력을 뿌듯하게 여길 수 있도록 도와주어야 한다. 매기가 용기를 내서 연극 오디션을 본 것은 무척 훌륭한 일이다! 원하는 배역을 얻지 못했기 때문에 실망하는 마음은 충분히 이해할 수 있지만, 매기가 얻은 배역도 상당히 재미있어 보이고 앞으로 더 좋은 역을 얻을 수 있을 것이다. 다른 말로 하면 엄마는 매기가 경험한 실패 자체를 부정하지는 않으면서도 실패를 극복할 수 있도록 도와주어야 한다.

아이가 최선을 다할 때는 부모 눈에도 잘 보이는 법이다. 아이가 최선을 다해서 B를 받았다면 어쩔 수 없는 일이다. 하지만 최선을 다했다면 A를 받을 수 있었는데도 충분히 노력하지 않아서 B를 받았다면, 부모는 충분히 실망할 수 있으며 그 사실을 아이에게 알려줄 권리가 있다.

영국 부부의 비밀

우리는 모두 불완전한 부모들입니다
우리 부부는 우리가 부모로서 얼마나 불완전하며, 어떤 면에서 잘하고 있고 어떤 면에서 잘못하고 있는지, 더 좋은 부모가 되기 위해 어떻게 끊임없이 노력하고 있는지에 대해 이야기를 나눈다. 잘못을 저지르면 그것을 입 밖에 내서 이야기하고, 사소한 실수일 경우 대수롭지 않게 흘려버린다. 이제 우리 큰아들은 실수를 해도 그것이 삶의 일부일 뿐이라는 사실을 알기 때문에 이렇게 말한다. "이런! 그건 단지 실수였을 뿐이야."

Emma's TIP

부모의 습관이
아이의 성격을 만든다

아이의 자존감을 길러주는 방법에 대한 책은 헤아릴 수 없을 정도로 많이 출간되어 있으며, 이 주제를 다룬 TV 프로그램도 부지기수다. 하지만 아무리 자존감과 관련된 최신 정보를 전부 숙지하고 있다 해도 부모나 아이를 돌보는 사람들은 매일같이 단순한 실수를 한다. 아이가 넘어질 때마다 일으켜준다거나 한 아이를 노골적으로 편애한다거나 아이에게 낙인을 찍어버리는 것이다. 미셸 파이퍼처럼 아이의 미래 심리치료사에게 지불할 돈을 생각하기 전에 자신의 간단한 습관부터 되돌아보자. 당신의 습관이 이번 장에서 읽은 내용과 부합하지 않으면 습관을 뜯어고쳐라.

9장

폭도 잠재우기

부모와 아이가 교감하는 시간

•

"다른 일들이 우리를 바꿔놓을 수는 있지만 처음과 끝은 항상 가족과 함께한다."

_앤서니 브랜트(작가)

- ☐ 당신은 아이에 대해 잘 알고 있습니까?

- ☐ 아이가 엄마 아빠 모두에게서 충분한 관심을 받습니까?

- ☐ 아이가 부모와 함께 있을 때 즐거워합니까? 당신은 거창한 일을 계획하는 편입니까, 아니면 소소한 순간을 소중하게 여기는 편입니까?

- ☐ 매일 아이와 시간을 보냅니까?

- ☐ 가족끼리 만나고 헤어질 때 서로 인사합니까?

- ☐ 스마트폰이나 신문 등 다른 일에 주의를 돌리지 않고 아이에게 온전히 집중합니까?

- ☐ 식사 시간을 가족이 함께 보내는 시간으로 활용합니까?

- ☐ 집을 비웠다 돌아온 후에는 바로 아이에게 관심을 줍니까?

- ☐ 아이와 즐거운 시간을 보내는 방법을 알고 있습니까?

- ☐ 아이의 취미에 관심을 표시합니까?

- ☐ 가족 전통이 있습니까?

- ☐ 부모의 기대치를 접어두고 아이가 원하는 일을 할 수 있도록 해줍니까?

나와 인연을 맺었던 한 엄마는 아이와 교감하는 시간의 중요성에 적극 동의하여 아들과 함께 시간을 보내기 위해 하루에 몇 시간씩은 꼭 비워두었다. 그럼에도 아이는 말썽 부리고 떼를 쓰면서 엄마의 관심을 끌기 위해 안간힘을 썼다. 엄마는 도무지 이유를 알 수 없어 어찌할 바를 몰랐다. 의도만은 더없이 좋았던 이 엄마에게는 약간의 변화가 필요했다. 엄마가 아들과 보내는 시간은 대개 축구교실이나 쿵후 강습, 친구들과의 사교 모임에 아이를 데리고 다니는 데 쓰이고 있었다. 두 사람은 적지 않은 시간을 차 안에서 함께 보냈지만 라디오를 듣는 경우가 많았고, 서로의 얼굴을 마주보지 않았다. 이 엄마에게는 정기적으로 아이 맞은편에 앉아 색칠 공부를 하거나 이야기를 나누거나 카페에서 디저트를 나눠먹는 시간이 필요했다. 사실 이 엄마의 경우는 다른 엄마들과 번갈아가며 카풀을 하는 편이 훨씬 나았을 것이다. 아이를 데리고 다니는 시간을 절약하여 그 시간을 서로에게 온전히 관심을 쏟고 함께 보내는 데 활용하는 것이다.

　내가 아는 한 자영업자 엄마는 월요일부터 금요일까지 일만 하진 않겠다 결심하고, 평일 중 하루씩 시간을 비워서 두 아이와 보냈다. 문제는 그 하루 동안 여러 가지 집안일을 처리하고, 두 아이와 각각 일대일로 보내는 시간을 갖고, 이메일을 확인하고, 나머지 4일 안에 모든 업무를 처리할 수 있도록 업무 상황도 틈틈이 파악하려고 노력했다는 점이다. 이 엄마에게도 약간의 변화가 필요했다. 아이를 여기저기 데리고 다니기만 하던 엄마처럼 이 엄마 역시 아이와 함께 보내는 시간을 마련하는 데만 급급하여 실제로 그 시간을 의미 있게 보내는 데는 신경쓰지 못했다. 결국 이 엄마는 일과를 바꿔서 주중 닷새 동안 일하기로 했다. 아침에 아이들이 어린이집에 가고 난 후 본인의 업무를 시작하기 전 자투리 시간에 약간의 집안일을 하거나 볼일을 보고 오후에는 아이들을 다소 일찍 어린이집에서 데려온다. 이제 이 엄마는 아이들에게만 온전히 신경쓰는 시간을 더 많이 갖게 되었고, 가장 기운 넘치는 모습으로 다른 잡일은 생각하지 않은 채 아이들과 놀아준다. 물론 모든 부모가 이렇게 업무 일정을 조정할 수 있는 것은 아니지만 핵심은 변하지 않는다. 양과 질을 동일시해서는 안 된다는 점이다.

==부모들이 가장 놓치기 쉬운 부분이 바로 부모와 아이가 교감하는 시간일지도 모른다. 스마트폰, 텔레비전, 신문 때문에 부모와 아이들 사이에는 매우 높은 장벽이 솟아 있으며, 이는 심지어 바로 옆에 앉아 있을 때도 마찬가지다.== 나는 식사 시간에 이런 광경을 무척 자주 목격한다. 부모가 분명 아이들과 같은 식탁에 앉아 있지만 신문이나 핸드폰, 노트북에서 눈을 떼지 않는 것이다. 그러고는 나에게 이렇게 말한다. "저는 우리 아이들과 교감하는 시간을 보내고 있습니다. 무슨 일이 있어도 아침은 같이 먹거든요." 하지만 단순히 가까이 있다고 해서 교감하는 시간을 보냈다고 할 수는 없다. 특히 이 점은 아이들이 커가면서 하루에 고작 몇

시간밖에 얼굴을 볼 수 없는 경우 더더욱 중요하다. 아이들과 함께 있는 시간을 소중하게 활용하자. 부모가 시간과 노력을 투자하지 않으면 아이들은 그다지 좋은 영향을 받을 수 없는 곳으로 향할지도 모른다.

이번 장에서는 부모와 아이가 교감하는 시간이 실제로 어떻게 구성되는지 이해할 수 있도록 도와줄 것이다. 아이가 아직 아기이든 초등학생이든, 부모가 기운이 넘치든 아니든, 최신 유행에 민감하든 책벌레이든 관계없이 아이들과 함께할 수 있는 활동에 대한 아이디어를 제공한다. 아이와 교감하는 시간에 대해 많은 사람들이 오해하는 점 중 하나도 바로 이것이다. 반드시 애들 놀이만 할 필요는 없다!

☑ 당신은 아이에 대해 잘 알고 있습니까?

우선 당신이 자녀에 대해 얼마나 잘 파악하고 있는지 알아보는 퀴즈를 내보겠다.

1. 아이가 가장 좋아하는……
– 장난감은?
– 음식은?
– 책은?
– 자장가/노래는?
– 색깔은?
– 놀이는?

2. 다음의 경우에 아이를 가장 잘 달랠 수 있는 방법은 무엇입니까?
– 아이가 아플 때
– 아이가 슬퍼할 때
– 아이가 화를 낼 때

3. 주변 환경이나 상황에 불편함을 느낄 때 아이는 어떤 신호를 보냅니까?

4. 아이가 떼를 쓰면서 소란을 부리게 되는 계기는 무엇입니까?

5. 다음의 경우에 아이는 어떤 신호를 보냅니까?
– 배가 고플 때
– 피곤할 때
– 심심할 때

6. 아이가 유치원생 이상인 경우, 아이에게 어떤 친구들이 있는지 알고 있습니까?

7. 학교에서 아이의 옆에 앉는 짝은 누구입니까?

8. 쉬는 시간에 아이가 누구와 무엇을 하면서 놉니까?

이러한 질문에 솔직하게 대답해보자. 이중 몇 개나 빈칸으로 남겨두었는가? 그 이유를 살펴보고, 이를 아이와 교감하는 시간이 부족하다는 신호로 생각하자.

✅ 아이가 엄마 아빠 모두에게서 충분한 관심을 받습니까?

집에 양쪽 부모가 다 있는 경우, 두 사람 모두 아이들과 교감하는 시간을 보내야 한다. 엄마가 대부분의 육아를 맡고 아빠는 주로 경제적인 부분을 책임지거나 혹은 이와 반대로 역할이 명확히 나뉜 가족이 적지 않다. 상호 합의만 되어 있다면 상관없지만, 그것도 어느 정도까지다. 육아에서 완전히 손을 뗄 수 있는 부모란 없다.

내가 상담했던 캘리포니아 스튜디오 시티의 한 가족도 바로 이런 문제로 고민하고 있었다. 엄마는 아이들과 많은 시간을 보냈지만, 아빠는 대부분 관여하지 않았으며 집에 있더라도 없는 것이나 마찬가지였다. 재택근무를 해서 항시 노트북을 켜놓은 상태였고 아이들이 아무리 날뛰고 말썽을 부려도 눈 하나 깜짝하지 않았다. 아이들은 이러한 아빠에게서 무관심을 느꼈고, 아이들의 행동에서 그 징후가 터져나왔다. 이 집 아이들은 사고뭉치 그 자체였다. 소리를 지르고 집안에서 뛰어다니며 물건을 마구 망가뜨렸다. 부모는 아이들이 통제 불능이라 생각했고 실제로도 그랬다. 하지만 동시에 이 아이들은 무척이나 시끄럽고도 혼란스러운 방식으로 간명한 메시지를 전달하고 있었다. "우리에게 관심 좀 달라고요."

나는 이 엄마가 보다 권위를 세워 단호하게 명확한 경계선을 설정할 수 있도록 도와주었다. 엄마는 이를 성공적으로 해냈고 아이들도 변화에 반응하기 시작했다. 하지만 이 가족이 안고 있는 문제점의 대부분은 해결되지 않은 상태였다. 아이들이 진정으로 안정되려면 아빠의 참여가 필수였다.

나는 아빠를 따로 불러내서 이야기를 들어보았다. 아빠는 재택근무의 고충에 대해 털어놓았고, 업무와 사생활을 분리하기가 얼마나 힘든지, 일을 마무리해야 할 때 아이들이 얼마나 자주 방해하는지에 대해 불만을 늘어놓았다. 나는 아빠의 말을 십분 이해할 수 있었다. 아이들이 업무에 방해가 되는 것은 당연했다. 아빠는 아이들이 시도 때도 없이 소리를 질러대기 때문에 함께 시간을 보내고 싶지 않다고 했지만, 아이들이 그렇게 소리를 지르는 이유는 아빠가 자기들과 놀아주지 않기 때문이었다. 닭이 먼저냐 달걀이 먼저냐 하는 질문처럼 끝나지 않는 악순환이었다.

아빠가 계속 재택근무를 할 계획이라면, 업무 및 아이들과 관련하여 몇 가지 분명한 규칙을 정해야 했다. 아빠는 우선 다른 일에 대해서는 생각지 않고 아이들에게 온전히 집중해서 놀아준 다음, 아빠가 한 시간 정도 일해야 하므로 그동안 조용히 해달라고 아이들에게 설명했다. 이 집 아이들은 비교적 컸기 때문에 상당히 오랜 시간 동안 자기들끼리 놀 수 있었다. 일단 아빠의 관심을 충분히 받자 아이들은 더이상 아빠의 일을 방해하지 않았다. 이러한 변화를 통해 아빠와 아이들의 관계가 엄청나게 개선된 것은 물론, 아이들의 행동이 얌전해지고 부부 사이도 훨씬 좋아졌다.

영국 보모의 비밀

무관심은 싫어요!

만약 당신의 아이가
1) 아무런 이유 없이 갑자기 소리를 지르거나
2) 자주 부모나 형제자매의 말을 가로막거나
3) 항상 무슨 일이든 훼방을 놓는다면

아이가 실은 관심을 갈구하고 있을 가능성이 상당히 높다. 내가 아는 한 가족의 경우, 배변 훈련중인 아들이 엄마가 방안으로 들어올 때마다 오줌을 쌌다. 아이는 엄마가 자신에게 관심을 쏟아주기를 바랐고, 그러기 위해서는 자기가 '사고'를 치면 된다는 사실을 알고 있었다. 아이가 지속적으로 위와 같은 문제를 보이면 일과를 조정해서 아이와 단둘이서 교감하는 시간을 보내야 한다. 아이의 바람직하지 않은 행동과 당신이 아이와 함께 보내는 시간(또는 함께 보내지 못하는 시간)을 표로 만든 후 상관관계를 파악해보자.

☑ **아이가 부모와 함께 있을 때 즐거워합니까? 당신은 거창한 일을 계획하는 편입니까, 아니면 소소한 순간을 소중하게 여기는 편입니까?**

오늘날의 가족들에게 내가 가장 안타까워하는 부분은 집안에 웃음이 넘치지 않는다는 점이다. 아이들은 기본적으로 자주 웃음을 터뜨린다. 아이가 당신과 함께 있을 때 잘 웃지 않는다면 그 이유가 뭘까? 모든 가족 구성원들이 만사를 다그치기만 하기 때문인지도 모른다. "신발 신으렴." "얼른 차에 타." "학교 가자." "축구 연습하러 가야지." "저녁 먹자." "목욕해." "방 정리해." "잘 시간이야."

저명한 칼럼니스트이자 작가인 애너 퀸들런은 이렇게 적었다.

"(부모로서) 나의 가장 큰 실수는 대부분의 사람들이 지금 이 순간에도 저지르고 있는 바로 그 실수다. 나는 매 순간을 충실히 즐기면서 살지 않았다…… 저녁식사, 목욕, 독서, 취침 등 다음에 할 일을 찾아 그토록 서두르면서 살지 않았어야 했다. 매사를 조금만 더 소중히 여기고, 서둘러 일을 끝마치는 것 따위는 조금만 덜 소중히 여겼더라면 좋았을 텐데."14

아이가 아직 어리다면 당신은 이미 많은 시간을 아이와 함께 보내고 있을 가능성이 크다. 하지만 아마도 대부분의 시간을 아이의 머리를 빗어주거나 목욕을 시키거나 옷 입히는 데 할애하고 있을 것이다. 이 시간을 아이와 교감하는 시간으로 삼자. 아이가 옷 입는 것을 도와주면서 오늘은 어떤 일을 기대하고 있는지 물어보자. 밤에 목욕시킬 때는 욕실 안에서 게임을 하거나 하루를 어떻게 보냈는지에 대해 이야기해보자. 소소한 순간들을 서둘러 끝내버리거나 무시하지 말자. 이러한 작은 순간들은 무척 소중하며 많은 의미를 품고 있다.

휴가가 그토록 달콤한 이유도 지정된 '즐거운 시간'이기 때문이다. 그렇지 않은가? 휴가중에는 아이들이 하루종일 수영복을 입고 있어도 상관없으며, 하루종일 할일이래봤자 수영장에 들어가거나 호수에 몸을 담그는 것 정도다. 집에서의 일상은 눈코 뜰 새 없이 바쁘며 일과를 마음대로 조정할 수 있는 것도 아니다. 부모는 생계를 유지해야 하고, 아이들은 학교에 가야 하며, 정원의 잔디는 깎아야 하고, 식료품은 사야 한다. 열성 서핑족으로 변신하지 않는 이상(물론 이 경우에도 나름대로 고충이 있겠지만), 일상은 계속되기 마련이다. 당신은 바쁜 삶을 던져버리고 자유롭게 생활하는 히피족이 될 수도 없고 그럴 생각도 없겠지만, 그래도 시도할 수 있는 일이 전혀 없는 것은 아니다. 우리는 조금 덜 서두를 수 있다. 조금만 일정을 덜 빡빡하게 짠다. 일주일에 하루는 오후 내내 가족들이 모여 재미있게 노는 시간을 갖는다. 또는 퀸들런이 제안한 대로 그냥 순간순간을 충실히 살아갈 수도 있다. 아이를 목욕시킨다면 그 행위 자체를 소중히 여기자. 아이의 머리맡에서 책을 읽어준다면 그저 단조롭게 글만 읽기보다는 잠시 읽는 것을 멈추고 그 순간을 음미하자. 아이와 함께 그림책의 삽화를 자세히 들여다보자. 그에 대해 아이에게 질문을 던져보자. 아이의 대답을 듣고, 당신에게 종알거리며 이야기하는 아이의 작은 목소리를 즐기자. 같은 공간에 있다면 아이 역시 그런 기분을 느끼고 그 순간을 소중히 여길 것이다. 이는 부모인 당신에게도 매우 소중한 순간이다.

☑ 매일 아이와 시간을 보냅니까?

지금은 같이 살지 않는 전 배우자와 공동 양육권을 가지고 있거나 일 때문에 출장을 다니는 경우가 아니라면, 당신은 반드시 매일 아이와 시간을 보내야 한다. 아이와 어느 정도의 시간을 함께 보낼 수 있는지는 당신의 일정 및 가족의 사정, 아이의 상황에 따라 달라질 것이고, 내가 일괄적으로 몇 분이라고 못박을 수는 없다. 다만 여기서 중요한 점은 지속적으로 시간을 투자하는 것이다. 물론 집에 늦게 귀가하거나 퇴근 후에 친구를 만나는 날들도 있겠지만, 이틀 연속이나 일주일에 여러 날 밖에서 저녁 일정을 잡지 않도록 노력하자. 매일 이십 분씩 두 번 정도 아이와 함께 시간을 보내는 것만으로도 아이의 일상에 조금 더 파고들 수 있다.

✓ 가족끼리 만나고 헤어질 때 서로 인사합니까?

『무조건 행복할 것The Happiness Project』과 『집에서도 행복할 것Happier at Home』의 저자 그레첸 루빈은 가족들 간의 인사를 중요하게 여기겠다는 목표를 세웠다. 루빈은 가족 중 누군가가 외출하거나 집에 돌아왔을 때 다른 가족들이 관심을 쏟는 것이 중요하다고 생각했다. 다들 하던 일을 멈추고 해당 가족에게 작별인사나 반갑다는 입맞춤을 해야 한다는 것이다. 나는 이것이 무척 훌륭한 습관이라 생각한다! 이것은 "당신은 나에게 중요한 사람입니다"라는 뜻을 전달하는 방식이다. 또한 가족 구성원들이 서로 유대감을 유지하는 방식이기도 하다. 나는 부모들에게 아이들이 일어나기 전에 출근해야 하는 경우에도 아이의 방에 가서 입맞춤을 하고 좋은 하루를 보내라고 속삭여주라고 조언한다. 하루에 몇 초밖에 걸리지 않는 일이지만 세월이 흐르면 이것이 축적되어 상당한 시간이 된다. 취침 시간도 마찬가지다. 가능하다면 매일 밤 아이가 잠자리에 눕는 것을 지켜봐주자. 하루의 마무리는 하루의 시작만큼이나 중요하다. 아이가 부모의 잘 자라는 인사와 애정 어린 손길을 받으며 하루를 마무리하게 해주자.

☑ **스마트폰이나 신문 등 다른 일에 주의를 돌리지 않고 아이에게 온전히 집중합니까?**

평일에 대개 아이와 어느 정도의 시간을 함께 보내는지 기록하자. 예를 들어 아침에 한 시간, 그리고 저녁에 두세 시간 정도를 보냈다고 해보자. 자, 이제 그 기록을 더 자세히 들여다보자. 그 시간을 어떻게 보내는가? 그중 핸드폰을 붙잡고 있었던 시간은 어느 정도인가? 텔레비전을 본 시간은? 당신 혼자서 무언가를 읽은 시간은? 차에서 보낸 시간은 어느 정도인가? ==나는 틈만 나면 부모들에게 아이의 입장에서 최고의 선물은 부모가 곁에 있어주는 것이므로 다른 곳에 신경쓰지 말고 온전히 아이에게 집중하라고 조언한다.== 전화하고 신문을 읽고 스마트폰을 확인하는 시간도 분명 필요하지만, 그것은 아이와 교감하는 시간에 포함되지 않는다. 하루 일과가 끝나고 가족들이 모두 집에 돌아온 순간부터 잠자리에 들기 전까지 100% 아이에게만 집중할 필요는 없다. 그보다는 그저 함께 있는 시간과 진정으로 교감하는 시간의 차이점을 이해하고, 아이와 유의미한 시간을 보내는 데 우선순위를 두자는 의미다.

☑ **식사 시간을 가족이 함께 보내는 시간으로 활용합니까?**

4장에서도 설명했듯이 좋은 식사 습관이 정착되면 여러 가지 측면에서 긍정적인 효과를 거둘 수 있다. 좀처럼 아이들과 놀아줄 시간을 낼 수 없을 때는 일주일에 하루라도 다른 어떤 방해도 없이 가족들이 다 함께 식사하는 시간을 갖는다. 전화도, 노트북도 없이 그저 가족들이 식탁에 둘러앉아 식사하고 대화하는 것이다. 딱 삼십 분 정도라도 상관없으며 중국 음식을 배달시켜 먹어도 괜찮다. 이런 기회를 반드시 만들자.

이 문제를 다른 관점에서 바라볼 수도 있다. 아무리 바쁘더라도 밥을 안 먹고 살 수 있는 사람은 없다! 따라서 아이와 함께 색칠 놀이나 산책할 여유가 없는 부모라도 식사 시간 정도는 충분히 낼 수 있으며 또 내야만 한다. 아침이든 점심이든 저녁이든, 아이들과 함께 식탁에 앉아 소중한 시간을 보내자.

☑ 집을 비웠다 돌아온 후에는 바로 아이에게 관심을 줍니까?

만약 당신이 하루종일 집을 비웠다면 다시 아이들과 만나는 순간에는 충분히 교감하는 시간을 갖자. ==나는 엄마 아빠가 집에 돌아오자마자 바로 통화하거나 볼일을 보기 시작할 때 어린아이들의 얼굴이 금세 울상으로 바뀌는 모습을 본다.== 떨어져 있는 동안 아이는 당신을 그리워하기 마련이므로, 그 점을 존중하여 아이에게 온전한 관심을 기울이고 아이와의 만남에 집중한 후 다른 일에 착수하자. 일단 아이가 원하는 만큼 듬뿍 관심을 주고 나면 말도 훨씬 더 잘 들을 것이다.

☑ 아이와 즐거운 시간을 보내는 방법을 알고 있습니까?

아이의 성장 단계마다 전부 능숙하게 대처하는 부모는 없다는 사실을 기억하자. 어떤 부모는 영아나 걸음마를 시작하는 아이를 좀더 수월하게 다루고, 어떤 부모는 10대 아이들을 능숙하게 다룬다. 아이의 특정 시기가 유독 힘들다는 이유로 지나치게 자책하지 말고, 적극적으로 적응하려고 노력하여 부모와 아이 모두 그 시기를 잘 넘길 수 있도록 하자. 많은 부모들이 역할 놀이나 인형 놀이 같은 것을 따분하다고 여기기 때문에 스마트폰에 의존하거나 아예 놀이 시간 자체를 피한다. 물론 아이들을 돌본다는 것은 지루한 일이다! 하지만 부모도 충분히 즐길 수 있는 일들을 중심으로 아이와 함께하는 시간을 꾸려보는 것도 가능하다. 나는 아이와 교감하는 시간과 관련해서 부모들이 가장 바라는 것이 아이디어라는 사실을 깨달았다. 상황과 분위기에 따라 활용할 수 있는 여러 가지 아이디어를 소개해보겠다.

피곤할 때

- 어떤 아빠는 너무 피곤한 나머지 아이들과 뛰어다니면서 놀기 힘들 때, 스톱워치를 꺼내 아이들이 얼마나 빨리 또는 얼마나 오래 무언가를 할 수 있는지 잰다. 아빠는 거의 움직일 필요가 없지만 아이들은 잔뜩 에너지를 소비하게 된다. 꿩 먹고 알 먹고!
- 탁자에 앉아서 점토를 가지고 놀거나 색칠 놀이를 한다. 또는 책을 읽는다.
- 퍼즐을 한다!
- 조용한 곳에 간다. 나는 피곤할 때 아이들을 도서관에 자주 데려간다. 일단 아이들을 집밖으로 데리고 나올 수 있고 많은 에너지가 필요한 활동도 아니다. 아이들은 보통 처음 보는 새로운 책들을 좋아

하면서 읽고, 나는 앉아서 내가 좋아하는 책을 읽는다.
- 레고나 블록으로 무언가를 만든다. 약간 자란 아이들은 만들기를 좋아한다. 그리고 어린아이들은 부수는 것을 좋아한다.

기운이 넘칠 때

- 춤을 춘다! 나는 댄스파티를 무척 좋아한다. 신나는 음악을 틀어놓고 일어서서 아이들과 춤을 춘다. 모두 함께 신나게 즐기며 춤 동작을 연습한다. 아주 재미있는데다 아이들도 스트레스를 풀 수 있다.
- 한 엄마는 나에게 이렇게 말했다. "날씨가 좋으면 아들과 함께 자전거를 타고 학교에 갔다 옵니다. 그런 날은 등하교 시간이 더 많이 소요되기 때문에 출근을 좀 늦게 하고 퇴근은 빨리 해야 하지만, 아이가 무척이나 좋아하는데다 같이 자전거를 타고 집으로 오다보면 하루 동안 있었던 일을 보다 허심탄회하게 털어놓는 것 같아요. 시간이 넉넉한 날은 공원을 가로질러 호수 옆을 지나는 먼길을 선택합니다. 그러면 남편이나 딸아이 없이 아들과 둘만 보내는 시간을 좀더 확보할 수 있지요."
- 베개 싸움. 규칙은 적당한 범위 내에서 자유롭게 정하자!
- 달리기. 내가 아는 한 아빠는 만 네 살짜리 아들과 달리기하는 것을 좋아한다. 아빠가 제대로 땀이 날 만큼 빨리 달리지는 않지만 그래도 충분히 운동은 되며, 아들이 점점 크다보면 아빠의 최고 기록을 깰 수도 있을 것이다.
- 게임을 한다. 아기들의 경우에는 태엽을 감으면 음악이 나오는 장난

감을 가져다 소리를 들려주고 '음악'이라고 말해준다. 그다음에 베개 밑에 장난감을 감추고 나서 "음악이 어디 있을까?"라고 물어본다. 그러고는 아이가 장난감을 찾을 수 있도록 도와준다. 아이가 장난감을 찾으면 만세를 부르고 박수를 친 다음, 방 건너편에 다시 한번 감추면 아이는 장난감을 찾기 위해 그쪽까지 기어가게 된다.

집안일을 해야 할 때

— 아이와 함께 식료품 쇼핑 목록을 만든다. 쇼핑 갈 때 아이와 동행하자. 아이에게 목록을 들려주고 목록에 있는 물건을 찾을 때 도움을 받는다. 먹고 싶은 특별한 과일이나 식재료도 직접 고르게 한다.
— 빨래를 갤 때 아이에게 짝이 맞는 양말이나 접어야 할 옷을 건네주도록 부탁한다. 또 각각 누구의 옷인지 맞춰보면서 옷 분류하는 것을 도와줄 수도 있다. 내가 아는 엄마 한 명은 빨래 시간을 패션쇼로 활용한다. 각자 왕관을 쓰거나 치마를 입고 음악을 틀어놓은 다음 춤추면서 옷을 개서 서랍에 넣는다.
— 아이와 함께 정원을 가꾼다. 아이들은 물 주기와 땅파기를 무척 좋아한다. 어떤 엄마는 아들에게 벌레 넣는 병을 주었더니, 아들이 너무 신난 나머지 정원에서 잡은 달팽이들을 다 모아두었다고 한다!
— 침대를 정리할 때는 아이에게 시트를 잡아당기고 베개를 잘 부풀리는 일을 돕게 하자.
— 어떤 부부는 요리할 때 아빠가 딸을 안고서 엄마 아빠가 지금 무슨 일을 하고 있는지 자세히 설명해준다. 나는 이때 부엌용 간이의자와

비슷하지만 그보다 더 안전한 포드pod 의자를 사용하도록 권한다. 이 의자를 사용하면 아이가 조리대를 볼 수 있으며 뒤로 넘어질까봐 끊임없이 신경쓸 필요도 없다. 아이의 나이에 따라 양배추를 뜯거나 우묵한 그릇에 재료를 섞거나 재료를 계량하거나 설거지하는 일도 도와줄 수 있다.

- 어떤 엄마는 만 일곱 살짜리 딸과 〈찹트!Chopped!〉●를 바탕으로 한 게임을 한다. 이 프로그램에서는 세 가지 재료가 제공되며 참가자들은 그 세 가지 재료로 신속하게 맛있는 요리를 만들어야 한다. 따라서 이 엄마는 땅콩버터, 젤리, 통밀 크래커 등 간단한 재료를 바구니에 넣고 수건으로 덮어둔다. 그러면 딸이 수건을 치운 다음 타이머가 작동하는 동안 그 안에 들어 있는 재료로 무언가를 만든다. 아이는 이런 게임을 통해 요리에 재미를 붙이고 호감을 갖게 된다.

- 개를 두 마리 키우는 한 엄마는 개를 산책시키러 나가는 길에 아이들을 데려간다. "각자 개를 한 마리씩 데리고 산책하게 하는데, 아이들에게 무언가 책임을 맡기면 산책할 때 훨씬 말을 잘 듣더군요. 보통 목적지를 정하고 나갑니다. 그리고 도착한 뒤에는 몇 분 정도 같이 놀다가 다시 걸어서 집으로 돌아옵니다."

- 어떤 어린 여자아이는 아빠가 수리하는 모습을 지켜보길 좋아하고, 아빠도 딸이 도울 수 있게 해준다. 엄마는 이렇게 말한다. "싱크대 아래에서 둘이 색깔을 맞춘 배관용 장비가 삐죽 튀어나오는 모습이

● 바구니에 담긴 미스터리 재료로 요리 실력을 겨루는 미국의 리얼리티 TV 프로그램.

얼마나 귀여운지 몰라요."

창의력을 발휘하고 싶을 때

음악이든 미술과 관련된 것이든 예술적 기질을 발휘하고 싶을 때가 있을 것이다! 그럴 때는 다음과 같은 활동을 고려해보자.

- 음악을 연주한다. 음악을 좋아하는 앤드루는 만 일곱 살짜리 아들 잭과 함께 앉아서 음반을 즐겨 듣는다. 가끔씩 앤드루가 기타를 치고 잭이 노래를 부르거나 드럼을 치기도 한다. 두 명 모두 무척 좋아하는 밴드가 있고 가까운 곳에서 그 밴드의 콘서트가 열리면 앤드루는 잭을 콘서트에 데려간다. 이 책을 쓰는 시점에 잭은 비틀스에 심취해 있으며 잭과 앤드루는 투어중인 폴 매카트니가 본인들이 사는 도시에 오기를 손꼽아 기다리고 있다.
- 아기에게 나무스푼을 주고 그걸로 바닥을 두드리게 한다. 아이와 함께 바닥을 두드리면서 좋아하는 노래를 부른다.
- 루트비어 root beer●를 만든다. 맷은 루트비어를 담가서 병 음료로 만드는 취미를 가지고 있으며, 각각 만 열 살, 여덟 살이 된 아들들에게 루트비어 만드는 방법을 가르치고 있다. "아이들이 어른이 된 다음에 루트비어 만드는 취미를 갖게 되면 각자가 만든 음료들을 함께 마셔보는 전통이 생길 수도 있겠지요."

● 생강 등의 식물 뿌리로 만든 탄산음료.

- 아이들은 언제나 진저브레드 하우스와 쿠키 장식에 열광한다. 다만 쿠키 장식을 마친 후에 당분을 잔뜩 섭취한 아이들의 넘치는 에너지를 어떻게 소비할 것인가에 대한 계획만은 확실히 세워놓자.
- 딱 한 단어로 정리: 점토 놀이.

커피를 잔뜩 마신 후 마사 스튜어트에 도전하고 싶을 때
에너지가 넘치며 창의력을 마구 발휘하고 싶을 때가 있을 것이다. 그럴 때는 다음과 같은 활동을 고려해보자.

- 몰리는 만 다섯 살짜리 아들과 함께 무언가 만들어보기를 좋아한다. "차고에 온갖 잡다한 물건(갈고리, 번지점프용 밧줄, 철사, 막대기, 도르래, 바퀴, 밧줄걸이 막대, 클립, 밧줄, 공, 양동이)이 들어 있는 커다란 종이상자가 있어. 차고 주위에 밧줄을 매달고 담요를 둘러서 요새를 만들거나, 빨래 바구니에 막대를 끼우고 밧줄을 묶어서 동물인형용 '덫'을 만들어보면 무척 재미있을 거야."
- 리사는 유치원생 아이와 함께 재활용품과 접착테이프, 스티커, 주름지, 크레용 등을 사용하여 다양한 물건을 만들어낸다. 판지와 플라스틱병이 해파리, 소화전 또는 외양간으로 변신한다. 이렇게 만든 물건들은 며칠 후 다시 재활용 상자 속으로 들어간다.

외출하고 싶지만 놀이터는 가기 싫을 때
- 묘목장에 가서 운반용 수레를 타고 다니면서 갖가지 꽃냄새를 맡아

본다.
- 무료 야외 콘서트를 찾아간다.
- 건설 현장으로 소풍 가서 작업하는 모습을 지켜본다.
- '탐험'하는 산책에 나선다. 꽃, 새, 트럭, 색깔 등 당신과 아이의 흥미를 끄는 사물을 얼마나 많이 발견할 수 있는지 살펴본다. 그림책을 들고 나가거나 참고 사진을 인쇄해서 가져가도 좋다.
- 자전거를 탄다. 굳이 멀리까지 갈 필요도 없으며, 사실 아이들이 자전거를 타는 동안 당신은 걸어도 상관없다. 자전거를 타기에 너무 어린 아이가 있다면 큰아이가 자전거를 타는 동안 유모차에 태우면 된다.

날씨가 고약하지만 정말로 집밖으로 나가고 싶을 때

- 그냥 받아들여라! 다 같이 장화와 우비를 걸치고 물웅덩이를 첨벙거리며 돌아다닌다. 지나치게 체온이 내려가지 않도록 열심히 뛰어다니는 것이 좋다. 물론 온몸이 진흙투성이가 되고 흠뻑 젖겠지만, 실외에서 머무르는 시간을 줄이고 몸을 녹이는 일도 즐거운 놀이의 일부로 삼으면 된다.
- 리사는 아들을 데리고 철물점에 간다. 아이는 자동차 모양의 카트를 타고 다양한 도구를 구경하며 리사는 그중 일부를 구입한다. 그리고 전시된 냉장고 문을 하나하나 열었다가 닫아본다.
- 케이트와 아이들은 탈것이 필요할 때면 대중교통을 이용한다. 이 가족은 캘리포니아 주 오클랜드 시에 거주하고 있기 때문에 통근용 페

리를 타면 아이들이 무척 좋아한다.
- 마이클은 아이를 데리고 경비행기 승강장에 놀러간다. 식당에서 함께 밥을 먹으며 비행기가 이착륙하는 모습을 지켜본다.

☑ 아이의 취미에 관심을 표시합니까?

아이가 어릴 때는 당신이 취미활동을 즐길 때 비교적 쉽게 데리고 갈 수 있지만, 아이가 점차 성장할수록 매사에 호불호가 분명하게 갈리기 마련이다. 예를 들어 만 열 살 정도가 되면 하이킹이나 캠핑보다는 플루트를 연주하거나 다른 일을 하면서 시간을 보내는 편을 선호할 수도 있다. 혹은 당신은 음악 애호가인데 아들은 점차 커가면서 음악에 전혀 관심을 보이지 않을 수도 있다. 음악보다는 스포츠에 열광해서 경기를 보거나 직접 뛰는 데 몰두한다. 스포츠라면 하나도 빼놓지 않고, 매 시즌마다! 이럴 경우 어떻게 하겠는가?

1) 아이를 위해 스포츠 활동을 한다. 야구 경기장에 데려가서 아이에게 경기 내용에 대해 설명해달라고 부탁하면서 지루함을 감춘다.
2) 아이가 음악에 관심을 갖도록 장려한다. 아이가 음악에 보다 친근감을 느끼도록 콘서트에 데려가고 라디오를 들려준다.
3) 당신이 좋아하거나 심지어 열광할 수 있는 스포츠를 찾아서 아이와 함께 즐긴다.

이것은 정답을 선택하기가 다소 까다로운 문제인데, 나는 이 세 가지를 모두 시도해보라고 제안하고 싶다. 하지만 당신이 정말로 야구가 딱 질색이라면 부러 좋아하는 척을 하지는 말자. 그러면 아이와 함께하는 시간이 훨씬 더 괴로워진다. 물론 아이가 직접 참여하는 경기에는 당연히 가서 응원해줘야 하지만, 그렇다고 해서 당신이 프로야구 골수 팬이 될 필요는 없다. 또한 당신이 좋아하는 음악에 아이를 끊임없이 노출시키는 것도 나쁘지 않다. 언젠가 아이도 음악을 좋아하게 될지 모르니까. 하지만 아이와 교감하는 시간에 음악과 관련된 일을 주로 하는 것은 좋지 않을지도 모른다. 그보다는 타협점을 찾으려고 노력하는 3번이 가장 바람직한 답이다. 두 사람이 함께할 수 있는 다른 일을 찾거나 아이가 좋아하는 것 중에서 당신이 진심으로 즐길 수 있는 부분을 활용하는 것이다. 예를 들어 당신은 야구를 좋아하지 않지만 경기중에 복잡한 점수판에 점수를 기록하는 일에는 재미를 느낄 수도 있다. 또는 쇼핑을 좋아하는 딸아이와 달리 당신은 쇼핑에 별로 관심이 없지만, 일종의 보물찾기 같은 느낌이 드는 중고상점이라면 언제든 즐겁게 드나들 수도 있다. 아니면 당신이 좀더 많이 타협해야 할 수도 있다.

베서니의 엄마와 언니는 바느질과 퀼트를 무척 좋아했지만 베서니는 전혀 관심이 가지 않았다. 엄마는 베서니에게 바느질을 강요하기보다는 외식을 하러 가는 등 베서니와 단둘이 보내는 시간을 갖기 위해 따로 신경을 썼다. 그리고 베서니가 크면서 뜨개질을 시작하자 베서니의 엄마도 취미로 뜨개질을 하기 시작했다.

영국 보모의 비밀

아이 따라하기
확신이 들지 않을 때는 아이를 관찰하고 아이가 하는 일을 그대로 따라하자. 아이는 앞장서서 이끌어나가는 것을 무척이나 좋아한다!

☑ 가족 전통이 있습니까?

가족 전통이란 말 그대로 오래전부터 내려온 것도 좋고 다소 독창적인 것도 상관없다. 예를 들어 내 친구 몰리의 가족은 소프트볼 크기 정도의 작은 플라스틱 칠면조 모형을 가지고 있는데, 몇 년 동안 그 칠면조를 가지고 '다른 사람에게 넘기기' 게임을 하고 있다. 본인이 칠면조를 가지고 있는 경우 아무에게도 말할 수 없지만, 그와 동시에 수중에서 그 칠면조를 없애기 위해 노력해야 한다. 가족들이 모일 때면 누군가 그 칠면조를 여행가방이나 우비 주머니에 슬쩍 집어넣지 않을까 다들 신경을 바짝 곤두세운다. 한번은 가족들이 식당에 가서 앉았는데 몰리의 남동생이 빵바구니를 집어들자 그 안에서 롤빵 대신에 칠면조가 나온 적도 있다!

내 친구 레슬리 가족은 이보다 훨씬 보편적인 전통을 가지고 있다. 이 가족은 매년 딸기의 날을 정해놓고 농장에 가서 라즈베리, 블루베리 등 각종 딸기를 딴 후 홈메이드 딸기 아이스크림을 만든다. 이 가족은 워낙 먹는 것을 좋아하기 때문에 튀김파티를 열기도 한다. 튀김파티를 열면 레슬리의 일가친척들이 전부 튀김기가 설치된 해변의 별장에 모인다. 처음

튀김파티를 할 때는 신선한 해산물튀김과 어니언링으로 시작했지만, 지금은 채소뿐만 아니라 심지어 초콜릿바까지 튀겨서 거하게 먹고 마신다.

내 친구 브라이언 가족은 몇 세대째 사용해온 '캠프 던루킹Camp Dun-looking'이라는 이름의 시골 오두막집을 가지고 있다. (윗세대들이 그곳을 발견했을 때, 더이상 다른 오두막집은 볼 필요가 없다고 생각했다는 의미done looking에서 그런 이름이 붙었다.) 캠프 던루킹에서는 야생 블랙베리 파이를 자주 굽는데, 전통에 따라 파이를 다 먹으면 접시를 핥아도 되지만 반드시 식탁 밑에 앉아서 핥아야 한다는 조건이 붙어 있다. 브라이언 가족의 또다른 전통은 북극곰의 날로 1월 1일에 친구와 가족들이 전부 모여서 얼음장같이 차가운 호수에 몸을 담근 후 핫버터드럼hot buttered rum●을 마신다(아이들에게는 따뜻한 코코아를 준다). 브라이언 가족이 북극곰의 날이라는 전통을 지키기 시작한 것은 1920년대 초반으로 1940년대 이후부터는 참석자들의 이름을 모두 책에 기록하여 1년 내내 책꽂이에 보관해왔다. 북극곰의 날이 되면 호수에 뛰어든 사람들은 전부 제 이름을 그 책에 적고 수온과 기온을 기록한 뒤, 다 같이 포즈를 잡고 사진을 찍는다.

제나의 가족은 매년 크리스마스 전야에 연극을 한다. 이 전통이 처음 시작되었을 때는 아이들이 어른들을 위해서 크리스마스를 주제로 한 연극을 선보이는 형태였다. 그후 이 전통은 아이들이 어른을 위해서 연극을 하고 난 후 어른들이 다시 아이들을 위해 연극을 하는 형태로 변모했다. 매년 다른 종류의 '산타'가 등장하여 연극을 마무리한다. 어떤 해에는

● 럼과 뜨거운 물, 설탕을 섞은 후 버터 덩어리를 띄워 마시는 칵테일 음료.

회전하는 선풍기가 산타였다. 애완견이 산타로 둔갑한 해도 있었다.

전통에는 옳고 그름이 없으며 다른 가족의 전통을 모방해도 좋고, 새로운 것을 시도해도 좋다. 반드시 '오랫동안 이어지는 전통'이 되지 않아도 상관없다. 전통이란 가족들을 끈끈하게 이어주는 순간을 마련해주는 역할을 하며 이것은 가족들 간에 매우 중요한 것을 공유한다는 의미다. 그리고 아이들 입장에서 그러한 전통의 일부가 된다는 것은 무척이나 뿌듯한 일일 것이다. 물론 어른들에게도 마찬가지지만.

☑ 부모의 기대치를 접어두고 아이가 원하는 일을 할 수 있도록 해줍니까?

아이와 함께 시간을 보낼 때는 흐름에 따르는 것이 무엇보다 중요하다. 아이에게 하고 싶은 일이 있는지 물어보고, 아이가 뒷마당에 텐트를 치고 싶어한다면 그렇게 해라! 뒷마당이 어질러질까봐 걱정하지는 말자. 아이의 도움을 받아 함께 치우면 되니까. 내가 아는 한 엄마는 아이와 어떤 일을 하든 실제로 그 일을 즐기는 시간보다 치우는 시간이 짧아야 한다는 딱 한 가지 원칙만을 가지고 있다. 다른 것은 개의치 않는다.

레고로 만든 탑이 꼭 완벽하거나 근사할 필요는 없다. 아이와 함께 만드는 쿠키 모양이 삐뚤빼뚤해도, 블랙베리를 따다가 온 가족의 손이 검푸르게 물들어도, 누가 뭐라 하겠는가?

딸아이를 데리고 디즈니랜드에 갔는데 아이가 공주 텐트 안에 계속 있고 싶어한다면 그날 안에 수십 개의 다른 놀이기구를 태우기 위해 억지로 끌고 나오지 마라. 아이가 이끄는 대로 따르다가 다른 곳들도 살펴보도록 권유하되, 꼭 서둘러 놀이공원을 돌아다니며 구석구석까지 살펴볼 필요는 없다.

Emma's TIP

엄마의 어린 시절을 잊지 마세요

내 친구는 항상 "노는 데도 연습이 필요하다"라는 말을 입에 달고 산다. 구구절절 옳은 말이라고 생각한다. 나이가 들면 상상력을 발휘하기가 점점 어려워진다. 게다가 '해야 할 일' 리스트와 머릿속의 '일정'을 잊어버리고 매 순간을 온전히 즐기기가 거의 불가능해진다. 내가 현재에 최선을 다하고 싶을 때 사용하는 방법 중 하나는 어린 시절의 추억에 잠기는 것이다. 자라면서 가장 행복했던 순간들을 기억하면서 아이 입장이 되어 생각한다. 이것은 그러한 순간들이 얼마나 소중하게 느껴지는지, 그리고 아이들에게 얼마나 중요한 의미를 갖는지 스스로에게 상기시키는 방법이다.

영국 보모의 비밀

전자기기보다 내 아이의 눈을 보자
저녁 내내 스마트폰, 텔레비전, 컴퓨터 등의 전자제품을 일절 사용하지 않고 아이들과 함께 시간을 보내보자. 평소의 저녁 시간과 확연히 다르게 느껴질 것이다.

나의 엄마는 어린 시절 우리 남매를 거의 혼자 힘으로 기르며 눈코 뜰 새 없이 바빴지만, 우리와 교감하는 시간은 남부럽지 않게 넉넉히 마련했다. 엄마는 빵 굽는 솜씨가 무척 뛰어났고(물론 지금도!), 실제로 동네에서 달콤한 다진 고기 파이와 크리스마스 케이크를 팔아 가계 수입을 일부 충당하기도 했다. 다진 고기 파이나 크리스마스 케이크를 볼 때마다 나는 코르크 바닥과 크림색 합판 조리대가 설치된 옛날 우리집 부엌으로 돌아가게 된다. 엄마는 그곳에서 나에게 반죽을 밀대로 밀고 과자 모양으로 자르는 방법을 가르쳐주었다. 한번은 반죽이 머리에 엉기는 바람에 엄마가 내 머리카락을 싹둑 잘라내야 했던 적도 있다. 물론 그날은 별로 좋은 추억으로 남아 있지 않지만, 과자 반죽을 보거나 맛볼 때마다 내 마음은 온기로 가득찬다.

엄마는 우리 남매를 데리고 집 근처의 들판을 오래 산책하는 것을 좋아했다(사고뭉치 남동생이 어딘가 다치지 않고 무사히 집에 돌아오면 다행이었다). 또 수영 실력도 뛰어나서 우리에게 수영을 가르쳐주었다. 수영장에 들어갈 때마다 내 귓가에는 아직도 엄마의 목소리가 들려온다. 내 친구는 스키를 탈 때마다 비슷한 경험을 한다고 말했다. 그 친구는 어렸을 때 아빠에게 스키를 배웠는데, 30년이 지난 지금까지도 슬로프를 타고 내려가며 턴할 때마다 머릿속에 "좋아, 이제 폴을 땅에 꽂아! 돌고! 꽂고! 다시 돌고!"라는 아빠의 목소리가 울려퍼진다.

자, 이러니 어린 시절의 즐거운 기억이 없다면 어떻겠는가? 부모님이 당신과 교감하는 시간이 그리 많지 않았다면, 누구와 함께 즐거운 시간을 보냈는지 떠올려보자. 어쩌면 선생님, 코치 혹은 친구의 부모님일 수도 있다. 대부분의 사람들은 어린 시절의 행복한 추억을 몇 가지씩은 가지고 있다. 당시의 기억이 아직도 얼마나 생생한지, 그리고 그 추억이 당신의 성장에 얼마나 많은 영향을 미쳤는지 생각해보라. 그리고 당신의 아이도 그런 추억을 만들 수 있도록 도와주자.

결론

침착한 부모가
현명한 아이를 키운다

직감을 믿어라

내가 지금까지 보모로 일하면서 쌓은 전문 지식을 모두 부정당할 위험을 무릅쓰고서라도 반드시 말해두고 싶은 점이 있다. 아이에 대해 부모만큼 잘 아는 사람은 없다는 것이다. 나는 본문에서 때로는 부모가 너무 가까이에 있기 때문에 아이의 문제점을 있는 그대로 보지 못한다는 주장을 펼쳤으며, 이는 엄연한 사실이다. 그러나 동시에 뭔가 석연치 않은 조언을 받는다면, 하물며 그것이 담당 소아과 의사의 조언이라 할지라도, 왜 마음이 불편한지 이유를 생각해보고 스스로의 직감을 믿어야 한다.

예를 들어 내 친구의 딸은 아기 때 체구가 아주 작았다(지금도 마찬가지다). 아이는 소아과 의사가 신봉하는 성장 발달 도표상에서 또래 중 0%에 수렴했기 때문에 의사는 모유와 함께 분유를 먹이도록 강력하게 권고했다. 그러나 내 친구는 의사의 이 조언이 썩 내키지 않았다. 아이가 둘째였기 때문에 친구는 자신의 모유가 잘 나오고 있으며 아이가 충분한 모유를 섭취하고 있다는 사실을 알고 있었다. 체중도 꾸준히 늘고 있었으며 다른 발달 지표들은 모두 충족한 상태였다. 물론 아이의 체구가 작은 것은 사실이었지만 다른 모든 지표는 아이가 더할 나위 없이 건강하다는 사실을 나타내고 있었다. 내 친구는 엄마로서의 직감을 믿었고 굳이 분유를 먹일 필요가 없다고 생각했다. 3년이 지난 지금, 친구의 딸은 땅콩버터나 계란, 버터 등 온갖 종류의 영양가 높은 음식을 먹지만 체구는 여전히 또래들에 비해 0%에 수렴한다. 그냥 원래부터 체구가 좀 작은 아이일 뿐이고 엄마는 처음부터 그 사실을 알고 있었다.

  이 책에 실린 조언 중에는 당신의 아이에게 효과를 발휘하지 못하는 것들도 있을 것이다. 어쩌면 아이가 셋까지 숫자를 세도 말을 잘 듣지 않거나 다른 부분에서 특히 예민한 모습을 보일 수도 있다. 육아의 원칙이란 절대 '모든 아이에게 일률적으로 적용'되지 않으며, 한 아이에게 잘 맞는 방식이 다른 아이에게는 전혀 먹히지 않을 수도 있다. 예를 들어 나는 아침에 유치원생 아이와 씨름하는 한 엄마에게 226쪽에 소개한 것과 비슷한 추천 일과를 보냈다. 1. 기상, 2. 옷 입기, 3. 아침 먹기의 순서대로 구성된 이 일과의 근간에는 아이가 보상(아침 먹기)을 받기 전에 책임(옷 입기)을 다해야 한다는 원칙이 자리잡고 있었다. 이 엄마는 내 조언대로 시도해보았지만 아이와의 실랑이는 줄어들 기미가 보이지 않았다. 그러던 와중에 엄마는 딸아이가 아침에 특히 식욕이 왕성하다는 사실을 발견했다. 일단 아이에게 밥을 먹이면 그다음부터는 훨씬 말을 잘 들었다. 그래서 이 엄마는 딸에게 다음날 입을 옷을 전날 밤에 골라두고, 아침을 먹으러 내려올 때 그 옷을 가져오게 했다. 딸은 잠옷을 입고 아침을 먹은 다음 식사가 끝나고 나면 부엌에서 옷을 갈아입었다. 이는 내가 일반적으로 권장하는 일과와 상충되는 것이었지만, 이 가족에게는 이러한 일과가 잘 맞았으며 아침 시간이 훨씬 원활하게 흘러가게 되었다는 점이 무엇보다 중요하다.

  나는 이 책 전체에 걸쳐서, 음악으로 비유하자면 기본 베이스를 제공하기 위해 노력했으며 육아에서 효과를 발휘하는 원칙과 많은 사람들이 우려하는 부분을 다루었다. 하지만 그 위에 멜로디를 쌓아가는 것은 당신과 아이의 몫이다. 부모인 당신이 내 아이에게 적합한 방식을 모색해야 하는 것이다. 다만 그렇게 하는 과정에서 다음의 몇 가지 사항을 염두에 두어야 한다.

너 자신을 알라

자기 아이에게 행동장애가 있다는 사실을 인정하지 않았던 엄마의 이야기를 기억하는가? 그 엄마가 그렇게 흔들리지 않는 태도를 보일 수 있었던 이유 중 하나는 스스로가 '내 아이는 특별하다'고 생각하는 부류가 아니라는 점을 알았기 때문이다. 그녀는 아이들이 불완전한 존재라고 생각했고 완벽한 이미지를 투영하려 하지 않았다. 자녀들이 보다 생산적인 방법으로 에너지를 분출할 수 있는 창구가 필요한 평범한 아이라는 사실을 알고 있었으며, 자신이 선입견 없이 상황을 있는 그대로 파악할 수 있다고 믿었다. 나 자신이 부모로서 어떤 성향을 가지고 있는지 파악하자. 다소 아이를 지나치게 통제하려는 경향이 있다면 지금까지 살아오면서 아마 다른 사람들에게서 한두 번쯤은(혹은 백 번쯤) 그런 이야기를 들은 적이 있을 것이다. 자신의 성향을 살피고, 아이가 줄무늬 옷과 체크무늬 옷을 같이 입고 싶어할 때 말리고 싶은 마음을 억눌러야 할 때도 있음을 기억하자.

문화적 관습을 파악하라

친구네 집에서 하룻밤 자고 싶다고 이야기하는 만 여덟 살짜리 아이에게 "절대 안 돼!"라고 말하기 전에, 그것이 개인적으로 못마땅한 것인지 아니면 당신이 속한 문화적 관점에서 볼 때 불편한 것인지 생각해보자. 시판 주스를 항시 냉장고에 구비해두고 있다면, 진짜 필요해서 그런 것인지 아니면 문화적 관습인지 생각해보자. 아이가 손윗사람에게 버릇없이 굴고 당신은 "애들이 뭘 알겠어!"라며 대수롭지 않게 넘긴다면, 그것이 과연 실제 당신의 관점인지 아니면 소속된 문화권의 기대치가 반영된 것인지 생각해보자. 만 여섯 살짜리 아이가 매일 저녁마다 여러 가지 일정으로 바쁘다면, 그것이 당신이 원하는 바인지 아니면 사회의 전반적인 분위기 때문인지를 생각해보자. 때로는 자신의 직감과 대중의 동향을 구별하기 위해 문화적 특성을 세심히 살펴야 한다. 대중이 항상 옳은 것은 아니기 때문이다.

내 아이를 알자

여러 명의 아이를 둔 부모들은 너무나 잘 알고 있겠지만, 아이들을 완전히 똑같은 방식으로 키울 수는 없다. 이 책에 소개한 원칙이 전부 유용하다 해도 이러한 원칙을 활용하는 방식은 각자 다를 것이다. 보통 아이들보다 훨씬 예민한 아이는 엄격한 훈육이 필요하거나 심지어 훈육을 바라는 아이들에 비해 좀더 조심스러운 접근이 필요할 것이다. 좀처럼 친구를 사귀지 못하는 아이라면 매일 저녁마다 일정이 잡혀 있는 편이 훨씬 나을 것이다. 아이는 부모에게 원하는 바를 말해줄 것이며 당신의 주된 임무는 아이의 목소리를 들을 수 있도록 마음과 귀를 활짝 열어두는 것이다.

예외를 허용하라

"만사에 적당해야 한다. 물론 적당함도 적당해야 한다"는 말을 기억하자. 취침 시간을 엄격하게 지켜야 한다는 이유로 특별한 바비큐 이벤트를 포기하지 말자. 돌아온 이후의 혼란을 우려하여 휴가를 건너뛸 필요는 없다. 아이의 특별한 날 아침에는 통밀 오트밀보다는 케이크를 준비하자. 딸이 발레 수업에 갔다가 돌아올 때마다 다른 친구들에 비해 자신이 너무 뚱뚱하고 체격이 크다며 눈물을 글썽인다면 "네가 한다고 했잖아! 한다면 해야지!"라고 잔소리하고 싶은 마음을 누르고 발레를 그만두게 하라. 또한 내가 일관성 신봉자이기는 하지만, 아이가 너무나 당황해서 어찌할 바를 몰라한다면 잘못된 행동에 대한 사과는 다음으로 미뤄주도록 하자. 아이의 의중에 귀를 기울이고 언제, 그리고 무엇을 포기해야 할지 파악하자. 이것은 7장에 언급했던 어린 묘목 키우기와 마찬가지 이치다. 묘목에 지지대를 세우고 끈으로 묶은 후, 나무가 점차 자라면 조금씩 끈을 느슨하게 풀어준다. 폭풍이 몰아치거나 나무가 잘못된 방향으로 자라기 시작하면 다시 끈을 팽팽하게 조이면 된다.

적응하라

무언가를 시도했을 때 별다른 효과가 없다면 그냥 궤도를 수정하자. 가장 귀중한 교훈을 얻을 수 있는 방법은 역시 시행착오다. 그리고 어제 효과를 거두었던 방법이 반드시 내일도 효과를 거두리라는 법은 없다. 부모들은 특히 아이를 재우는 것과 관련해서 그런 고충을 자주 털어놓지만 ("아이에게 기가 막히게 통하는 방법을 막 알았다 싶으면 다시 두 단계는 후퇴한다니까요!"), 이는 사실 아이들의 성장기 전체에 걸쳐 일어나는 현상이다. 여섯 살짜리 아이가 일곱 살이 되면 전혀 다른 육아방식이 필요할지도 모른다. 같은 세 살짜리 아이라 해도 어떤 날은 기진맥진한 상태라서 어지간히 엄하게 굴지 않고서는 말을 듣지 않지만, 그다음날은 지나치게 고분고분하거나 예민하게 반응하고, 또 그다음날에는 다시 손도 못 댈 정도로 말썽을 부리기도 한다.

합리적인 행동을 하자

앞이 깜깜하다거나 시궁창 같은 상황이라는 비유가 어울리는 날이 있다. 온 가족이 새벽 5시에 잠을 깨고, 가족 중 절반은 아프며, 나머지 절반은 짜증을 부리고, 집에 먹을 것이라고는 하나도 없을 때는 잠시 모든 일을 멈추고 스스로를 추스르자. 만약 당신이 제3자로서 그런 광경을 본다면 어떻게 조언하겠는가? 내가 작은 지미니 크리켓Jiminy Cricket●처럼 당신의 어깨에 앉아 있다면 과연 어떤 조언을 할까? 최대한 거리를 두고 객관적으로 상황을 파악한 뒤 그날을 어떻게 헤쳐나가야 가장 합리적인지 스스로에게 물어보자. 그런 다음 침착함을 잃지 말고 아이를 돌보자.

● 〈피노키오〉에 등장하는 귀뚜라미로 피노키오의 양심 역할을 한다.

Emma's TIP

에마의 마지막 육아 조언

- 아이에 대한 기대치를 높이면 아이는 그 기대치를 충족시킬 것이다. 기대치를 낮추면 아이도 그 정도 수준에 그칠 것이다.
- 나쁜 행동은 습관이며 충분히 고칠 수 있다.
- 아이가 무언가를 바랄 때마다 즉시 들어줄 필요는 없다. 좀더 편하게 아이를 키워보자. 아이에게 기다리라고 지시하고, 그 과정에서 인내심을 가르치자.
- 아이가 주도권을 쥐거나 부모의 행동을 방해하도록 내버려두지 마라. 당신이 부모이고 상대방은 아이이기 때문에 아이가 어떤 행동을 하든 다스릴 수 있다는 사실을 잊지 말자.
- 아이의 행동 때문에 아이가 아닌 부모가 동요하는 일은 없어야 한다.
- 아이가 먹고 싶은 사탕을 사주지 않으면 떼를 쓰겠다고 협박하는 경우, 아이에게 사탕을 물려주기보다는 울도록 내버려두는 부모가 사실 더 좋은 부모다.
- 우리는 육아의 어려움에 대해 보다 솔직해져야 한다.
- 아이에게 분노나 좌절감을 느낀다고 해서 형편없는 부모가 되는 것은 아니다.
- 우리가 비즈니스 상대나 배우자와의 의사소통방식에 엄청난 노력을 쏟는 만큼 아이들과의 의사소통에도 그만큼의 관심이 필요하다.
- 아이들은 부모를 기쁘게 해주고 싶어한다는 점을 항상 기억하자.
- 어디까지나 당신이 부모이며 아이는 부모가 말하는 대로 행동한다는 점을 언제나 잊지 말자. 아이가 말을 듣지 않으면 부모인 당신이 조치를 취하면 된다. 아이가 떼를 쓸까봐 더이상 두려워하지 말자.
- 아이와 함께 있으면서도 반쯤은 다른 데 정신이 팔려 있는 부모가 부지기수

다. 그런 부모는 되지 말자.
- 육아에서 가장 중요한 것은 일관성이다.
- 이제 아이의 입에 음식을 넣기 위해 엄청난 에너지를 쏟으며 벌이는 지루한 타협, 싸움, 회유는 더이상 없다. 아이는 배가 고플 때 밥을 먹을 것이다.
- 무조건 아이의 말대로 따르는 것은 무척 피곤한 일인데다 그런다고 해서 더 좋은 부모가 되는 것도 아니다. 오히려 그 반대다!
- 예의범절과 올바른 가치관은 타고나는 것이 아니라 학습하는 것이며 아이에게 이를 가르치는 것이 부모의 역할이다.
- 예절은 전적으로 존중에서 우러나온다.
- 아이가 부모에게 버릇없이 구는 데 익숙해져서는 안 된다. 이는 아이 인생의 모든 측면에 파급 효과를 미칠 수 있는 매우 심각한 문제다. 아이가 부모를 존중하지 않는다면 도대체 누구를 존중하겠는가?
- 아이의 무례한 행동을 용납하지 않는다는 것은 그만큼 아이에 대한 기대치를 높이는 일이다.
- 아이들이 항상 부모를 좋아하지는 않을지도 모르지만, 그래도 상관없다.
- 아이에게 많은 재량권을 주자. 안전이나 존중에 문제되는 행동이 아닌 한 그냥 내버려두자.
- 아이가 감사하는 마음을 가지면 자신이 누리는 것들을 당연하게 여기지 않게 된다.
- 둘째 출산 등 혼란스러운 시기일수록 정해진 일과를 지키지 않을 경우, 부모나 아이의 문제가 해결되기는커녕 혼란이 더욱 가중된다!
- 일과를 처음 만든 후 하루이틀 정도는 옥신각신할지 모르지만, 한 주가 끝날 때쯤에는 자연스럽게 일과를 지키게 될 것이다. 이것은 절대 마법이 아니다.

일과의 힘이다.
- 아이는 아이답게 자라야 한다.
- 아이가 직접 선택하고 선택에 따른 결과를 감수하도록 내버려두자.
- 아이에게 져주는 것은 단기적인 측면에서는 수월할지 모르지만 장기적으로 보면 훨씬 더 힘들어진다.
- 아이들은 관심을 받으려고 한다, 부정적이든 긍정적이든 관계없이.
- 아이들은 부모가 짜증나거나 마음이 약해졌을 때를 기가 막히게 감지해낸다. 부모의 심기를 건드려서 무언가를 모면하거나 그 어떤 반응이라도 이끌어낼 수 있다면 주저하지 않고 그렇게 할 것이다.
- 때로는 "안 돼"라는 말 한마디만 하고 더이상 언급하지 않는 것이 좋다.
- 선택권은 아이에게 책임감을 부여해준다. 아이가 가장 원하는 것 중 하나가 바로 자신의 삶에 대한 통제권을 가지고 있다는 기분이다.
- 일시적인 미봉책을 찾기보다는 소매를 걷어붙이고 문제의 근원이 무엇인지 파악해야 한다.
- 아이가 무엇이든 솔선해서 할 수 있는 환경을 만들어주면 독립심과 자존감이 크게 향상된다.
- 최고의 선물은 부모가 곁에 있어주는 것이기 때문에 다른 곳에 신경쓰지 말고 온전히 아이에게 집중하자.
- 항상 침착함을 잃지 말고 아이를 돌보자.

최종점검

엄마가 행복해지는 168가지 마법의 체크리스트

1장 | 엄마의 탈진은 육아의 재앙이다

☐ 잠을 충분히 자고 있습니까?

☐ 스스로를 보살필 시간을 내고 있습니까?

☐ 배우자와의 관계를 원활하게 유지하기 위한 시간을 내고 있습니까?

☐ 배우자에게 먼저 인사를 합니까?

☐ (엄마에게 해당) 배우자와 섹스를 하고 있습니까?

☐ (아빠에게 해당) 아내를 배려하고 있습니까?

☐ 집안에 부모가 다 있을 때, 서로를 대하는 방식을 통해 아이에게 바람직한 관계의 모범을 보여주고 있습니까?

☐ 가정의 분위기가 화목합니까? 웃음과 즐거운 일이 많습니까?

☐ 부모 역할을 즐기고 있습니까?

☐ 아이의 행동을 제대로 다스릴 수 있다고 확신합니까?

☐ 당신은 침착합니까?

☐ 모든 것이 아이 위주로 돌아가지 않도록 주의합니까?

☐ 상황이 순조롭게 흘러가지 않을 때 스스로를 용서합니까?

☐ 기꺼이 도움을 요청할 생각이 있습니까?

2장 | 아이의 주파수에 접속하라

☐ 아이가 별로 떼를 쓰지 않는 편입니까?

☐ 아이가 학교에서처럼 집에서도 어른의 말을 잘 듣습니까?

☐ 아이가 엄마의 요청에 귀기울이고 주의를 집중합니까?

☐ 일곱 가지 중요한 말을 사용합니까?(사랑해, 미안해, 응, 멈춰, 부탁해, 고마워, 넌 할 수 있어)

☐ 엄마가 바라거나 바라지 않는 행동이 무엇인지에 대해, 그리고 그 이유에 대해 구체적으로 알려줍니까? 그 행동을 했을 경우의 결과를 설명해 줍니까?

☐ 엄마가 바라는 행동을 미리 아이에게 전달합니까?

☐ 명령해야 할 때 적절한 명령을 합니까?

☐ 지시해야 할 내용을 사정하거나 부탁하지 않습니까?

☐ 아이에게 책임감을 주는 단어를 선택합니까?

☐ 아이에게 진심을 담아서 이야기합니까?

☐ 지나치게 강한 어조는 피하는 편입니까?

☐ 무언가를 강조할 때는 아이와 가까운 곳에서 시선을 마주치며 이야기합니까?

☐ 당신이 하는 말과 보디랭귀지는 일관된 메시지를 전달합니까?

☐ 한 가지 일에서 다른 일로 전환할 때 그에 대해 아이와 이야기를 나눕니까?

☐ 갓난아기나 막 걸음마를 하기 시작한 영아처럼 아이가 아주 어린 경우, 아이가 잘 이해할 수 있도록 살피며 이야기합니까? 어떤 일이 왜 일어났는지에 대해 자세히 들려줍니까?

☐ 아이에게 선택권을 줍니까?

☐ 아이의 나이에 맞는 개념과 용어를 사용하고 있습니까?

☐ 지겹도록 반복해서 잔소리하는 것을 피합니까?

☐ 아이가 엄마에게 이야기할 충분한 시간을 줍니까? 아이의 말에 귀기울이고 응답합니까?

☐ 아이의 보디랭귀지를 제대로 읽어내고 있습니까?

☐ 의사소통을 하기 전에 아이가 침착해질 때까지 기다립니까?

☐ 아이가 칭얼대거나 우는 대신 제대로 된 단어를 사용해서 말하도록 격려합니까?

☐ 아이의 주변에 있는 어른들이 일관된 태도를 보입니까?

3장 | 꿈나라를 향해 진격하라

#1 기본 난이도
— 문제점을 진단하고 환경을 조성하기

☐ 아이가 얌전하게 행동합니까?

☐ 아이가 잠을 충분히 자고 있습니까?

☐ 아이가 본인의 침대에서 잡니까?

☐ 아이에게 알맞은 수면 환경이 조성되어 있습니까?

☐ 잠자리에 들기 전에 에너지가 많이 필요한 활동은 피합니까?

☐ 아이에게 잠자리에 들 시간이라는 신호를 줍니까? 아이가 졸려하는 신호를 살핍니까?

☐ 어린 아기의 경우: 아기가 규칙적인 시간에 잠을 자는 편입니까?

☐ 그보다 큰 아이들의 경우: 아이가 규칙적인 시간에 잠을 잡니까?

☐ 아이가 낮에 충분한 운동을 하고 신선한 공기를 마십니까?

☐ 아이가 규칙적으로 낮잠을 잡니까?

#2 중급 난이도
― 습관과 기대치

- ☐ 아이가 혼자서 잠자리에 들 수 있습니까? '나쁜 취침 습관'을 피합니까?
- ☐ 낮에 아이를 재울 수 있습니까?
- ☐ 아이가 침대에서 빠져나온 후 스스로 다시 침대에 돌아갈 수 있습니까?
- ☐ 취침 시간이 되었을 때 아이가 순순히 수긍합니까?
- ☐ 아이가 짜증을 내며 잠에서 깨지 않습니까?
- ☐ 아이가 악몽을 꿨을 때 제대로 대처합니까?

#3 최상위 난위도
― 부모에게 문제가 있을 때

- ☐ 아이가 울도록 내버려둡니까?
- ☐ 아이의 수면에 대한 기대치를 확실하게 설정했습니까?
- ☐ 수면과 관련된 규칙을 철저히 적용합니까?
- ☐ 일관된 태도를 유지합니까?
- ☐ 아이의 상태를 파악하고 있습니까?
- ☐ 아이의 울음소리를 들을 준비가 되었습니까?

4장 | 우리 아이는 왜 잘 안 먹을까

- ☐ 아이가 밥을 먹기 싫어하면 더이상 권유하지 않습니까?
- ☐ 아이가 적절한 체중을 유지하고 있습니까?
- ☐ 아이가 규칙적인 간격으로 식사합니까? 잦은 간식을 피합니까?
- ☐ 아이가 가만히 앉아서 밥을 먹습니까?
- ☐ 아이가 식탁에서 예의바르게 행동합니까?
- ☐ 아이가 먹는 음식에 들어 있는 당분의 양을 제한합니까?
- ☐ 아이에게 다양한 음식을 제공합니까?
- ☐ 아이가 음료수로 배를 가득 채우지 못하도록 합니까?
- ☐ 아이의 접시에서 아이가 '좋아하지 않는' 음식을 치우진 않습니까?
- ☐ 아이가 자신이 무엇을 먹고 있는지 정확히 알고 있습니까?
- ☐ 음식과 영양이라는 측면에서 부모가 모범이 되고 있습니까?
- ☐ 간식의 질과 양을 세심히 살핍니까?
- ☐ 부모의 기대치가 합리적입니까?
- ☐ 디저트와 같은 보상을 제공하되 지나치게 자주 주는 것은 피합니까?
- ☐ 아이에게 선택권을 줍니까?
- ☐ 정기적으로 새로운 음식을 접하게 합니까?
- ☐ 아이가 어떤 음식을 처음 먹어보고 좋아하지 않는 경우에도 계속 먹여보려 노력합니까?
- ☐ 놀이를 통해 음식을 먹여보려 하지 않습니까?
- ☐ 아이의 체중에 대한 엄마의 직감을 믿습니까?

5장 | 영국의 꼬마 신사 숙녀는 이렇게 탄생한다

☐ 아이가 상대의 말을 가로막지 않습니까?

☐ 아이에게 인내심을 길러줍니까?

☐ 아이에게 배려심을 길러줍니까?

☐ 아이가 예의바르게 부탁합니까?

☐ 아이가 자신의 물건을 얌전히 다룹니까?

☐ 아이가 또래와 함께 있을 때 얌전하게 행동합니까?

☐ 아이가 형제자매를 소중하게 대합니까?

☐ 아이가 웃어른을 존중합니까?

☐ 아이가 부모를 존경합니까?

☐ 아이에게 누가 부모인지를 확실히 주지시킵니까?

☐ 아이가 공공장소에서 얌전히 행동합니까?

☐ 아이가 때와 장소에 맞는 복장을 하고 있습니까?

☐ 아이가 식사 예절을 지킵니까?

☐ 아이에게 공감하는 법을 가르칩니까?

☐ 아이가 자신의 잘못을 이해하고 제대로 사과합니까?

☐ 아이에게 단호하게 예절을 가르치고 있습니까?

☐ 아이가 감사의 마음을 표현합니까?

☐ 아이가 사람을 만나면 바르게 인사하고 헤어질 때는 적절한 작별인사를 합니까(헤어질 때도 인사를 꼭 합니까)?

☐ 부모는 아이에게 모범이 되어줍니까?

☐ 부모는 아이에게 예의를 지킵니까? 아이를 존중하며 이야기합니까?

☐ 아이의 몸을 존중합니까?

☐ 부모는 자신의 물건을 소중히 여깁니까?

☐ 아이에게 적절한 언어를 사용합니까?

☐ 아이의 행동에 관해 현실적인 기대치를 가지고 있습니까?

6장 | 아이의 삶에도 때와 장소는 중요하다

☐ 아이에게 주어진 일과가 있습니까?

☐ 아이가 일과의 내용을 잘 알고 있습니까?

☐ 아이가 규칙적인 간격으로 식사하고 잠을 잡니까?

☐ 아이가 집에서 충분한 시간을 보내되 지나치게 많은 시간을 보내지는 않습니까?

☐ 아이가 사물을 탐색하고 상상력과 창의력을 활용할 시간을 갖습니까?

☐ 부모가 항상 곁에 있어주기보다는 혼자서도 놀 수 있도록 장려합니까?

☐ 집중력을 필요로 하는 활동이 일과에 포함되어 있습니까?

☐ 실외에서 보내는 시간이 있습니까?

☐ 조용하게 보내는 시간이 일과에 포함되어 있습니까?

☐ 활발한 신체활동을 하는 시간이 일과에 포함되어 있습니까?

☐ 아이가 숙제처럼 꼭 해내야 할 일에 뛰어난 집중력을 발휘합니까?

☐ 일과를 전환할 때 아이에게 충분한 시간을 허락합니까?

☐ 할일을 마친 후에는 노는 시간과 보상을 제공합니까?

☐ 텔레비전 보는 시간을 제한합니까?

☐ 텔레비전을 포함하여 모든 전자기기 사용 시간을 제한합니까?

☐ 아이가 보거나 가지고 노는 것이 적절한 내용을 담고 있습니까?

☐ 필요한 경우 융통성을 발휘합니까?

☐ 아이가 옷을 더럽히거나 마음껏 탐험하거나 자유롭게 뛰어다녀도 괜찮습니까?(합당한 범위 내에서)

7장 | 엄마의 마지노선은 어디인가

- ☐ 아이가 "안 돼"라는 말에 귀기울이고 그 뜻을 이해합니까?
- ☐ 아이가 자신의 행동이 어떤 결과를 가져올지에 대해 분명히 이해합니까?
- ☐ 아이에게 행동을 바로잡을 기회를 줍니까?
- ☐ 아이에게 단호한 태도를 취합니까? 말한 것은 끝까지 지킵니까?
- ☐ 아이가 떼쓰는 것을 당신의 문제가 아닌 아이의 문제로 대합니까?
- ☐ 아이의 문제행동을 벌할 때 포커페이스를 유지합니까?
- ☐ 아이가 화를 내도록 내버려둘 때가 있습니까?
- ☐ 아이가 합리적인 두려움을 느끼도록 내버려둘 생각이 있습니까?
- ☐ 선생님이나 다른 어른들이 아이에게 경계선을 정해주고 잘못된 행동을 벌할 때 이를 지지합니까?
- ☐ 경계선에 일관성이 있습니까?
- ☐ 아이에게 일관된 태도를 유지합니까?
- ☐ 아이가 눈에 보이지 않는 경계선을 지킬 것이라 믿습니까?
- ☐ 아이가 넘어졌을 때 스스로 일어나게 합니까?
- ☐ 아이가 자신의 행동에 책임을 지게 합니까?
- ☐ 아이와 논쟁하거나 협상하는 것을 피합니까?
- ☐ 아이에게 선택권을 줍니까?
- ☐ 아이에게 뇌물을 주지 않습니까?
- ☐ 상황에 따라 아이와 실랑이를 벌일지 말지를 선택합니까?

8장 | 아이의 자존감에 물 주기

☐ 아이가 들러붙는 행동을 하지 못하게 제지합니까?

☐ 아이에게 꼬리표를 달지 않습니까?

☐ 아이에게 친구가 있습니까? 아이가 친구 집에 놀러가거나 생일파티에 초대를 받습니까?

☐ 아이가 비난에 대처할 수 있습니까?

☐ 아이가 있는 그대로 행동합니까? 당신이 보기에 그것으로 충분합니까?

☐ 선생님이 아이를 예뻐합니까? 아이가 선생님과 좋은 관계를 유지하고 있습니까?

☐ 아이가 자신의 장점과 단점을 찾을 수 있도록 도와줍니까?

☐ 아이가 손톱을 물어뜯거나 이를 가는 등 신경질적인 습관을 가지고 있거나 자주 복통을 호소합니까?

☐ 아이가 우울해하거나 내성적입니까?

☐ 아이가 왕따를 당하고 있습니까?

☐ 아이가 자신의 능력에 맞는 집안일이나 책임을 맡고 있습니까?

☐ 불완전하더라도 아이 혼자서 일을 끝마칠 수 있도록 합니까?

☐ 아이를 꾸짖기보다 칭찬하는 일이 많습니까? 아이가 무언가를 잘해냈을 때 인정해줍니까?

☐ 아이 앞에서 아이의 잘못에 대해 반복적으로 언급하지 않습니까?

☐ 편애하지 않으려고 노력합니까?

☐ 부모가 먼저 긍정적이고 건전한 자존감의 모범을 보여줍니까?

☐ 일상적으로 아이에게 사랑과 애정을 표현합니까?

☐ 아이가 실망하거나 좌절했을 때 적절하게 반응합니까?

9장 | 폭도 잠재우기

- ☐ 당신은 아이에 대해 잘 알고 있습니까?

- ☐ 아이가 엄마 아빠 모두에게서 충분한 관심을 받습니까?

- ☐ 아이가 부모와 함께 있을 때 즐거워합니까? 당신은 거창한 일을 계획하는 편입니까, 아니면 소소한 순간을 소중하게 여기는 편입니까?

- ☐ 매일 아이와 시간을 보냅니까?

- ☐ 가족끼리 만나고 헤어질 때 서로 인사합니까?

- ☐ 스마트폰이나 신문 등 다른 일에 주의를 돌리지 않고 아이에게 온전히 집중합니까?

- ☐ 식사 시간을 가족이 함께 보내는 시간으로 활용합니까?

- ☐ 집을 비웠다 돌아온 후에는 바로 아이에게 관심을 줍니까?

- ☐ 아이와 즐거운 시간을 보내는 방법을 알고 있습니까?

- ☐ 아이의 취미에 관심을 표시합니까?

- ☐ 가족 전통이 있습니까?

- ☐ 부모의 기대치를 접어두고 아이가 원하는 일을 할 수 있도록 해줍니까?

참고 문헌

1_ *The Impact of School Start Times on Adolescent Health and Academic Performance* (http://schoolstarttime.org)

2_ http://www.lpch.org/DiseaseHealthInfo/HealthLibrary/growth/infhab.html

3_ www.hsph.harvard.edu/obesity-prevention-source/obesity-trends/global-obesity-trends-in-children

4_ Dawn Drzal, "You're Invited to Dinner with Dr. Oz," Oprah.com, August 10, 2011. Retrieved August 26, 2013, www.oprah.com/food/Dinner-with-Dr-Oz-and-Family-Vegetarian-Cooking/2.

5_ Tina Fey, Bossypants (New York: Reagan Arthur Books, 2011).

6_ Jodi A. Mindell, PhD, Lorena S. Telofski, Benjamin Wiegand, PhD, and Ellen S. Kurtz, PhD, "A Nightly Bedtime Routine: Impact on Sleep in Young Children and Maternal Mood," *National Center for Biotechnology Information*, May 1, 2009.

7_ Sarah E. Anderson, PhD, and Robert C. Whitaker, MD, MPH, "Household Routines and Obesity in US Preschool-Aged Children," *Pediatrics* 2010; 125:3 420-28; published ahead of print February 8, 2010, doi:10.1542/peds.2009-0417.

8_ Daniel J. Wiegel, Sally S. Martin, and Kimberley K. Bennett, "Pathways to Literacy: Connections Between Family Assets and Children's Emergent Literacy Skills," *Journal of Early Childhood Research 8* no. 1 (February 2010): 5-22.

9_ David Dobbs, "Playing for All Kinds of Possibilities," *New York Times*, April 22, 2013.

10_ "Childhood Inactivity Will Cost Your Kids 5 Years of Life," Designedtomove.org, report retrieved on August 26, 2013.

11_ Alan Schwarz and Sarah Cohen, "A.D.H.D. Seen in 11% of U.S. Children as Diagnoses Rise", *New York Times*, March 31, 2013.

12_ Ibid.

13_ Robert Rosenthal and Lenore Jacobson, "Teachers' Expectancies: Determinants of Pupils' IQ Gains," *Psychological Reports*, August 1966.

14_ Anna Quindlen, *Loud and Clear* (New York: Ballantine, 2005).

KEEP CALM AND PARENT ON

옮긴이 구계원

서울대학교를 졸업하고 도쿄 일본어 학교를 수료한 후 미국 몬터레이 국제대학원에서 통번역 석사 학위를 받았다. 현재 전문 통역사로 활발히 활동하는 동시에 관심 분야의 서적을 우리말로 번역하고 있다. 옮긴 책으로 『봉고차 월든』 『술 취한 식물학자』 『난센스』 『아무도 대답해주지 않은 질문들』 등이 있다.

영국 육아의 비밀
우리 시대의 메리 포핀스
에마의 육아법

초판 인쇄 2018년 6월 5일
초판 발행 2018년 6월 12일

지은이 에마 제너
옮긴이 구계원
펴낸이 염현숙

책임편집 이연실 | 편집 고아라
디자인 백주영 | 저작권 한문숙 김지영
마케팅 정민호 박보람 나해진 우상욱
홍보 김희숙 김상만 이천희
제작 강신은 김동욱 임현식 | 제작처 영신사

펴낸곳 (주)문학동네
출판등록 1993년 10월 22일 제406-2003-000045호
임프린트 아우름
주소 10881 경기도 파주시 회동길 210
전자우편 editor@munhak.com | 대표전화 031)955-8888 | 팩스 031)955-8855
문의전화 031)955-8895(마케팅) 031)955-2651(편집)
문학동네카페 http://cafe.naver.com/mhdn | 트위터 @munhakdongne
북클럽문학동네 http://bookclubmunhak.com

ISBN 978-89-546-5171-4   13590

* 아우름은 문학동네 출판그룹의 임프린트입니다.
* 이 책의 판권은 지은이와 아우름에 있습니다.
  이 책 내용의 전부 또는 일부를 재사용하려면 반드시 양측의 서면 동의를 얻어야 합니다.

www.munhak.com